自立活動ハンドブック 1

指導すべき課題を導く

下山　直人

監修

筑波大学附属桐が丘特別支援学校・
自立活動研究会

編著

よく分かる！シリーズ
『自立活動ハンドブック』の刊行に当たって

2020 年８月、新型コロナウィルスの感染が全国的な広がりを見せる中、筑波大学附属桐が丘特別支援学校は、自立活動実践セミナーをオンラインで開催しました。初のオンライン研修には、例年の５倍近い参加者があり、改めて自立活動に関する学びの機会が求められていることを実感しました。

ほとんどの教師は、自立活動の学びを経験することなく教壇に立ちます。教師の養成機関である大学でも、自立活動について十分に取り上げられているとは言えません。多くの教師は、学校現場で学ぶことになりますが、学びの手がかりとなる書籍などの情報も乏しい状況です。学びの機会が十分ではない結果として、オンライン研修に多くの期待が寄せられたのだと捉えています。

一方、平成 29・31 年に改訂された特別支援学校の学習指導要領では、自立活動について実態把握から指導内容設定に至るプロセスを分かりやすく示す必要があるとして「指導すべき課題」という概念が導入されました。指導について戸惑いのある学校や教師が少なくない状況を反映したものと言えるでしょう。

自立活動は、障害のある子供の自立と社会参加のため、我が国の特別支援教育において創造された指導領域です。子供が必要とする学びを創り出すため、教師の裁量が大きくなっていますが、それは教師にとって指導の難しさともなります。自立活動の指導の充実を考えるとき、改めて現場の視点から、指導に関する知見と実践を集約して、多くの方に届けなければならないと考え、本シリーズを企画しました。

本シリーズは、障害のある子供と初めて向き合う教師にとって自立活動の案内書となることを目指しました。そのため、理論編では、指導の計画から実践までをていねいに説明することとしました。また、教師として経験を重ねた方が、異なるタイプの子供と出会ったときに指導の参考とすることができるように、多くの事例を掲載することとしました。

本シリーズは３巻で構成します。第１巻は「指導すべき課題を導く」、第２巻は「指導を計画する」、第３巻は、「指導をよりよいものにする」をテーマとします。３巻とも、第１章理論編、第２章学校事例編、第３章実践事例編で構成します。

第１章の理論編では、それぞれの巻のテーマについて詳述します。自立活動とはどんな指導なのか、指導計画や授業をどのように準備し実践するのか、そして、その実践をどのようにしてよりよいものとするのか解説します。

第２章の学校事例編では、自立活動を学校としてどのように捉え、組織体制や指導のプロセスをどのように作っているか、各巻２校ずつ紹介します。自立活動の指導をよりよいものとするためには、学校として様々な取り組みが求められます。指導計画をどのような手順で作成するのか決めたり、研修を組織したりする必要があります。また、一人一人の子供に必要な指導の時間や場の調整もしなければなりません。各学校の取り組みをできるだけ具体的に紹介することにします。

第３章の実践事例編は、子供の発達の程度を考慮して、特別支援学校で採用されている次の三つの教育課程に分けて事例を紹介します。

・各教科等に替えて自立活動を主として取り扱う教育課程
（本書では「自立活動を主とする教育課程」という）

・知的障害特別支援学校の教育課程、各教科を知的障害特別支援学校の各教科に替えて取り扱う教育課程（本書では、「知的障害・知的障害代替の教育課程」という）

・小学校、中学校、高等学校と同じ各教科等か下の学年の各教科等を取り扱う教育課程
（本書では「準ずる教育課程」という）

特別支援学校では、こうした教育課程ごとに指導グループが編成されますので、それに対応して事例を示すことにより、読者が必要とする事例を参照しやすいのではないかと考えました。上記の教育課程の分け方に慣れていない方は、自立活動を主とする教育課程対象の子供は障害が重度で重複していること、知的障害・知的障害代替の教育課程対象の子供は共通に知的障害があること、準ずる教育課程対象の子供は肢体不自由や病弱の単一障害又は小・中・高等学校の在籍であること目安に、必要とする事例を見つけてください。

実践事例は、全国で意欲的に自立活動の実践に取り組んでいる教師に執筆をお願いしました。その執筆者は、自立活動の指導の充実を願う校長先生、教育委員会・教育センターの先生方から御推薦をいただきました。執筆をいただいた皆様はもとより、御推薦の労をとっていただいた皆様に、心より感謝申し上げます。

本書は、自立活動の指導の充実に向け、先導的役割を果たそうとする筑波大学附属桐が丘特別支援学校の教職員によって企画され、理論編及び多くの事例の執筆が行われました。目指すところは、本シリーズの完結ではなく、自立活動実践の継続的な交流と発展です。その実現を果たすべく、本書の発刊を機に一層の精進を重ねてまいります。

本書が、自立活動を学び、実践を改善したいと願う皆さんに、少しでもお役に立てることを願っています。

2021年９月

シリーズ監修者　下山　直人

Contents

第2節 知的障害・知的障害代替の教育課程

第3節 準ずる教育課程

＜巻末資料＞

第1章

理論編

第1節　自立活動の基礎・基本

第2節　計画から授業へ

第3節　指導すべき課題を導く

第1節　自立活動の基礎・基本

第1節では、まず、自立活動がどんな指導であるのかを解説します。次に、自立活動の目標や内容を学習指導要領に即して見ていきます。この指導で目指していること、その目指すことを実現するために用意されているものを踏まえ、一人一人に設定する目標や内容を取り上げます。最後に、自立活動の指導の場を確認することにします。

1 自立活動とは

（1）障害のある子供のために用意された教育内容

自立活動は、障害のある子供が自立に必要なことを学ぶために用意された教育内容です。

図1は、小学校と特別支援学校小学部の教育内容を比較したものです。

小学校では、国語、社会などの各教科、特別の教科である道徳（以下、道徳科という）、外国語活動、総合的な学習の時間、そして特別活動により教育内容が構成されています。それに対し、特別支援学校の小学部では、小学校の各教科等と同じもののほかに「自立活動」が追加されていることが分かります。

小学校

各教科※	特別の教科である道徳	外国語活動	総合的な学習の時間	特別活動

特別支援学校小学部

各教科※	特別の教科である道徳	外国語活動	総合的な学習の時間	特別活動	自立活動

※国語，社会，算数，理科，生活，音楽，図画工作，家庭，体育，外国語

図1　小学校と特別支援学校小学部の教育内容の比較

この仕組みは、他の学校種でも同様です。つまり、特別支援学校の幼稚部、中学部、高等部の教育内容も、幼稚園、中学校、高等学校の教育内容に自立活動を加えて構成されます。自立活動は、比較的障害の程度が重い子供が通う特別支援学校に、特別に用意された教育の中身なのです。

では、小学校や中学校等では、「自立活動」はないのかというと、そうではありません。平成29年・30年に改訂された学習指導要領には、この「自立活動」という用語が登場しました。これまでにはなかったことです。

どこに出てきたかというと、「障害のある児童などへの指導」について書かれている箇所です。そこで、特別支援学級で特別な教育課程を編成する際には、特別支援学校の学習指導要領に示されている「自立活動を取り入れること」と規定されたのです。また、多くの時間は通常の学級で学び、週に何時間か通級指導教室で学ぶ「通級による指導」においては、「自立活動の内容を参考」とすることが定められました。

自立活動は、特別支援学校で学ぶ障害のある子供の教育内容として用意されてきましたが、今日では、障害の程度にかかわらず、自立に向けて必要とする子供たちにとって大切な教育内容として認識されるようになってきました。

（2）なぜ自立活動を学ぶのか

では、なぜ、障害のある子供のために「自立活動」が用意されているのでしょうか。

具体的に考えてみましょう。例えば、手が不自由で文字を書くことができない子供がいたとします。この子供は、先生が黒板に書いたことをノートに書き写すことができませんし、数字を書いて計算をすることもできません。理科で観察したことをメモにとることも、図画工作で絵を描くこともできません。問題は学習場面だけではありません。メモをとれなければ、翌日の予定や準備物を、全部頭の中に記憶しなければならないことになります。文字を書くことができないということは、学習や生活する上での困難として現れます。文字を書くことは、多くの学習や生活の土台（基盤）となることだからです。

そこで、文字を書くことができないという、学習上又は生活上の困難を解決する必要があります。困難さの程度にもよりますが、様々な解決法があるでしょう。鉛筆など通常の筆記用具が持てないのであれば、その子供に専用の筆記用具を用意することができます。今日では、パソコンなどのICT機器を有効に活用することも選択肢となります。板書などは、書かなくてもデジタルカメラで撮影をするという方法がとれます。いずれにしても、文字を書くことができないという困難さを解決して、各教科等の学習の土台を築くことが大切です。この土台（基盤）を築くことが「自立活動」の役割と言えます。

（3）調和的発達の基盤を築く

後で詳しく紹介する学習指導要領では、子供たちが自立活動を学ぶことによって「調和的発達の基盤を培う」ことを目標に掲げています。

小学校や中学校等において、各教科や道徳科等の教育によって目指すのは、子供の「調和的発達」です。調和的発達というのは、知・徳・体のバランスのとれた発達なのです。知・徳・体は、今日の状況を踏まえると、知は「確かな学力」、徳は「豊かな人間性」、体は「健康・体力」に相当するものです。

調和的発達は、障害の有無にかかわらず、すべての子供が目指すものです。ですから、各教科も道徳科も、特別支援学校の子供を含めてすべての子供が学ぶ必要があります。しかし、障害による困難（例えば、手が不自由で文字を書くことができない）から、各教科等の学習や学校生活が十分できなければ、調和的発達を遂げることができません。そこで、各教科等を学んで調和的発達を遂げられるよう、その土台をしっかり築くために自立活動を学ぶ必要があるのです。この土台を築くことを、学習指導要領では「基盤を培う」と言っています（図２）。

どんなに障害の重い子供であっても、調和的発達が求められます。我が国に生まれ、この社会で生きていく子供には、この国の人々が思いを伝え合う言葉や生活を営むための様々な知識、自然や人間との触れ合いで生まれる豊かな感情、そうした文化を享受し交流を支える体を育む必要があるのです。こうした内容は、障害の重い子供であっても国語、音楽、体育などの各教科等で扱っていきます。自立活動は、各教科等の学習が十分できるよう、安定した体調、よく働く目や耳、活動を支える姿勢、人や物との関わり方など、各教科等を学ぶ基盤を築いていくのです。障害の重い子供であっても、自立活動で土台を築き、その上に社会とつながる各教科等を積み上げていくという原則は変わらないのです。

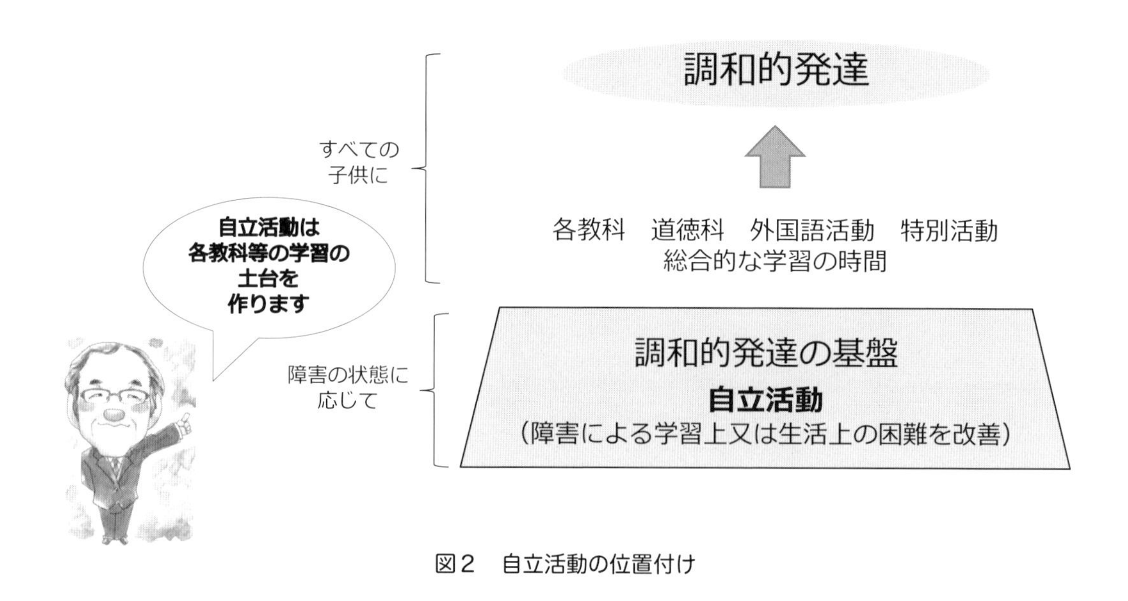

図２　自立活動の位置付け

❷ 自立活動の目標

（１）学習指導要領について

自立活動は、我が国の学校教育における教育内容の一つです。自立活動の教育内容としての詳しいことは、特別支援学校の学習指導要領等に書かれており、詳しく説明するために解説が用意されています。特別支援学校の学習指導要領等は、図３のように、特別支援学校幼稚部教育要領、特別支援学校小学部・中学部学習指導要領、特別支援学校高等部学習指導要領に分かれています。学習指導要領等は学校段階で分かれていますが、自立活動の解説は特別支援学校教育要領・学習指導要領解説自立活動編（以下、「学習指導要領解説自立活動編」または「解説」という）として一本化されています。

学習指導要領は、各学校が定める教育課程の基準となるものです。教育課程とは、各学校が行う教育の全体計画のことです。我が国では、全国の学校で一定の教育水準が保てるように、各教科の目標や内容、それらをどのように取り扱うのか、文部科学大臣が学習指導要領として示しています。授業を進める際の主たる教材となる教科書も、この学習指導要領を基に作られています。

この後、特別支援学校小学部・中学部学習指導要領（以下、「学習指導要領」という）の記述に基づいて自立活動の目標や内容等を見ていくことにしましょう。

図３　特別支援学校の学習指導要領等と自立活動の解説

（２）自立活動の目標

では、学習指導要領とその解説を参考にしながら自立活動が目指すものを確認することにしましょう。学習指導要領には、自立活動の目標が次のとおり掲げられています。

> 個々の児童又は生徒が自立を目指し、障害による学習上又は生活上の困難を主体的に改善・克服するために必要な知識、技能、態度及び習慣を養い、もって心身の調和的発達の基盤を培う。（特別支援学校小学部・中学部学習指導要領第７章第１）

自立活動の指導によって目指しているところは、一人一人の子供が自立を目指して障害による学習上又は生活上の困難を主体的に改善・克服することであり、それにより心身の調和的発達の基盤を培うことが示されています。自立活動を扱う本書にとって、この目標は極めて大切ですから詳細に見ていくことにしましょう。

①　個々の児童生徒の主体的活動

自立活動の目標は「個々の」で始まっています。教育課程を構成する各教科や道徳科等すべて見渡しても「個々の」で始まるものはありません。「個々の」という表記は、自立活動の特色を表すと言ってよいでしょう。

小学校の国語の目標は「言葉による見方・考え方を働かせ、言語活動を通して、国語で正確に理解し適切に表現する資質・能力を育成する」とされています。「○○の見方・考え方を働かせ」という表記は、平成 29・31 年に改められた学習指導要領において、各教科等の本質を踏まえた指導を推し進めるという方針のもとに、各教科等の目標の表記として共通に採用されたものです。各教科以外でも、例えば特別活動の目標は、「集団や社会の形成者としての見方・考え方を働かせ…」と始まります。

各教科や特別活動等の目標は、小学校の 6 年間を通して、すべての子供に育成を目指すものですから、「個々の」と断る必要はありません。それに対して自立活動は、障害による困難も改善のための方法も一人一人違いますから、「個々の」と強調しているのです。

実は、この「個々の」という表現は、平成 11 年に学習指導要領が改められたときに追加されたものです。それまでは「児童又は生徒」から始まっていました。当時は、名称も「養護・訓練」と言われ、自立活動の指導において、子供が受け身的になっていたり、子供にとって訓練的になっていたりする状況があるとの指摘がありました。そこで、名称自体を「養護・訓練」から「自立活動」に改めるとともに、目標においても「個々の」をつけることにより、子供一人一人の自立を目指した主体的な活動であることが強調されたのです。

自立活動は、個々の障害による困難を、子供が主体的に改善を図るものであることを確認したいと思います。

②　自立を目指す

解説では、目標で言うところの「自立」とは、「自己の力を可能な限り発揮し、よりよく生きていこうとすること」と述べています。

自立というと、身辺自立や職業自立といった言葉が浮かびます。独り立ち、他の助けを借りないというイメージが伴いますが、ここではそうではなく、支援を受けても、その時点の状態よりもよい状態を目指すことと理解する必要があります。

③　障害による学習上又は生活上の困難を改善・克服する

自立活動では、「障害による学習上又は生活上の困難」を子供が「主体的に改善・克服する」ことを目指します。

では、「障害による学習上又は生活上の困難」とはどういうことでしょうか。先に、文字を書くことができない、という例を挙げました。このほかにも、手が不自由で衣服を着ることができない、足が不自由で歩くことはできるが他の子供から大分遅れる、体幹に力が入らず座位を保つことができない、こうした身体的な制約が学習や生活の上で困ることは想像に難くないことでしょう。

目に見えることは理解しやすいのですが､目に見えないことは理解されにくいものです。例えば、視覚のコントロールがうまくできず文章をすらすら読むことができない、周囲のいろいろな刺激が同時に入って混乱してしまう、といったことは周囲からは分かりにくいものです。

また、成長が長期にわたって停滞している状態も、調和的発達を遂げる上での「困難」と捉えていく必要があります。自立活動の目標は、調和的発達の基盤を作ることです。そうであれば、調和的発達の上で、何につまずいているのか注意深く見ていく必要があります。例えば、笑顔で集団に参加し活動している子供でも、友達を見て参加しているが、教師の言葉を理解できていないということがあります。言葉の理解という「調和的発達の基盤」を築く必要があるのです。

④　知識・技能・態度及び習慣を養う

自立活動は、子供が主体的に活動し、障害による困難を改善・克服する「知識・技能・態度及び習慣」を身につける教育活動です。

多動な子供に投薬をして、多動な状態の改善を目指すことがあります。肩の凝りをあんまやマサージによって他動的に治療することもあります。しかし、自立活動では、自分の困難さを理解し、それに対処する方法を知識や技能として学び、進んでそれを行う態度を身につけ、習慣化することを目指します。問題を見つけ、解決の方法を学びながら生きる力をつけていく、各教科等と同様の教育活動なのです。

⑤　調和的発達の基盤を培う

このようにして、自立活動では、一人一人の調和的発達の基盤を築いていきます。それは、調和的発達のために用意されている各教科や道徳科等の教育効果を上げ、学校生活を充実したものとすることでしょう。

いろいろな刺激が同時に入ることで混乱しやすい子供が、自立活動の指導により刺激の受け止め方が上手になれば、教室で友達と一緒に授業を受け、休み時間も友達と過ごせるようになります。調和的発達が期待できるのです。大切なことは、そうした調和的発達を妨げている困難さを捉え、その困難さを改善する力をつけていくことなのです。

（3）合理的配慮と自立活動

障害のある子供たちの抱える困難さへの対応として、最近、「合理的配慮」という言葉をよく聞くようになったのではないでしょうか。

自立活動については、「子供自身が頑張らなくても、周りが支援したり配慮したりすればよいのではないか」、といった消極論も聞かれます。障害による困難に対し、周囲の支援や配慮は必要ですが、自分で対応できるようになる自立活動の視点は、成長著しい学齢期において、特に大切にする必要があります。

①　合理的配慮とは

たまたま近くにいた人が気づいて助けるといった一般的な配慮に対して、学校における「合理的配慮」は、次のように説明されています。

「合理的配慮」とは、「障害のある子どもが、他の子どもと平等に『教育を受ける権利』を享有・行使することを確保するために、学校の設置者及び学校が必要かつ適当な変更・調整を行うこと」と定義されます。加えて、障害のある子供に対して個別に必要とされ、教育委員会や学校等に大きすぎる負担を課さないものとされています（平成24年7月、中央教育審議会初等中等教育分科会報告）。

また、障害者差別解消法が施行されており、合理的配慮を提供しないことは障害を理由とする差別に含まれることに留意する必要があります。例えば、車いす利用の子供がいる場合、通路の段差を解消したり障害者トイレを求められたりすれば検討し、配慮の在り方について当事者間で話し合っていく必要があります。

②　自立活動の視点

では、先の例で挙げた、手が不自由で文字を書くことができないため友達と一緒に勉強することが難しいケースで、何らかの配慮をしてほしいと求められたらどうしたらよいでしょうか。

その子供には、ノートテイクなどの支援が必要なのでしょうか。次に紹介するのは実際にあったケースです。

特別支援学校の小学部２年生に在籍していたＡ君は、手が不自由なため文字を書くことができませんでした。学級担任の教師はいろいろ工夫してみましたが、やはり通常の筆記具は使えません。そこで２年生になったのを契機に、自立活動担当の教師がＡ君の自立活動の時間を担当し、筆記の改善を図ることを目指しました。

自立活動担当教師は、いろいろな握りや形状、太さの筆記具を試すとともに、Ａ君の手の動きを考慮した補助具を自作するなどしました。その結果、Ａ君の握り方に合った補助具をつければ、鉛筆などの筆記具を使えることを見出しました。教師は、子供が興味をもち無理なく取り組むことができるよう、マス目の大きいプリント教材も用意しました。Ａ君は練習に取り組み、だんだん補助具のついた筆記具をうまく使うようになりました。３年生になるとに筆記具で板書を書き写したり、メモを取ったりできるようにもなりました。

障害による困難に自分で対応できるようになれば、活動の自由度が広がります。ノートテイクは、人にしてもらわなければなりませんが、自分で書く方法を身につければ、いつでもどこでも自分の意思で書くことができます。身体的にも精神的にも変化の可能性の大きい学齢期に、障害による困難を固定化せず、改善・克服する可能性を広げることが大切だと言えるでしょう。

障害による困難を認識し、いかに対応するか。こうした対応力は、生涯にわたって必要な資質・能力です。自分の障害による困難を改善・克服するために必要な知識や技能を獲得し、それを学習や生活に生かそうとする態度や習慣を形成することが求められます。

合理的配慮の求めがあったとき、本人、保護者、学校でよく相談し、配慮について検討するとともに、子供自身にその困難さを改善・克服する力を身につけさせる自立活動の視点を忘れてはならないでしょう。それこそ教育的視点と言えるのではないでしょうか。

3 自立活動の内容

（1）6区分27項目

ここまで自立活動の目標を詳しく見てきましたが、次に目標達成のために学ぶ中身である「内容」を取り上げることにします。

学習指導要領には、自立活動の「内容」が6区分27項目示されています。「健康の保持」「心理的な安定」「人間関係の形成」「環境の把握」「身体の動き」及び「コミュニケーション」の六つの区分があり、六つの区分の下にそれぞれ3～5項目が置かれています（第3節表4及び巻末資料3参照）。例えば、「健康の保持」の区分には、「(1) 生活のリズムや生活習慣の形成に関すること」「(2) 病気の状態の理解と生活管理に関すること」「(3) 身体各部の状態の理解と養護に関すること」「(4) 障害の特性の理解と生活環境の調整に関すること」「(5) 健康状態の維持・改善に関すること」の5項目があります。

6区分27項目は、「人間としての基本的な行動を遂行するために必要な要素」と、「障害による学習上又は生活上の困難を改善・克服するために必要な要素」で構成されている、と学習指導要領解説自立活動編では説明されています。人間として基本的な行動を遂行するためには、睡眠と覚醒、呼吸、体温調整、栄養摂取、排泄、情動の発現と調整、他者への信頼、自己の理解、見る、聞く、注意する、姿勢の保持と変換、移動、コミュニケーション、言葉の理解と表出など様々なことが必要になります。

他方、障害による学習上又は生活上の困難を改善・克服するためには、困難な状況を少しずつ経験して対応できるようにしたり、代わりの方法を用いたり、困難な状況を受け入れたり様々な方策が考えられます。そうしたたくさんの要素が分類・整理されて6区分27項目となってきました。

（2）「人間関係の形成」新設の経緯

筆者は、平成20年度に改訂された学習指導要領の検討作業に加わり、実際に自立活動の内容が分類・整理される過程に立ち会いました。

平成20年度の改訂では、自立活動の内容に「人間関係の形成」の区分が加えられました。それまでの「心理的な安定」の区分に含まれていた「対人関係の基礎」の項目が削除され、その項目の内容を中心としながら「人間関係の形成」が新設されたのです。そして、その区分の下に、「⑴ 他者とのかかわりの基礎に関すること」「⑵ 他者の意図や感情の理解に関すること」「⑶ 自己の理解と行動の調整に関すること」「⑷ 集団への参加の基礎に関すること」の４項目が置かれることになりました。

当時は、知的障害特別支援学校において自閉症や自閉的傾向のある子供が増加し、その指導の在り方が課題となっていました。また、特別支援学級や通級による指導でも自閉症を含む発達障害のある児童生徒への対応が課題として浮上していました。そこで、これらの子供への指導の手がかりを自立活動の内容において示す必要がある、といったことが盛んに議論されたのです。

自閉症の子供の多くに見られる「対人関係」「コミュニケーション」のつまずきについては、それまでの内容に含まれており、現に「対人関係の基礎」という項目もあったので、新たに示すことは不要である、という意見もありました。その一方で、現場に対して、指導の手がかりになるよう具体的に示す必要があるという議論もなされ、前述したように区分と項目が新設されることになりました。

４項目まで整理される過程には、全国で実践に取り組んできた教師たちが参加し、自閉症を含む発達障害のある子供たちが抱える学習や生活上の困難、その困難に対する指導法等が活発に議論され、分類・整理が進められました。また、この作業は、視覚障害や肢体不自由等の他の障害種でも行われました。その結果、人間関係に関する困難や指導法という観点は、障害種別を問わず必要であり、有効であることが確認され、実際に「人間関係の形成」という区分と４項目の新設に至りました。

（３）内容は先輩たちの指導経験の蓄積

こうした現場で行われていた実際の指導を分類・整理し、大きな区分の下にいくつかの項目を設けるという内容の示し方については、自立活動の前身である「養護・訓練」が創設された当時から変わっていません。

表１に、自立活動の内容の変遷を示しました。養護・訓練が創設された昭和 45（1970）年度には四つの柱と 12 項目が示されましたが、児童生徒の在籍状況の変化や指導経験の

表１　自立活動の内容（柱又は区分）の変遷

年度※	昭和 45 年度	平成元年度	平成 10 年度	平成 20 年度	平成 29 年度
内容	心身の適応	身体の健康	健康の保持	健康の保持	健康の保持
		心理的適応	心理的な安定	心理的な安定	心理的な安定
				人間関係の形成	人間関係の形成
	感覚機能の向上	環境の認知	環境の把握	環境の把握	環境の把握
	運動機能の向上	運動・動作	身体の動き	身体の動き	身体の動き
	意思の伝達	意思の伝達	コミュニケーション	コミュニケーション	コミュニケーション
	４つの柱 12 項目	**５区分 18 項目**	**５区分 22 項目**	**６区分 26 項目**	**６区分 27 項目**

※学習指導要領の告示年度

蓄積等を踏まえ、現場に分かりやすく示すことを意図して、しだいにその数を増やし、現在は６区分 27 項目になっているのです。

このように見てくると自立活動の６区分27項目には、先輩教師たちの指導経験が詰まっていると見ることができます。学校の現場で先輩教師たちが、障害のある子供たちを理解し試行的ながら取り組んだ経験が、やがて言語化され、精選されてきたものであり、貴重な財産とも言えるものです。

しかし、貴重な指導経験が詰まっているとはいえ、短い項目、例えば「生活のリズムや生活習慣の形成に関すること」から読み取れることは多くありません。そこで、学習指導要領解説自立活動編に書かれた内容の説明を読む必要があります。

（４）内容の説明

学習指導要領に示された内容は、大綱的に示されているため、その文言だけで具体的なイメージをもつことは難しいものです。内容を具体的に理解するためには、学習指導要領解説自立活動編が役に立ちます。解説には、内容として示された６区分 27 項目について、①項目の説明、②具体的指導内容例と留意点、③他の項目との関連例が示されています。ここでは、「健康の保持」の区分にある「⑴ 生活のリズムや生活習慣の形成に関すること」の説明の一部を掲載します。

⑴　生活のリズムや生活習慣の形成に関すること

①　この項目について

「⑴ 生活のリズムや生活習慣の形成に関すること。」は、体温の調節、覚醒と睡眠など健康状態の維持・改善に必要な生活のリズムを身に付けること、食事や排泄などの生活習慣の形成、衣服の調節、室温の調節や換気、感染予防のための清潔の保持など健康な生活環境の形成を図ることを意味している。

②　具体的指導内容例と留意点

障害が重度で重複している幼児児童生徒であって、発達の遅れが著しいほど、このような観点からの指導を行う必要がある。このような幼児児童生徒には、覚醒と睡眠のリズムが不規則なことが多く、しかも、体力が弱かったり、食事の量や時間、排泄の時刻が不規則になったりする傾向が見られる。…（略）…

③　他の項目との関連例

障害が重度で重複している幼児児童生徒は、覚醒と睡眠のリズムが不規則になりがちである。例えば、日中に身体を動かす活動が十分にできないことから、夜になっても眠くならず、その結果、朝起きられなくなり、昼近くになってやっと目覚めるといった状態が続くことがある。

このような場合には、家庭と連携を図って、朝決まった時刻に起きることができるようにし、日中は、身体を動かす活動や遊びを十分に行って目覚めた状態を維持したり、規則正しく食事をとったりするなど生活のリズムを形成するための指導を行う必要がある。日中の活動を計画する際には、幼児児童生徒が視覚や聴覚等の保有する感覚を活用するよう活動内容を工夫することが大切である。また、自分では身体を動かすことができなくても、教師が補助をして身体を動かすような活動を取り入れることによって覚醒を促すことなども効果的である。
そこで、障害が重度で重複している幼児児童生徒に生活のリズムを形成する指導を行うためには、単に「1　健康の保持」の区分に示されている「生活のリズムや生活習慣の形成に関すること。」のみならず、「4　環境の把握」や「5　身体の動き」等の区分に示されている項目の中から必要な項目を選定し、それらを相互に関連付けて具体的な指導内容を設定することが大切である。（以下略）

まず、①の項目の説明で、生活のリズムの形成には、体温の調節や覚醒と睡眠などが関係することが示されています。生活リズムが乱れている場合、こうした観点からの情報入手が必要だということが分かります。また、②の指導内容例では、生活リズムを形成する観点からの指導が重度で重複な障害のある場合は大切であり、体力や食事の量や時間、排泄時刻などの関連にも触れられています。

③には、実際の指導に当たって、朝決まった時刻に起きることができるようにするなど、直接生活リズムに関連する指導のほかに、視覚や聴覚、身体の動きに働きかけることも大切であると書かれています。生活リズムの乱れに対し、直接的に働きかけることは思いつきやすいのですが、他の視点は忘れがちです。こうした他の項目との関連についての記述は、指導を多様な視点から検討する際に役立つことでしょう。解説では、全27項目について、多くの障害や病気を取り上げながら項目間の関連が紹介されています。障害による困難を理解したり、指導内容を検討したりする際に参考となることでしょう。

④ 一人一人の目標と内容の設定

（1）目標と内容の個別設定

自立活動が指導の対象とするのは、子供一人一人の障害による困難です。当然のことながら、困難さは一人一人異なるものです。

「文字を書くことができない」という困難さ一つとっても、手が不自由である、体幹を保持できない、視覚を十分活用できない、文字が認識できないなど様々な原因が考えられます。これらが組み合わさって生じていることも少なくありません。

一人一人の障害による困難を改善するためには、その原因を分析し、課題を見極め、それから一定期間後のゴールである目標を定めることになります。こうして定められる目標は、一人一人異なることになり、個別に設定されるものです。教師が一人一人に設定する目標を、学習指導要領に示されている目標と区別して、「指導目標」と呼ぶことにします。

その指導目標を達成するために指導する内容も、一人一人異なることになります。例えば、「１年後に、かんたんなひらがなを書く」という指導目標に対しても、文字を書く練習のほか姿勢保持の仕方を習得する必要がある子供もいれば、見る力を高めるトレーニングが必要な子供いることでしょう。指導目標達成のための内容も個別に設定される必要があります。こちらも学習指導要領に示された自立活動の「内容」と区別するために、「指導内容」と呼ぶことにします。ちなみに学習指導要領や解説においても、指導目標や指導内容という用語は、教師が設定する一人一人の目標や内容という意味で使われています。

（2）指導内容は「内容」から選んで組み合わせる

障害による学習上又は生活上の困難は、一人一人異なっており、当然のことながら指導内容は一人一人違ったものになります。したがって、学習指導要領に示されている自立活動の「内容」は、各教科等のようにすべてを取り扱うものではありません。国語、社会などの各教科は、学習指導要領に示された内容を原則としてすべての学校で取り扱い、各教科で掲げた目標の達成を目指します。

これに対し、自立活動の「内容」は、一人一人の実態に応じて必要な項目だけを選んで取り扱うこととされています。また、一人一人に設定される指導内容は、学習指導要領に示されている「内容」から必要な項目を選び、それらを相互に関連付けて設定されるように示されています。例を挙げることにします。

覚醒と睡眠のリズムが不規則な子供に、生活リズムを整えるために「日中、目覚めた状態で過ごす」という指導目標が考えられたとしましょう。この指導目標を達成するためには、食事、排泄、睡眠などを規則正しくするとともに、日中の活動を計画する際に、視覚や聴覚等の保有する感覚を活用したり、覚醒している間の姿勢を工夫したり、コミュニケーションのとり方を工夫したりすることが考えられます。そうすると、「１　健康の保持」の区分に示されている項目と「４　環境の把握」「５　身体の動き」「６　コミュニケーション」の区分に示されている項目を組み合わせて、具体的な指導内容を設定することが求められることになります。

その子供が興味をもちやすい活動、活動が活性化しやすい姿勢やいす等の補助具の工夫、子供が受け止めやすい話しかけ方等を考慮して具体的な指導内容を検討するのです。つまり、具体的な指導内容を考える際には、子供の実態を踏まえて、自立活動の「内容」に示される様々な項目を参考にして、指導の効果が上がるよう一人一人の指導内容を工夫することが大切なのです。

（3）指導内容の設定は料理にたとえられる

自立活動の指導目標と指導内容は個別に設定すること、そして指導内容は、学習指導要領に示された自立活動の「内容」から必要な項目を選んで、組み合わせて設定することを述べました。こうした項目を選んで、組み合わせて、子供にもっとも合う中身を考えるという過程は、料理を作る過程に似ています。６区分 27 項目がカレーの材料であり、それを組み合わせて子供がおいしく食べられるカレーを作る、図４のようなイメージです。

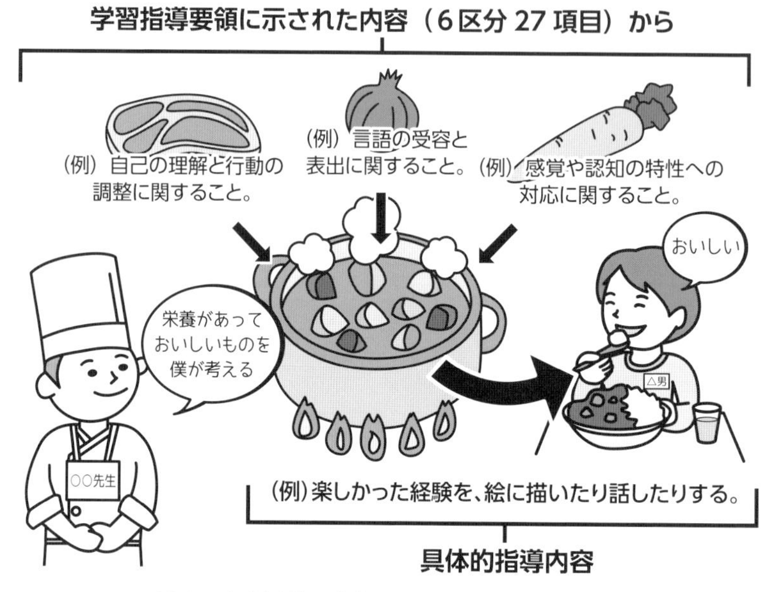

図４　自立活動の内容の取り扱い（イメージ）

５ 自立活動の指導の場

（1）学校の教育活動全体を通じた指導

障害のある子供にとって、各教科等を学ぶための土台を作る自立活動は、極めて大切な指導であることを理解されたことでしょう。土台ができなければ、各教科等の学習が積み上がりませんし、学校生活が築けないことにもなりかねません。

では、こうした大事な自立活動の指導は、国語や算数の時間のように週に何時間か時間を決めて行うのでしょうか。これに対する答えは、そういう「自立活動の時間」もあれば、それ以外の指導の場もあり、学校教育活動全体を通じて行うものです、となります。

自立活動の指導を学校の教育活動全体を通じて行うことについては、学習指導要領総則に次のような規定があります。

> 学校における自立活動の指導は、障害による学習上又は生活上の困難を改善・克服し、自立し社会参加する資質を養うため、自立活動の時間はもとより、学校の教育活動全体を通じて適切に行うものとする。特に、自立活動の時間における指導は、各教科、道徳科、外国語活動、総合的な学習の時間及び特別活動と密接な関連を保ち、個々の児童又は生徒の障害の状態や特性及び心身の発達の段階等を的確に把握して、適切な指導計画の下に行うよう配慮すること。(特別支援学校小学部・中学部学習指導要領第１章第２節２（４)、下線筆者)

(２) 学校教育活動の全体を通じて行う指導の例

障害による困難は、学習や生活のあらゆる場面に影響することが多いでしょう。例えば、「自分の意思を伝えられない」という困難は、いろいろな場面で欲求が満たされず様々な不適応行動を生じさせるでしょう。落ち着きのなさ、情緒の不安定さとなって現れるかもしれません。

まずは、「自分の意思を伝えられない」という困難の原因や背景が分析されなければなりません。例えば、子供はいろいろな表出をしているものの、大人に対してはっきり向けられていないため、大人が気づかないことがあるでしょう。この場合、子供と大人の間で信頼する関係が育っていないといった原因や背景が浮かび上がってくるかもしれません。そうすると、「児童が好む活動を共に行いながら、基本的信頼感を醸成しつつ、子供の意思の表出を育む」といった指導の方向性が考えられます。

こうした課題の指導が、自立活動のために特設された「時間」の中だけでできるものでないことは容易に想像できるでしょう。「自分の意思を伝えられない」という困難は学習や生活の多くの場面で生じているからです。その困難さの改善のためには、学校の教育活動全体を通じた指導が必要となります。

この例で言えば、「児童が好む活動を共に行う」という指導は、特設された「時間」がよい場合もあるでしょうし、みんなで遊ぶ時間の中で教師が子供に個別に応じる場面がよい場合もあるでしょう。30 分程度じっくり関わる必要がある場合もあるし、登校後の朝の時間でよいのかもしれません。時間や方法ありきではなく、子供が必要とする指導が計画され展開される必要があるのです。

(３) 自立活動の指導の場

「学校の教育活動全体を通じて」指導すると言いますが、具体的にはどのような指導の場があるのでしょう。次の三つに整理できます。

①　自立活動の時間

自立活動の指導を行うために特に設けられた時間です。国語の時間、算数の時間のように時間割の中に位置付けられた指導の場です。

この時間を何時間設けるかについて学習指導要領では、「児童又は生徒の障害の状態や特性及び心身の発達の段階等に応じて、適切に定めるものとする」と示されています。このことは、一人一人の障害の状態等が異なることから一律に定めることはできないので、一人一人に応じて時間を確保する必要があることを意味しています。学習指導要領解説自立活動編には、「授業時数を標準として示さないからといって、自立活動の時間を確保しなくてもよいということではなく、個々の児童生徒の実態に応じて、適切な授業時数を確保する必要がある」と明示されているのです。

では、この時間は、学級や学年で一律に設ける必要があるかというと、そうではありません。自立活動の時間は、一人一人の必要に応じて適切に定める必要があります。自立活動の時間が週に３時間必要な子供もいれば、１時間でよい子供もいるでしょう。なかには、健康に関わる指導が特に必要で、自立活動に多くの時間を割かなければならない子供もいます。

そこで、子供の自立活動の指導の必要性を検討し、学年や学部で集団の授業をしているときに、自立活動担当の教師や学級担任等が子供を集団から抜き出して、自立活動の時間に当てるといった工夫をすることができます。また、登校後の時間帯や給食前の時間帯に10 ～ 15 分程度、自立活動の時間として確保している例もあります。

指導すべきことは何かを押さえることによって、指導時間を生み出すことができます。昨今、カリキュラムマネジメントが叫ばれ、教育計画を作るだけでなく、適切に実施できているかどうか点検することが求められています。子供が必要とする指導を可能にすることこそ、カリキュラムマネジメントと言えるでしょう。

②　各教科等と関連を図って行う指導・各教科等と合わせて行う指導

国語や算数等の各教科の指導を行うに当たっては、自立活動の指導と密接な関連を図って行うことが大切です。そもそも、自立活動では、障害による学習上又は生活上の困難の改善を目指しています。困難さは国語や算数等の学習場面で生じているのです。ですから、自立活動の指導と各教科の指導で密接な関連を図ることは当然のことと言えます。

例えば、いすでの座位が保持できないため、文章を読んだり図形を捉えたりすることが苦手な子供がいたとします。その子供が、自立活動の時間に姿勢を保持する練習をして上達したとすれば、そうした自立活動の時間の指導での成果を国語や算数の時間に取り入れるべきでしょう。そうすることによって、どちらの指導も相乗効果を上げることができます。

また、自立活動の時間に動作の模倣に関することを指導して、ある程度できるようになった場合、体育や音楽の身体表現で関連した内容を扱い、自立活動の時間でできるようになったことを踏まえて指導に当たるといったことなども考えられます。

知的障害や重複障害のある子供を教育する場合には、各教科、道徳科、外国語活動、特別活動及び自立活動を合わせて授業を行う（学校教育法施行規則第 130 条第２項）ことができます。知的障害特別支援学校等では、この「各教科等を合わせた指導」として、日常生活の指導、遊びの指導、生活単元学習、作業学習等が行われています。効果があると考えられる場合には、これらの指導に自立活動を合わせて指導することができます。

ただし、各教科等を合わせた指導において自立活動も合わせる場合には、自立活動の指導目標や指導内容を明確に押さえて指導に当たることが重要です。

③　休み時間、教室の移動等、あらゆる機会における指導

障害による困難は、学習や生活の様々な場面で生じます。「自分の意思を伝えられない」という困難は、休み時間にも教室移動の際にも起こります。むしろ、生活の自然な流れの中で、子供が何かを欲したり気づいたりしたときこそ意思を伝える術がないと困ることでしょう。

したがって、自立活動の時間に学んだ意思を伝える方法は、休み時間などでも使えるように指導を計画する必要があります。学校の教育活動全体を通じて指導を展開しなければならないのです。

（下山 直人）

【参考文献】

安藤隆男編著（2001）自立活動における個別の指導計画の理念と実践．川島書店

香川邦夫・藤田和弘編（2000）自立活動の指導．教育出版

下山直人編著（2011）新しい自立活動の実践ハンドブック．全国心身障害児福祉財団

下山直人監修・全国特別支援学校知的障害教育校長会編著（2018）知的障害特別支援学校の自立活動の指導．ジアース教育新社

中央教育審議会初等中等教育分科会（2012）共生社会の形成に向けたインクルーシブ教育システム構築のための特別支援教育の推進（報告）
https://www.mext.go.jp/b_menu/shingi/chukyo/chukyo3/044/houkoku/1321667.htm

文部科学省（2017）特別支援学校幼稚部教育要領，小学部・中学部学習指導要領
http://www.mext.go.jp/component/a_menu/education/micro_detail/__icsFiles/afieldfile/2018/05/23/1399950_2_1.pdf

文部科学省（2018）特別支援学校教育要領・学習指導要領解説　自立活動編（幼稚部・小学部・中学部）
http://www.mext.go.jp/component/a_menu/education/micro_detail/__icsFiles/afieldfile/2018/05/23/1399950_5_1.pdf

第2節 計画から授業へ

第1節では、自立活動は障害のある子供のために用意された教育内容であり、その自立活動では障害による困難の改善を図ること、学習指導要領に示された目標・内容を踏まえ、一人一人の指導目標・内容は個別に設定されること、その指導目標・内容の達成のために指導の場が用意されなければならいことを述べました。第2節では、自立活動の授業を行うまでの過程を概観した上で、個別の指導計画と授業計画の作成について取り上げることにします。

❶ 計画から授業に至る過程

(1) 個別の指導計画の作成

自立活動は、障害のある子供一人一人の障害による困難の改善を目指した指導です。障害による困難は一人一人異なるわけですから、指導の中身も違ったものになります。指導は一人一人について計画されることになり、その計画を「個別の指導計画」と呼んでいます。まず、個別の指導計画に関する学習指導要領の記述を見ることにしましょう。学習指導要領では、次のような手順で個別の指導計画を作成するように示しています。

> 自立活動の指導に当たっては、個々の児童又は生徒の障害の状態や特性及び心身の発達の段階等の的確な把握に基づき、指導すべき課題を明確にすることによって、指導目標及び指導内容を設定し、個別の指導計画を作成するものとする。その際、第2に示す内容の中からそれぞれに必要とする項目を選定し、それらを相互に関連付け、具体的に指導内容を設定するものとする。(特別支援学校小学部・中学部学習指導要領第7章第3　個別の指導計画の作成と内容の取扱い、下線筆者)

3行目に「個別の指導計画を作成するものとする」と書かれています。学習指導要領は法的拘束力をもつ文書ですから、個別の指導計画は作成しなければならないものです。そして、その前後に示されている内容の中から必要とする項目を選定し、関連付けて具体的指導内容を設定することも、努力するとか望ましいというものではなく「するもの」として示されていることに留意する必要があります。

学習指導要領解説自立活動編には、以下のとおり手順の一例が紹介されています。

①　個々の児童生徒の実態を的確に把握する。
②　実態把握に基づいて指導すべき課題を抽出し、課題相互の関連を整理する。
③　個々の実態に即した指導目標を明確に設定する。
④　個々の指導目標を達成するために内容から必要な項目を選定する。
⑤　選定した項目を相互に関連付けて具体的な指導内容を設定する。

(2) 個別の指導計画から授業へ

上記の手順を踏んで個別の指導計画が作成されたとしても、それだけで実際の指導ができるわけではありません。子供一人一人の指導目標や指導内容を、いつ、どこで、誰が指導するのか、指導の場を決める必要があります。

一人一人の実態から、指導すべき課題が導かれ、指導目標や指導内容が設定された個別の指導計画は、その指導目標や指導内容を取り扱う指導の場が決定され、指導の場ごとの計画、すなわち授業計画が作成されて初めて実践されるのです（図５）。

授業計画に基づいて指導が始まると、指導がうまくいっているかどうか振り返り、必要があれば授業計画を修正します。評価をして改善するわけです。一定期間の指導の後には、個別の指導計画自体を評価し改善しなければなりません。こうして、計画（Plan）、実践（Do）、評価（Check）、改善（Action）のサイクルを回し、一人一人の子供に合った指導を創り出していくのです。自立活動の指導では、一人一人の子供の指導目標や指導内容の設定など、教師に委ねられる部分が多くなります。それだけに、どのように指導を創っていくのか問われることになるのです。

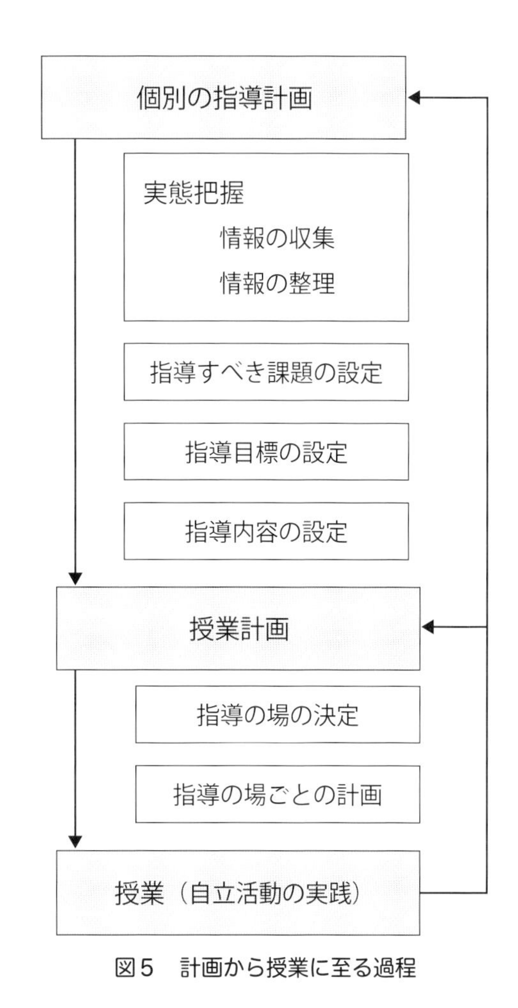

図５　計画から授業に至る過程

❷ 個別の指導計画の作成

（1）学習指導要領解説自立活動編に示された流れ図

図６は、学習指導要領解説自立活動編に示されている「実態把握から具体的な指導内容を設定するまでの流れの例」です。同書には、この様式を用いた流れ図例が障害種別ごとに掲載されています。

ここでは、図６に即して、個別の指導計画の作成の流れを見ていくことにします。理解の助けになるよう、具体例を挙げて説明を進めます。例に挙げる子供は、上肢にまひがあり文字を書くことや絵を描くことに困難があります。肢体不自由特別支援学校の小学部第３学年に在籍することとし、Ａ君と呼ぶことにします。また、Ａ君をイメージした個別の指導計画の図解をP.30 図７に示します。

（2）実態把握

①　情報の収集

実態把握は二つの過程に分かれます。一つは、障害の状態や特性等について幅広く情報を収集する段階（図６の①、以下○付数字は図６と対応する）です。ここでは、できないことだけでなく、できることにも着目することが大切です。情報の収集については、あらためて第３節で詳しく述べますが、幅広く、いろいろな面から集めることに留意します。ここでは紙面の関係もありますので障害による困難を中心にＡ君の情報を記載します。

Ａ君は上肢にまひがあり、文字を書くことや絵を描くことに難しさがあります。特に、板書をノートに写しとることについては、だんだん時間がかかるようになりました。学年が上がり、学習内容が難しくなるにつれ学習の遅れが目立つようにもなりました。学習場面で質問されると、自信なさそうに答えることが増えてきました。

一方、Ａ君はパソコンが好きで、パソコンでゲームや描画をすることには意欲的に取り組む様子が見られました。

②　情報の整理

実態把握の第２段階は、収集した情報を整理する段階です。学習指導要領解説自立活動編では、三つの観点が例示されています。

自立活動の区分に即した整理（②－１）、学習上又は生活上の困難の視点からの整理（②－２）、○○年後の姿の観点からの整理（②－３）の三つです。いくつかの観点から整理することを通して、困難さの背景や要因を探り、指導すべき課題を浮かび上がらせるようにします。三つの段階を経ても自然に課題が浮かび上がるわけではありません。計画を作成する教師には、何が原因・背景であり、どのような指導をするとよいのか、これらを明らかにしようとする姿勢が求められます。

この情報を整理する過程は、指導すべき課題を導く上で極めて大事ですから、次節で具

実態把握

① 障害の状態，発達や経験の程度，興味・関心，学習や生活の中で見られる長所やよさ，課題等について情報収集

②－1　収集した情報（①）を自立活動の区分に即して整理する段階

健康の保持	心理的な安定	人間関係の形成	環境の把握	身体の動き	コミュニケーション

②－2　収集した情報（①）を学習上又は生活上の困難や，これまでの学習状況の視点から整理する段階

②－3　収集した情報（①）を○○年後の姿の観点から整理する段階

指導すべき課題の整理

③ ①をもとに②－1，②－2，②－3で整理した情報から課題を抽出する段階

④ ③で整理した課題同士がどのように関連しているかを整理し，中心的な課題を導き出す段階

課題同士の関係を整理する中で今指導すべき目標として	⑤ ④に基づき設定した指導目標を記す段階

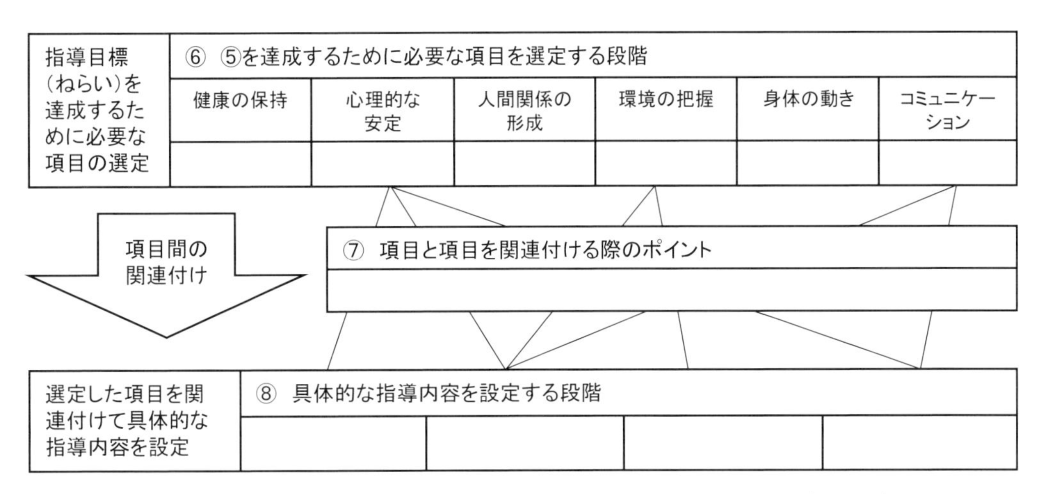

図6　実態把握から具体的な指導内容を設定するまでの流れの例（流れ図）
（特別支援学校教育要領・学習指導要領解説自立活動編より引用）

実態把握

①情報の収集

学習場面で
自信なさそう

学習の遅れが目立つ

板書に時間がかかる

筆記や描画困難

上肢にまひ

パソコンで
ゲームや描画
に意欲的

パソコン
が好き

②情報の整理

②－１　自立活動の区分に即した整理

健康の保持	心理的安定	人間関係の形成	環境の把握	身体の動き	コミュニケーション
	パソコン意欲的			筆記が困難	

追加情報　文字の認識難　座位姿勢不良

②－２　困難さや学習状況の視点から整理
筆記の困難：上肢のまひだけでなく座位や
文字の認識も影響

②－３　○○年後の姿の観点から整理
筆記困難→学習遅れ大、学習意欲減

指導すべき課題の整理

③課題の抽出

・筆記用具に補助具を付けて筆記等を改善
・座位姿勢の改善
・文字や図形の認知力の向上
・パソコン等を筆記に用いる

試行　補助具を付けて筆記×
パソコンを用いる○

④中心的課題

パソコンを使って各教科の授業に参加
文字や図形の認知を改善

（将来的課題）
補助具を用いての筆記
座位姿勢の改善

指導目標・指導内容の設定

⑤指導目標

【長期】板書事項をパソコンで入力
【短期】ワークシートに入力

⑥指導項目の選定

健康の保持	心理的安定	人間関係の形成	環境の把握	身体の動き	コミュニケーション
	(3)障害による…		(2)感覚や認知の…	(2)姿勢保持と…	(5)状況に応じた…

⑦関連付けのポイント

パソコン操作とともに、困難を改善する意欲の向上を期待したい

見え方の特徴を理解し、見えやすくなるよう行動してほしい

⑧具体的な指導内容

パソコンの基本操作を知り、授業に活用する

自分の見え方の特徴を知り、見やすいよう行動する

図７　（図解）Ａ君の実態把握から指導内容の設定まで（○付数字は図６の○付数字に対応）

体的な方法を含めて詳細に論じることとします。

Ａ君については、自立活動の６区分に即して実態を整理した結果、上肢のまひのほか、座位の姿勢が悪く筆記に影響している（「５　身体の動き」に関すること）こと、また、文字の認識にも課題がある（「４　環境の把握」に関すること）ことが分かりました。分かっていることを６区分に入れながら、学習指導要領解説自立活動編などを読みながら検討したところ、姿勢や認知も書くことや描くことに影響することが分かり、そうした点にも原因があることに気づきました。

また、３年後の観点から考えたとき、書くことの困難から学習したことが定着しにくくなり、今後は学習の遅れが大きくなって、学習意欲はもとより障害による困難の改善・克服への意欲に大きく影響することが予想されました。

（３）指導すべき課題の整理

指導すべき課題を整理するために、まず、指導開始時点で課題となることを抽出します（③）。次に、③を整理して中心的な課題を導き出します（④）。課題相互の関連を考えなら、優先的に指導しなければならない課題、少し後に回した方がよい課題等を決めていきます。また、課題の優先順位を検討する際には、机上で考えるだけではなく、実際に試してみることによって、有効な情報が得られることがあります。

Ａ君については、収集した情報を整理する過程を通して、筆記用具に補助具をつけて筆記等の改善を図る、見にくさを改善するため座位姿勢をよくする、文字や図形の認知力の向上を図る、パソコン等を筆記に用いることなどを指導すべき課題と考えました。

次に、これらの課題への対応をいくつか試してみることにしました。まず、Ａ君の握りに合わせた補助具を筆記具につけて書くことを試してみましたが、学習進度に追いつかず、学習に対する意欲も減退しがちでした。一方、教師が、筆記する箇所を絞ったワークシートを作り、Ａ君がパソコンでワークシートに入力する方法を試すと、実用的であり学習意欲も増すことが分かりました。そこで、優先する課題として、「パソコンを使って各教科の学習に参加する」としました。各教科の授業では、ワークシートに入力をする時間を設定すれば、教師の話や質問にも集中できると予想されました。筆記具に補助具をつけて使うことについては、将来的には署名や簡単なメモなどの実用性も期待されることから、長期的に取り組む課題と位置付けました。

文字や図形の認知については、各教科の授業に直結することから優先する課題と考えました。一方、座位姿勢の改善については、将来取り組む課題とし、当面はＡ君が使用しているいすを見直すこととしました。具体的には、姿勢の崩れを防止するため体を支えるベルトなどを補強することとし、優先する課題以外については、Ａ君の負担の軽減を図ることにしました。

（4）指導目標の設定

指導目標は、長期的な目標とともに、当面の短期的な目標を定めることが自立活動の指導の効果を高めるために大切です（⑤）。長期、短期の期間の長さをどのように設定するかは、指導すべき課題によって異なります。１年後に一定の達成が見込まれる課題であれば、長期の期間を１年間とすることも考えられますし、指導の期間を要すると見込まれる場合には３年間を長期とすることも考えられます。短期の目標については、長期の目標をどのような段階を経て達成するかという観点から検討し、学期や月などを目安として設定するとよいでしょう。

Ａ君の課題については、１年間である程度の達成が見込めることから、１年後に達成する目標として、「各教科の授業で板書された事項をパソコンで入力できる」としました。そして、当面１学期の目標として「各教科の授業のワークシートに入力できる」としました。既に、パソコンでワークシートへの入力ができそうだ、という予想がついていますので、少し頑張ればできるという見通しがもてたわけです。

（5）指導内容の設定

具体的な指導内容の設定に当たっては、まず、自立活動の内容６区分 27 項目から必要な項目を選定します（⑥）。その後、選定した項目同士を関連付けて具体的な指導内容を設定するのです（⑧）。指導目標を達成するために、必要なものを組み合わせていくわけです。ただし、その際には、必要なものを盛り込む視点だけではなく、本人が興味をもって意欲的に取り組むことができるといった視点も大切です。

Ａ君には、パソコン操作ができるようになるとともに、障害による困難の改善に向けた意欲の向上を期待し、身体の動きの「(2) 姿勢保持と運動・動作の補助的手段の活用に関すること」と心理的な安定の「(3) 障害による学習上又は生活上の困難を改善・克服する意欲に関すること」を選定し、これらを関連付け「パソコンの基本操作を知り、授業に活用する」を具体的な指導内容として設定しました。また、自分の見え方についてはその特徴を理解し、見えやすくなるように行動してほしいと考えました。そこで、環境の把握の「(2) 感覚や認知の特性についての理解と対応に関すること」と、コミュニケーションの「(5) 状況に応じたコミュニケーションに関すること」を選定し、これらを関連付けて、「自分の見え方の特徴を知り、見やすいよう行動する」を、二つ目の具体的な指導内容として設定しました。

③ 授業計画の作成

（1）個別の指導計画から授業計画へ

特別支援学校等では、「個別の指導計画は作られるが、実際の指導にまで至っていない。個別の指導計画の活用が課題である」といった指摘がされることがあります。指導のために作られた個別の指導計画が実践されていないとすれば、何のために作るのでしょう。

なぜ、個別の指導計画が実践に移されないのでしょうか。原因は様々あるかもしれませんが、その一つは、個別の指導目標や指導内容の設定で終わっていて、その指導の場が明らかにされていないからです。また、その指導の場での計画、つまり「授業計画」として具体化されていないことが原因と考えられます。

（2）指導の場の決定

自立活動の対象となる障害による困難は、学習や生活の多くの場面で見られます。したがって、自立活動の指導は学校の教育活動全体を通じて行うものとされています。それだけに、手続きを踏んで設定してきた指導目標や指導内容が、確実に指導されるよう詰めをしっかり行っておく必要があります。それは、いつ、どこで、誰が指導するのか「指導の場」を明確にすることです。

図７で示したように、上肢にまひがあり文字を書くことが難しいＡ君には、ある程度操作ができ、活用への意欲もあるパソコンで文字を入力すること、それを授業で活用できるようにすることが指導すべき課題と押さえられました。年間の目標を踏まえ、１学期の目標は、各教科の授業でワークシートに入力できることとされました。そして、この目標を達成するために「パソコンの基本操作を知り、授業に活用する」ことと「自分の見え方の特徴を知り、見やすいよう行動する」の二つの指導内容が設定されました。

その二つの指導内容を実際にどのように指導していくかを決めなければ絵に描いた餅になってしまいます。そこで、指導の場を決定していくことになります。

Ａ君については、指導の場を図８のように考えました。Ａ君の学校では自立活動の時間が週２時間設定されています。自立活動の時間では、教師と児童が１対１で、完全に子供に合わせた指導ができますから、そこでまずパソコンの操作に関することを徹底して指導することにします。パソコンは得意とありますが、ゲームなどで特定の操作に習熟していても、文書作成などは経験していないことも考えられますから、基本的なことから確認をします。また、重要なことは、入力のための機器の選定や本人に合わせた調整です。そのため、上肢操作に詳しい教師や入力機器について詳しい専門家の協力を得ることにしました。

さらに、Ａ君には、画数の多い文字や図形などの捉えにくさがありますので、教師と児童１対１の環境で、文字や図形を見る基準を定めたり、既に知っている偏や旁（つくり）、簡単な図

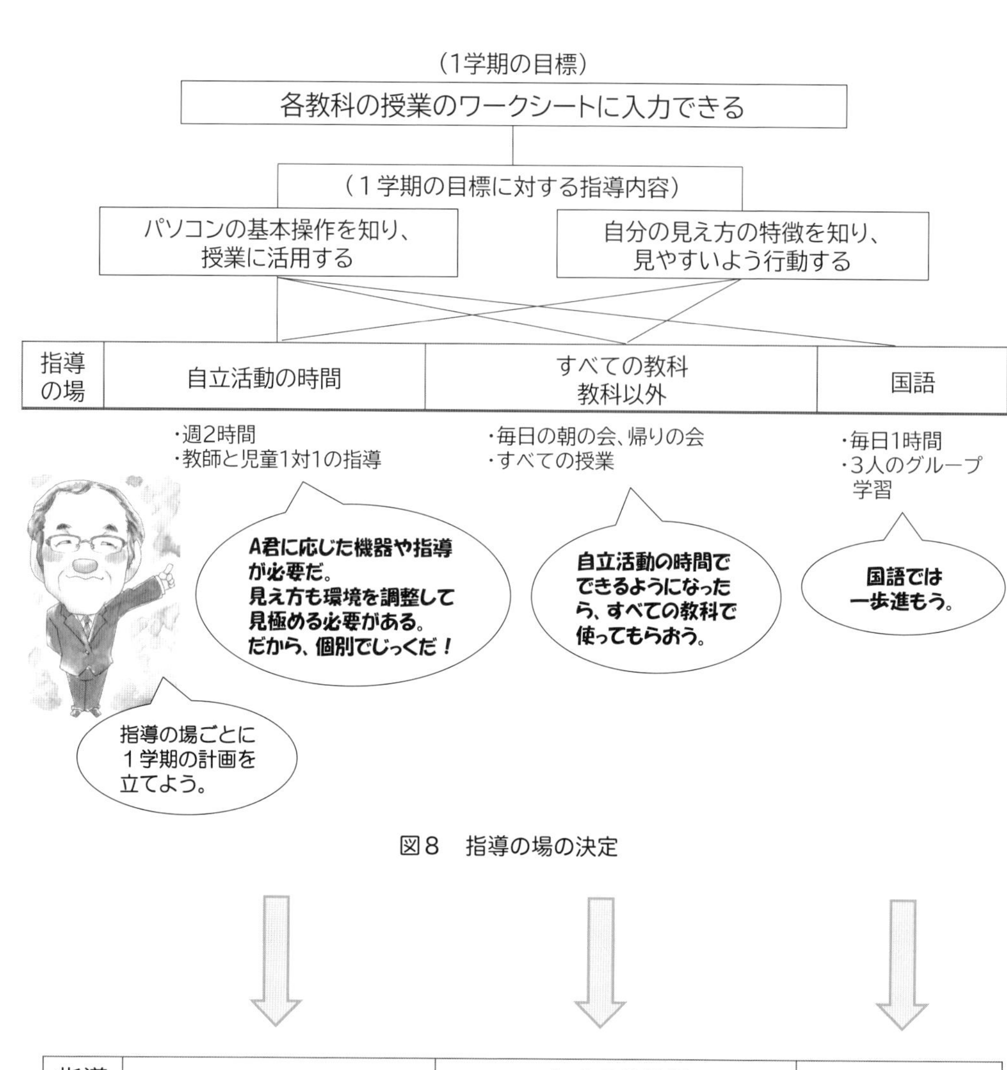

図８　指導の場の決定

指導の場	自立活動の時間	すべての教科 教科以外	国語
指導目標	パソコンで簡単な文章を作成する。 見にくいときの対処方法を知る。	パソコンでワークシートに入力する。 見にくいときに対処する。	パソコンで作文を書く。
指導内容	・１学期の学習計画 ・入力機器の選定・調整 ・文書作成ソフトの操作 ・簡単な文書作成の練習 ・ファイル操作の基本 ・見え方の特徴の理解 ・見にくいときの対処方法	・明日の準備物シートへの入力 ・授業前の準備 ・ワークシート立ち上げ ・ワークシートへの入力 ・トラブルの援助依頼 ・見にくいときの対処方法の活用	・授業前の準備 ・授業中のワークシートへの入力 ・作文メモの作成 ・作文

図９　自立活動の授業計画の具体例

形を言語化して認識するなどの方法をじっくり教えることとしました。

次に、自立活動の時間以外の指導について見ていきましょう。まず、毎日の朝の会、帰りの会で簡単な文字入力を行うことにしました。同じ環境ですから、文字入力の慣れを促すことができます。そして、記録のために文字を活用する便利さに自然に気づくようにし、パソコン活用への意欲を高めます。

また、自立活動の時間で文書作成ができるようになったら、各教科で活用を進めていきます。板書事項を予めプリントにし、そのファイルを呼び出し、板書の一部だけ入力することから始めます。実際の入力もさることながら、各教科に必要なファイルがどこに格納され、それを見つけ呼び出してくることなど、ファイルの基本操作に関することは、自分で活用していくためにとても大切な学習になります。

そして、国語では、一歩進んだ使い方を学ぶことにします。そうするのは、国語が少人数のグループ学習だからです。ワークシートへの入力だけでなく、作文やレポート作成なども指導できると考えたわけです。

（3）授業計画の作成

自立活動の時間、各教科の時間、その他の時間にそれぞれ扱う内容が明確になったら、それぞれの時間の授業計画を立てることになります。

図９に、Ａ君の１学期間の指導目標と指導内容を示しました。指導目標には、１学期間に到達可能なゴールを、指導内容には、目標を達成するために必要な事項を記述していきます。

その際、考慮したいこととして、子供を計画の立案に参加させることがあります。図９の自立活動の時間の指導内容の最初に、「１学期の学習計画」が入っています。ここでは、１学期の目標を教師と子供が共有しつつ、そのために何を学習するのか、使用する教材はどういうもので、その教材を使ってどのように学習していくのか、教師と一緒に考えていきます。教師の側からすれば指導目標、指導内容の設定ですが、子供の側からは学習目標、学習内容の理解です。

このことは、１学期の学習に対する意欲を喚起することにとどまりません。自立活動の学習の意味を理解させることにつながります。また、問題を見つけ、解決のための方法を見出す思考力等を養っていくことにもなるでしょう。将来、子供たちが自立し社会参加するためには、使える資源を有効に活用する力が求められます。こうした力を育てることにもつながることでしょう。

また、各教科の指導内容では、「授業前の準備」「ワークシートの立ち上げ」が挙げられています。自分を助ける道具を自分で準備・後片付けするという視点も忘れてはなりません。文字を入力することは一人でできても、その周辺を他者に頼らなければならないとすれば、子供たちは自由に行動することができません。準備も後片付けも、自立に必要な力であることを、教師は認識する必要があります。この点は学習指導要領においても、「活動しやすいように自ら環境を整え」る視点を考慮するよう示されています。

（4）各教科等を合わせた指導における授業計画

指導の場を明らかにし、自立活動の授業計画を立案することは、各教科等を合わせた指導を行う場合、特に重要です。

知的障害や重複障害のある子供の教育においては、各教科、道徳科等を合わせて授業を行うことができ、これを「各教科等を合わせた指導」と呼んでいます。この各教科等を合わせた指導には、自立活動も合わせることが可能です。この合わせた指導の代表的なものとして、日常生活の指導、遊びの指導、生活単元学習、作業学習などがあります。

例えば、生活単元学習「運動会」では、生活科の「日課・予定」「人とのかかわり」「役割」、国語の「聞くこと・話すこと」、算数の「数と計算」、音楽の「表現」、体育の「走・跳の運動」など様々な教科の内容を合わせて取り扱うことが考えられます。運動会の２番目のプログラムで学級の子供３人と徒競走を行う、応援係で運動会の歌を歌うといったことにこれらの内容は含まれることになります。

そうした内容に加えて、人と話すことに課題がある場合、自立活動のコミュニケーションの内容を加えて指導を行うことも可能です。こうした指導が行われるのは、様々な教科や自立活動の内容を、ばらばらに与えるのではなく、ひとまとまりの経験として与える方が、知的障害等の子供の学習上の特性に合っているとされているからです。

一方で、学校の現場では、上記のように、単元に各教科や自立活動のどのような内容を含むのか明確にせず､活動を充実させるという観点が強調されることが少なくありません。生活単元学習や作業学習等は各教科等を合わせた指導とされていますが、これを各教科に「分けない指導」あるいは「分けられない指導」と考える向きもあります。初期の発達段階の子供は未分化であるのだから、その活動をばらばらに考えることに意味がないとする考え方です。しかし、こうした考え方のもとに行われた実践に対して、毎年同じことが繰り返されている、経験はあるが学びのない活動になっているといった批判もあります。

こうした批判に応え、各教科等を合わせた指導を充実させるためには、各教科等にどのような内容を含むのか、教師が十分に押さえておくことが重要です。特に、自立活動については、一人一人指導する内容が異なるわけですから、この押さえがなければ、実質的に自立活動の指導を含んでいるとは言えないでしょう。

（5）自立活動の指導内容を押さえた授業計画の例

図10は、各教科等を合わせた指導を行う知的障害特別支援学校の授業計画の例です。

Ｂさんは、聞かれたことに言葉で応えることができますが、自分から話すことが少ない子供です。そこで、「経験したことや感じたことを言葉で伝える」ことが指導すべき課題として導かれ、１学期の指導目標としては、経験したことや感じたことを、もっとも身近

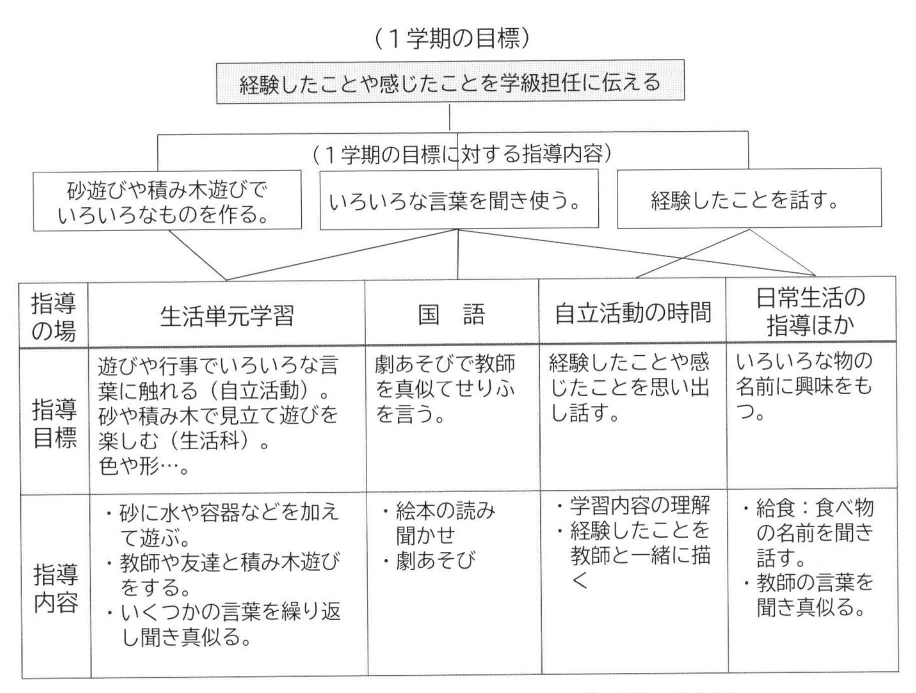

指導の場	生活単元学習	国　語	自立活動の時間	日常生活の指導ほか
指導目標	遊びや行事でいろいろな言葉に触れる（自立活動）。砂や積み木で見立て遊びを楽しむ（生活科）。色や形…。	劇あそびで教師を真似てせりふを言う。	経験したことや感じたことを思い出し話す。	いろいろな物の名前に興味をもつ。
指導内容	・砂に水や容器などを加えて遊ぶ。 ・教師や友達と積み木遊びをする。 ・いくつかの言葉を繰り返し聞き真似る。	・絵本の読み聞かせ ・劇あそび	・学習内容の理解 ・経験したことを教師と一緒に描く	・給食：食べ物の名前を聞き話す。 ・教師の言葉を聞き真似る。

図10　自立活動と各教科を合わせた授業計画の具体例

な大人である学級担任に伝えることが設定されました。

言葉は生活の中で、人とのやりとりを通して育まれます。生活の中で生きた言葉に触れる経験と、そこに大人が意図的に関わることが求められます。子供の生活を充実させる生活単元学習と、そこでの経験を補い深める自立活動や国語などの学習が相まって指導の効果が上がると考えられます。

そこで、授業計画では、まず、生活単元学習として行う砂遊びや積み木遊びの中で、遊びを育むことを通して、生活科や図画工作科等のねらいを達成するとともに、言葉についても意図的に働きかけることが計画されました。一方、自立活動の時間では、子供のその時点で知っている言葉や使える言葉が把握されました。教師は、Ｂさんは身近なものの名前は知っているが、動作を表す言葉や気持ちを表す言葉を知らないことを把握しました。そこで、遊びの中でもこれらの言葉を意図的に使っていくこととしました。

Ｂさんと学級担任は、砂遊びや積み木遊びを大いに楽しみます。遊びの中で、教師は、動きを表す言葉や気持ちを表す言葉を意図的に使い、Ｂさんの印象に刻むようにします。自立活動の時間には、その日か前日に行った遊びを思い出し、絵を描いていきます。遊びを思い出し、そこで使われた言葉を記憶から呼び起こし再現することがねらいですので、絵を描くことは教師主導でも構いませんし、子供に描かせても差し支えありません。このように自立活動の指導内容を教師がしっかり押さえることにより、生活単元学習と自立活動の指導を効果的に関連付けることが可能になるのです。

また、自立活動の指導目標・指導内容を明確にすることは、各教科の指導とも関連します。図10の例では、国語の授業でも動きや気持ちを表す言葉に触れ、教師の言葉の真似などを通して学ぶことができるように、絵本の読み聞かせや劇あそびが設定されています。さらに、言葉は様々な場面が指導の機会となりますので、給食や休み時間等での指導も組み込まれています。

個別の指導計画で、個の視点から導き出された指導すべき課題、それに基づいて設定された指導目標・指導内容は、実際の授業の計画に具体化されて、はじめて実際の指導として展開できます。そして、その授業計画において、授業間を密接に関連付けることによって、指導の効果を上げていくことが期待できるのです。

もちろん、それぞれの指導の場における指導は密接なつながりをもって行われることが重要です。自立活動の時間で身についた力は、各教科で活用され、各教科での困難さは自立活動の時間での取扱いを検討される必要があります。指導する教師が異なる場合、この点は特に重要です。指導目標を共有し、その達成を図る密接な連携が欠かせません。連携のための方策については本シリーズ第３巻で詳しく紹介することにします。

（下山 直人）

【参考文献】

岡田拓也（2018）共有体験をとおして伝える思いを育むコミュニケーション指導．実践障害児教育2018年３月号，学研プラス

川間健之介・長沼俊夫編著（2020）新訂肢体不自由児の教育，放送大学教育振興会

古川勝也・一木薫編著（2016）自立活動の理念と実践－実態把握から指導目標・内容の設定に至るプロセス－．ジアース教育新社

文部科学省（2018）特別支援学校教育要領・学習指導要領解説　自立活動編（幼稚部・小学部・中学部）http://www.mext.go.jp/component/a_menu/education/micro_detail/__icsFiles/afieldfile/2018/05/23/1399950_5_1.pdf

第3節 指導すべき課題を導く

第２節では、個々の子供の個別の指導計画を作成し授業に至る一連の過程について取り上げてきました。第３節では、本書の中心的なテーマである「指導すべき課題を導く」ことについて述べていきます。その手順は、前節で取り上げたように子供の実態把握から始まるのですが、その前に、行き着くべき「指導すべき課題」、とは何かについて理解を深めておきましょう。

❶ 指導すべき課題とは

（1）障害による困難の原因や背景

自立活動は、障害のある子供の障害による困難を改善する指導です。

では、その困難さが指導の直接の対象になるかというと、そうなる場合もありますし、そうならない場合も少なくありません。

例えば、「文字を書くことができない」という困難がある場合を考えてみましょう。この場合、鉛筆など通常の筆記具を使って書くことができないことが原因であれば、子供が持つことのできる筆記具を見つけ、それを使いこなすように練習することが課題となります。しかし、こうした対応で文字を書くという困難が解決できるのであれば、学校に入学する前か、入学後の比較的早い時期に解決していることでしょう。

これまでも見てきたように、文字を書くことができないという困難には様々な原因や背景があります。その原因や背景として、姿勢保持、上肢の動き、視覚のコントロール、記憶の保持、文字や図形の認知などが考えられますし、文字を書く機会がなかったといった環境要因があるかもしれません。小学校又は特別支援学校の小学部において、学年が進んでも文字を書くことができないという困難を抱える子供は、そうした原因や背景が絡みあっていることが予想されます。それらを分析し、なぜ、文字を書くことができないのか、それを明らかにしなければ指導を進めることはできません。

こうした困難さの原因や背景を探ることは、自分の状況を説明できない知的障害の子供や重度・重複障害の子供の場合、一層難しくなりますが、困難さの改善のためには避けて通れないことです。

例えば、激しい自傷行為や他害行為がある子供がいたとしましょう。自分を叩く、引っかくなどして自分を傷つける行為を自傷行為、それらが他者に向かうと他害行為と呼びます。こうした行為は、子供の安全を守る上でも、子供が社会で暮らすためにも緊急な改善が求められるものです。しかし、その行為が絶え間なく出てくる子供であっても、その原因を見つけ指導の糸口を見出すことは容易ではありません。

原因や背景として、いくつかのことが推測できます。自傷の場合であれば、外からの刺激が乏しいので自分の感覚を自分で刺激しているのではないか、痛みの感覚が鈍いのではないか、他者の気を引こうとしているのではないか、外界への関心が乏しいのではないか等々です。他の教師や図書などから様々な情報は得られますが、その子供にとっての原因や背景を探り、何を課題として指導したら解決できるのか見極めなければなりません。

（2）氷山モデル

障害による困難とその原因や背景の関係については、図11の氷山モデルで理解できるでしょう。海に浮かぶ氷山の見えている部分は、全体のごく一部です。海に浮かぶ部分を生じさせ、海に浮かぶ部分を支えている下の部分ははるかに大きいのですが、外からは見えません。外から見えている部分から、見えない部分がどうなっているのか推測していくしかありません。

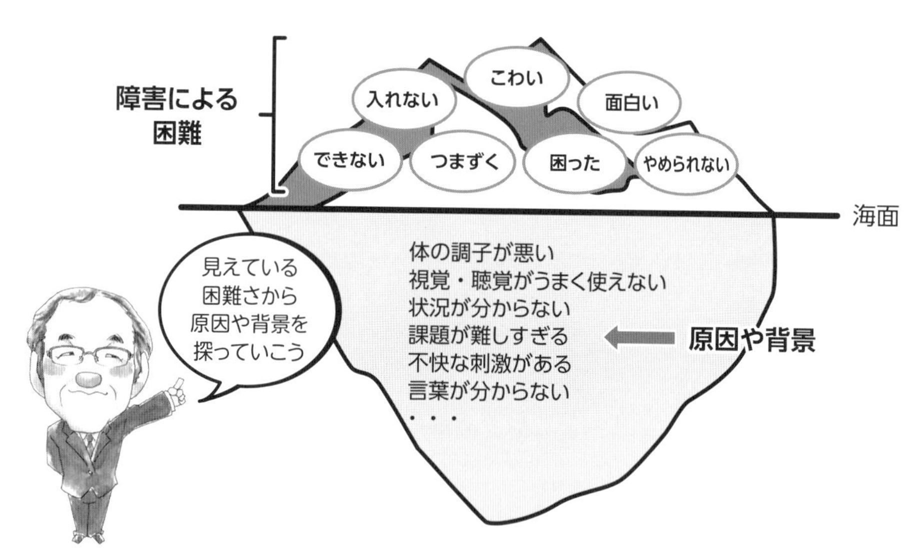

図11　障害による困難とその原因・背景（氷山モデル）

自分の意思を伝えることができない、文字を書くことができないといった活動の制約、集団や授業に参加できないといった不適応、生活リズムが確立しない、言葉が出てこないといった発達の停滞、自傷や他害といった問題行動などの困難さは外から見えます。一方、その原因や背景となる、体の調子が悪い、視覚や聴覚がうまく使えない、状況が分からない、課題が難しすぎる、不快な刺激がある、言葉が分からない、体がつらい、頑張っているのに認められない、必要な環境がないといったことは、外から観察しているだけでは分かりません。

まず、見える障害による困難が、いつ、どのような状況で生じているのか、条件を変えても生じるのか、細かな観察から一歩を踏み出すしかありません。

（3）指導すべき課題を明確に

障害による困難を改善する自立活動の指導を進めるためには、困難さの原因や背景を探り、「何を」指導するのか明確にする必要があります。この「何を」に当たるのが「指導すべき課題」となります。

先にも紹介したように「指導すべき課題」という言葉は、平成29・31年に改訂された学習指導要領で新たに登場した言葉です。しかし、それまで「指導すべき課題」が示されていないからといって、何を指導の対象とするのか、押さえていなかったわけではありません。指導の対象を明確にしなければ指導目標も指導内容も設定できません。

それでは、なぜ、指導すべき課題を明確にすることが学習指導要領に書き加えられたのでしょうか。改訂に当たっての有識者の議論では、自立活動の現状について、次のような指摘がなされています。

- （現行の学習指導要領等に示された）実態把握、指導目標の設定、指導項目の選定、具体的な指導内容の設定といった各プロセスのつながりについての解説が少なく、教師の理解に十分結びついていない。
- 子供たちの実態把握から導かれた指導目標と到達状況が乖離（かいり）しているといった事例もある。

（平成28年8月、中央教育審議会初等中等教育分科会教育課程部会報告「特別支援教育部会における審議のとりまとめについて」より、（　）内筆者補足）

これらの指摘には、自立活動の指導は、個別に計画されなければならないことは理解されても、指導に至るプロセスが分かりにくいこと、中でも、実態把握から指導目標に至る過程に問題があるとの認識が見られます。こうした経緯を見ると、実態把握から指導目標の設定に至る過程を適切なものとするために、「指導すべき課題」を明確にすることが示されたと理解できます。

指導すべき課題の「すべき」は、「する」に当為の「べき」が付き、当然行うべきという意味になります。したがって、その課題は当然指導されるものとして存在している、そこに到達することが大切になると読み解くことができます。ですから、指導すべき課題に至る過程、すなわちプロセスが重視されていると言えるでしょう。

❷ 実態把握 －情報の収集と整理－

（1）子供の本当の姿にせまる

特別支援教育の世界にいると、一日に何度も「実態把握」という言葉を聞きます。個に応じて教育を進めていくのですから当然と言えますが、一方で実態把握の難しさも示しています。

「実態」という言葉を辞書で引くと、本当の姿といった説明が出てきます。目の前の子供が見せる事実、いくつかの検査などで子供のある面は知り得たとしても、本当の姿と言えるでしょうか。子供の実態を把握することは難しいことですが、その時点で見せる姿を固定的に捉えず、子供の本当の姿にせまるといった姿勢が求められることでしょう。

（2）情報の収集と整理

実態把握は、子供に関する情報の収集と収集した情報の整理の二つの過程に分けることができます。もちろん収集しながら整理することもありますし、二つの過程は明確に分けられるものではありません。ただ、収集した情報はそのままでは役に立たないことが多く、目的に応じて必要なものを取り出したりまとめたりするなど整理する必要があります。ここでは、収集した情報を整理して自立活動の指導すべき課題を導き出すことが目的です。

特別支援学校では、子供に関する様々な情報を収集します。学校で子供を安全に引き受けるための情報から、学習を始めるための情報など多岐にわたります。自立活動の指導を計画する際にも情報収集は必要ですが、そのために最初から集めるというよりは、それまでに集めたものから障害による困難に関する情報を取り出し、既知の情報で足りないものは改めて収集することになります。

そこで、次に示す情報の収集については、自立活動に関するものに限定せず、今日、学校で行われている様々な方法を取り上げることにします。

❸ 情報の収集

（1）観点を定めて情報を収集する

一口に子供の実態に関する情報と言っても、様々なことがあります。例えば、障害や病気に関すること、生育歴や教育歴、健康状態、身体機能、運動機能、認知機能などの状態、学習状況、家庭や地域での暮らしのようす等々です。

こうしたたくさんの情報を漫然と集めるわけにはいきませんから、多くの学校では情報収集の観点を決めています。その観点に即して、引き継ぎ資料、家族や支援者など子供をよく知る人からの情報提供、実際の行動観察等を通して情報を集めていきます。一例を表２に示します。こうして集めた情報は多様なものですから、様々な指導を検討する上で活

表2　実態把握表の一例

項　目	情　　報
障害や疾病の状況	・肢体不自由、知的障害 ・脳性まひ
成育歴	出産時の様子（新生児黄疸強く…） 乳幼児期の発育　定頸（　か月）…
健　康	・風邪をひきやすく… ・アレルギーがあり…
運動機能	・四肢まひ　車いす利用 ・上肢にもまひあり…
感覚・認知	・視野がせまく… ・文字や図形の全体を捉える…
学習状況	・知的障害特別支援学校の各教科の２段階を学習 ・絵を描くことが好きで…
：	：
放課後の様子	・放課後デイを毎日利用 ・休日、地域の子供会に参加

用されるものとなります。

多様な情報の中から、障害による困難に関する情報とその情報に関連するものが、自立活動の指導を考える上で抜き出され活用されることになります。例えば、各教科や道徳科などに関する詳細な情報は必要ないでしょう。しかし、各教科の学習や生活で困っている情報は重要なものとなります。

また、障害による困難に焦点をあてるとはいえ、困ったりつまずいたりしている情報だけを集めても指導は見えてきません。得意なことや良い面に関する情報も指導を考える上では重要です。

（2）チェックリストを作成・活用する

子供の発達過程や生活の広がりについて、予めチェックリストを作成し、漏れや偏りなく必要な情報を収集する方法があります。こうしたチェックリストには、生後すぐに見られる、定頸（けい）、寝返り、座位、つかまり立ち、這（は）う、歩きはじめなど運動発達の過程を並べチェックするといった簡易なものもありますが、重度・重複障害のある子供の指導の手がかりを得ようと、詳細なチェックリストを工夫している学校もあります。

図12は、広島県立福山特別支援学校が作成した「重度・重複障害児のアセスメントチェックリスト」の一部です。同チェックリストは、「指導の手掛かりとして日々の取り組みの中で活用できるものを目指して」おり、重度・重複障害児の発達にとって重要なコミュニケーションに関する力と認知力に関する発達について、詳細な文献研究等を経て作成されています。また、重度・重複障害児の「小さな発達を確実に評価」できるよう４段階評価になっているのも特徴です。

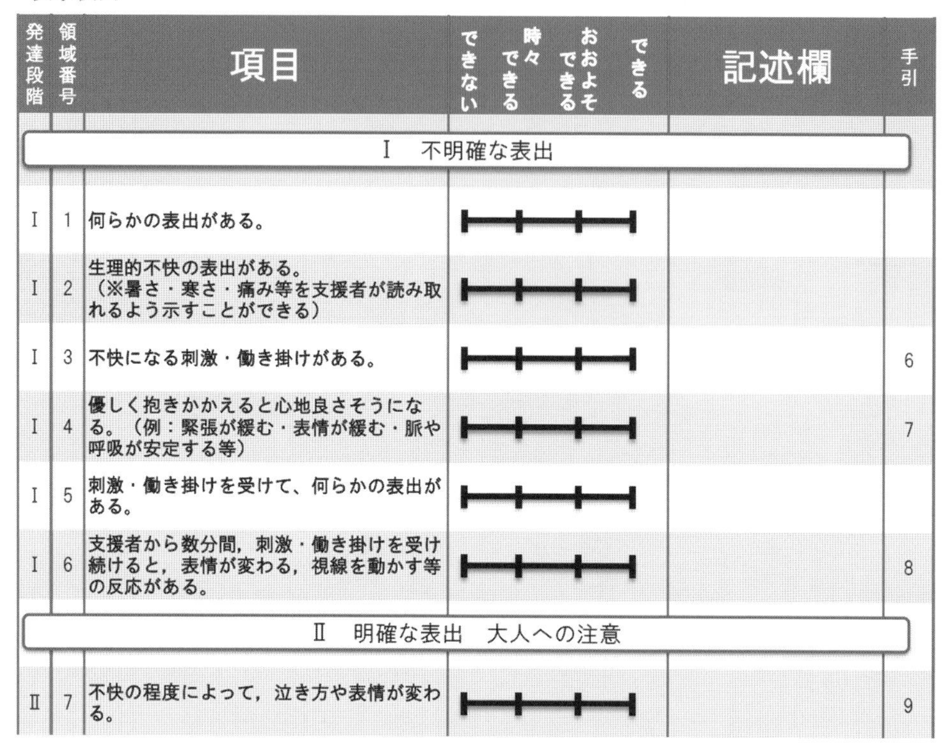
【コミュニケーション】
要求表出

発達段階	領域番号	項目	できない	時々できる	おおよそできる	できる	記述欄	手引
Ⅰ　不明確な表出								
Ⅰ	1	何らかの表出がある。						
Ⅰ	2	生理的不快の表出がある。（※暑さ・寒さ・痛み等を支援者が読み取れるよう示すことができる）						
Ⅰ	3	不快になる刺激・働き掛けがある。						6
Ⅰ	4	優しく抱きかかえると心地良さそうになる。（例：緊張が緩む・表情が緩む・脈や呼吸が安定する等）						7
Ⅰ	5	刺激・働き掛けを受けて、何らかの表出がある。						
Ⅰ	6	支援者から数分間，刺激・働き掛けを受け続けると，表情が変わる，視線を動かす等の反応がある。						8
Ⅱ　明確な表出　大人への注意								
Ⅱ	7	不快の程度によって，泣き方や表情が変わる。						9

図 12　広島県立福山特別支援学校のチェックリストの一部

（3）心理検査を活用する

知能検査や発達検査等の心理検査から、有益な情報が得られることも少なくありません。子供の発達の程度を把握したり、個人内で進んでいる領域や遅れている領域を知ったりすることができます。

知能検査のうち、ビネー式知能検査（田中ビネー知能検査Ⅴなど）は精神年齢から知能指数を算出します。そのほかウェクスラー式の一連の知能検査や日本版 K-ABC Ⅱのように知能指数だけでなく、個人内の能力差を見ることができるものがあります。

知能だけでなく、言語、運動、社会関係など様々な機能の発達状況を把握するため、発達検査が行われています。発達検査には、新版Ｋ式発達検査 2020 や Kids 乳幼児発達スケールなどがあります。

子供の社会生活の適応状況を見るものとして、S-M 社会生活能力検査第３版やヴァインランドⅡ適応行動尺度などがあります。

特定の分野の発達状況を見る検査もあります。言語発達を調べるものとしては、LC スケール増補版や絵画語い発達検査などが知られています。また、視知覚の問題を把握できるものとしてフロスティッグ視知覚発達検査があります。

様々なものがありますが、知能指数や発達年齢など検査の結果を出すことが目的にならないようにすることが大切です。検査を通して得られた子供の情報を、子供の理解や指導の手がかりとして活かしていくことが大切です。

（4）生活の広がりを把握する

子供の生活の横の広がりを捉える必要があります。学校以外の家庭での生活、放課後の生活、あるいは1週間に1回通うスポーツクラブ等での様子を、保護者だけでなく、そこでの支援に関わっている人から聴取することが望ましいでしょう。

学校で問題になっていることが、ほかの場所ではあまり問題になっていないことがあります。また、学校では自分で行うのに、ほかの場所では大人に依存している場合もあります。良い悪いで判断するのではなく、違いを見せる理由を考えなくてはいけません。子供の生活を多面的に捉えることが大切なのです。

（5）過去の情報を調べる

子供の生活を時間軸で捉えることも大切です。その一つとして、成育歴や教育歴を調べることはよく行われていますが、通り一片の事実の把握に終わることや書類の引き継ぎですませているケースが多いようです。過去の指導の中に問題解決のヒントがあったり、今はできないことでも過去にはできていたりすることがあります。例えば、引き継ぎ時点ではオムツでの排泄となっていましたが、過去にはトイレでできていたというケースもありました。

過去の経験が子供の現在の姿を形づくっています。未来の指導に生かすものを汲み取るつもりで、過去の情報に丹念に当たっていきたいものです。

（6）専門家の情報を生かす

とかく専門家というと学校外部の医療や福祉等の専門家をイメージしがちですが、学校の中にも専門的な知識・技能を有する教師がいる場合が少なくありません。障害による困難の改善に関する知識や技能は、専門的かつ多岐にわたります。まず、身近にいる専門的な知識・技能のある教師にアドバイスを求めることが大切です。そのような教師から、より専門的な外部の方につながることもあります。

また、今日、子供は多くの専門家に支えられています。一人の障害のある子供の周りには医療、保健、福祉、機器、そして教育等様々な専門家がいます。まず、その時点で、子供を支えている専門家に、同じ子供を見る立場で専門的な情報を求めていくことが大切です。お互いに有益で、継続する連携を築くことができるでしょう。

（7）情報収集のポイント

①　目的を押さえる

情報収集に当たっては、何のための情報収集であるのか、目的を明確にし、情報収集の範囲や程度、収集の方法等を考慮する必要があります。個人情報の取得であることを念頭に、不要な情報は集めない、また外部の情報を求めるときは保護者の了解を得ることが大切です。取得した情報の管理にも十分留意する必要があります。

②　多面的情報

障害による困難だけでなく、得意なことも捉える必要があります。遅れている領域だけでなく進んでいる領域も把握します。

また、問題となる行動についても、学級で見られる子供の行動が他の場面でも見られるのか、担当者が代わっても見られるのか、学校以外の場ではどうなのか、これまではどうだったのか、時間、空間、人との関係等も考慮して多面的に捉えることが必要です。

③　どのようにすればできるのか

指導を考える上で最も大切な点ですが、子供に見られる行動が、条件を変えてみて、どのように生じるか捉える必要があります。困った行動であれば、どのような場面でも見られるのか、頻度が少なくなる場面や環境はあるのか。一人ではできないことであれば、どの程度援助すればできるようになるのか。そうした視点で条件や環境を変えて行動を見ていくことが必要です。

❹ 情報の整理

収集した情報を整理する目的は、障害による困難を改善するために「指導すべき課題」を明らかにすることです。たくさんの情報を漫然と眺めているだけでは、何を指導すべきか見えてきませんから､収集した情報を整理しながら課題にせまっていくことになります。

第２節で述べたように、学習指導要領解説自立活動編に情報整理の方法が示されています。ここでは、その方法も含めて次の三つの整理の方法を取り上げます。

①　６区分 27 項目を活用した整理
②　情報間の関連を検討する整理
③　ICF の考え方を活用した整理

これらは、それぞればらばらに行われているわけではなく、適宜組み合わせて活用されていますが、便宜的に三つに分けて説明することにします。

（1）６区分 27 項目を活用した整理

第２節で具体例を挙げながら紹介しましたが、学習指導要領解説自立活動編には、次の三つの段階による整理の方法が示されています。

①　自立活動の区分に即して整理
②　学習上又は生活上の困難や、これまでの学習状況の視点から整理
③　○○年後の姿の観点から整理

この三つの段階で特徴的なのは、①の自立活動の区分に即して整理することでしょう。

自立活動の区分は、ここまで見てきたように６区分あります。そこには、27の項目があるわけですから、自立活動の区分に即して整理するとは、６区分27項目の視点から子供の実態を見ていくことにほかなりません。自立活動の区分というより、６区分27項目と言う方が意味することが伝わりやすいと考え、本書ではこの後、「６区分27項目を活用した整理」と呼んでいきます。

① ６区分27項目を活用した整理の例

まず、具体例を見てみましょう。

対象のＣ君は、自傷行為が頻繁で、ときどき他害も見られます。こうした行為は、子供が小さいうちは大目に見られがちですが、高学年になるにしたがって、子供自身の健康をおびやかし、他者と一緒に暮らすことを危うくするものです。できるだけ早く原因を究明し改善することが求められます。問題行動と呼ばれることもありますが、障害により、本来、外界に向かうべき関心が自分に向かったり、周囲との関係がうまく図れなかったりする結果として生じると考えられますので、障害による困難と捉えた方がよいでしょう。

Ｃ君について、当初、収集した情報を６区分で分類してみたものが表３の上段です。６区分に分類する際には、それぞれの区分にどんな項目が含まれるのかを参照しながら行うことになります。学習指導要領解説自立活動編を読みながら分類を進めることも考えられますが、例えば表４のように、区分と項目、そして項目の説明などが一覧になっているものを参照しながら行うと効率的でしょう。

Ｃ君について、６区分27項目の視点でみたとき、「健康の保持」の観点で収集した情報が、体調や病気（Ｃ君の場合はてんかん）に関することだけでした。「健康の保持」の区分には、「生活リズムと生活習慣の形成に関すること」など５項目が含まれています。５項目を見渡したとき、「生活リズム」の情報を得ていないことに気づきました。生活リ

表３　６区分27項目を活用した整理

障害による困難：自傷行為が頻繁、ときどき他害も見られる

	健康の保持	心理的な安定	人間関係の形成	環境の把握	身体の動き	コミュニケーション
当初の情報	体調は安定している。てんかんの発作があったがこの1年見られない。	情緒が不安定なとき、皮膚をつねる、頭を叩くなどの自傷行為が頻繁。	友達をつねる、叩くなどの他害行為がときどきある。弟、友達に関心あり。	突然の音にびっくりして自傷行為をすることがある。	歩く、走るなど体を動かすことを好む。遊具を使った遊びを好む。	身近なものの名前はよく知っており、自分から話す。
追加した情報	生活リズム？ 睡眠が乱れることがあり情緒が不安定になる。	情緒不安の原因は？ 睡眠の乱れ、突然の音など	大人との関係？ 1対1学習では自傷が少ない。	どんな音？ 金属音がだめ、音楽は大丈夫。 他の感覚？ 触覚が鈍い。	手の動き？ 手元を見て手を動かしていない。	言葉の理解？ 指示に対し周囲を見て行動するが言葉を十分理解していない。

表4　6区分27項目と項目の説明

区分	項　目	項　目　の　説　明
1 健康の保持	(1) 生活のリズムや生活習慣の形成に関すること	体温の調節、覚醒と睡眠など健康状態の維持・改善に必要な生活のリズムを身に付けること、食事や排泄などの生活習慣の形成、衣服の調節、室温の調節や換気、感染予防のための清潔の保持など健康な生活環境の形成を図る。
	(2) 病気の状態の理解と生活管理に関すること	自分の病気の状態を理解し、その改善を図り、病気の進行の防止に必要な生活様式についての理解を深め、それに基づく生活の自己管理ができるようにする。
	(3) 身体各部の状態の理解と養護に関すること	病気や事故等による神経、筋、骨、皮膚等の身体各部の状態を理解し、その部位を適切に保護したり、症状の進行を防止したりできるようにする。
	(4) 障害の特性の理解と生活環境の調整に関すること	自己の障害にどのような特性があるのか理解し、それらが及ぼす学習上又は生活上の困難についての理解を深め、その状況に応じて、自己の行動や感情を調整したり、他者に対して主体的に働きかけたりして、より学習や生活をしやすい環境にしていく。
	(5) 健康状態の維持・改善に関すること	障害のため、運動量が少なくなったり、体力が低下したりすることを防ぐために、日常生活における適切な健康の自己管理ができるようにする。
2 心理的な安定	(1) 情緒の安定に関すること	情緒の安定を図ることが困難な幼児児童生徒が、安定した情緒の下で生活できるようにする。
	(2) 状況の理解と変化への対応に関すること	場所や場面の状況を理解して心理的抵抗を軽減したり、変化する状況を理解して適切に対応したりするなど、行動の仕方を身に付ける。
	(3) 障害による学習上又は生活上の困難を改善・克服する意欲の向上に関すること	自分の障害の状態を理解したり、受容したりして、主体的に障害による学習上又は生活上の困難を改善・克服しようとする意欲の向上を図る。
3 人間関係の形成	(1) 他者とのかかわりの基礎に関すること	人に対する基本的な信頼感をもち、他者からの働き掛けを受け止め、それに応ずることができるようにする。
	(2) 他者の意図や感情の理解に関すること	他者の意図や感情を理解し、場に応じた適切な行動をとることができるようにする。
	(3) 自己の理解と行動の調整に関すること	自分の得意なことや不得意なこと、自分の行動の特徴などを理解し、集団の中で状況に応じた行動ができるようになる。
	(4) 集団への参加の基礎に関すること	集団の雰囲気に合わせたり、集団に参加するための手順やきまりを理解したりして、遊びや集団活動などに積極的に参加できるようになる。
4 環境の把握	(1) 保有する感覚の活用に関すること	保有する視覚、聴覚、触覚、嗅覚、固有覚、前庭覚などの感覚を十分に活用できるようにする。
	(2) 感覚や認知の特性についての理解と対応に関すること	障害のある幼児児童生徒一人一人の感覚や認知の特性を踏まえ、自分に入ってくる情報を適切に処理できるようにするとともに、特に自己の感覚の過敏さや認知の偏りなどの特性について理解し、適切に対応できるようにする。

	(3) 感覚の補助及び代行手段の活用に関すること	保有する感覚を用いて状況を把握しやすくするよう各種の補助機器を活用できるようにしたり、他の感覚や機器での代行が的確にできるようにしたりする。
	(4) 感覚を総合的に活用した周囲の状況についての把握と状況に応じた行動に関すること	いろいろな感覚器官やその補助及び代行手段を総合的に活用して、情報を収集したり、環境の状況を把握したりして、的確な判断や行動ができるようにする。
	(5) 認知や行動の手掛かりとなる概念の形成に関すること	ものの機能や属性、形、色、音が変化する様子、空間・時間等の概念の形成を図ることによって、それを認知や行動の手掛かりとして活用できるようにする。
5 身体の動き	(1) 姿勢と運動・動作の基本的技能に関すること	日常生活に必要な動作の基本となる姿勢保持や上肢・下肢の運動・動作の改善及び習得、関節の拘縮や変形の予防、筋力の維持・強化を図る。
	(2) 姿勢保持と運動・動作の補助的手段の活用に関すること	姿勢の保持や各種の運動・動作が困難な場合、様々な補助用具等の補助的手段を活用してこれらができるようにする。
	(3) 日常生活に必要な基本動作に関すること	食事、排泄、衣服の着脱、洗面、入浴などの身辺処理及び書字、描画等の学習のための動作などの基本動作を身に付けることができるようにする。
	(4) 身体の移動能力に関すること	自力での身体移動や歩行、歩行器や車いすによる移動など、日常生活に必要な移動能力の向上を図る。
	(5) 作業に必要な動作と円滑な遂行に関すること	作業に必要な基本動作を習得し、その巧緻性や持続性の向上を図るとともに、作業を円滑に遂行する能力を高める。
6 コミュニケーション	(1) コミュニケーションの基礎的能力に関すること	幼児児童生徒の障害の種類や程度、興味・関心等に応じて、表情や身振り、各種の機器などを用いて意思のやりとりが行えるようにするなど、コミュニケーションに必要な基礎的な能力を身に付ける。
	(2) 言語の受容と表出に関すること	話し言葉や各種の文字・記号等を用いて、相手の意図を受け止めたり、自分の考えを伝えたりするなど、言語を受容し表出することができるようにする。
	(3) 言語の形成と活用に関すること	コミュニケーションを通して、事物や現象、自己の行動等に対応した言語の概念の形成を図り、体系的な言語を身に付けることができるようにする。
	(4) コミュニケーション手段の選択と活用に関すること	話し言葉や各種の文字・記号、機器等のコミュニケーション手段を適切に選択・活用し、他者とのコミュニケーションが円滑にできるようにする。
	(5) 状況に応じたコミュニケーションに関すること	コミュニケーションを円滑に行うためには、伝えようとする側と受け取る側との人間関係や、そのときの状況を的確に把握することが重要であることから、場や相手の状況に応じて、主体的にコミュニケーションを展開できるようにする。

（注）特別支援学校教育要領・学習指導要領解説自立活動編より作成

ズムについて、改めて家庭に聞いてみると、睡眠がよくとれていないときがあり、そうしたときに情緒が不安定になりやすく、自傷行為が起こりやすいことが分かりました。

下段は、このようにして後で追加した情報です。この例の場合、「人間関係の形成」では、大人との関係、「環境の把握」では音以外の感覚、「身体の動き」では目と手の協応動作、「コミュニケーション」では言葉の理解という視点からの情報がつけ加えられたわけです。

② 6区分27項目を活用した整理の意義

自立活動の内容である6区分27項目は、人間として基本的な行動を遂行するために必要な要素と、障害による困難を改善するために必要な要素から分類・整理されています。6区分27項目を活用した整理には、次のような意義があります。

第一に、6区分27項目の観点から、ほかに収集する情報はないか検討することになります。事例では「健康の保持」という観点から、自傷・他害に関連して必要な情報はないか点検しました。その結果、生活リズムという視点を得ましたが、ほかにも食事や排泄の影響や生活環境といった視点も、情報収集の候補に挙がることでしょう。

第二に、6区分27項目に込められた意味から分類された情報を評価することになります。「突然の音にびっくりする」ことは、人間の発達過程において通常見られる状態です。赤ちゃんが突然の音に泣き出すことは珍しくありません。年月とともに、聞こえる音の意味するものが分かるようになり、いろいろな音に対する構えができてきて、突然の音にもあまり驚かないようになります。解説の「環境の把握」「(2) 感覚や認知の特性への対応」の項目の説明には、「…一人一人の感覚や認知の特性を踏まえ、自分に入ってくる情報を適切に処理できるようにするとともに、特に感覚の過敏さや認知の偏りなどの個々の特性に適切に対応できるようにする」とあります。こうした説明を踏まえると、C君の音に対する反応は、聴覚の過敏さであり、対応を学ぶ必要があると評価できるでしょう。

以上、6区分27項目を活用した整理は、収集した情報を分類し評価することによって、多面的かつ深い子供理解へ向かうきっかけになると言えます。こうした意義を有する6区分27項目を活用した整理ですが、収集した情報を六つに分けることで終わっては、何の意味もありません。解説の記述などを参照しながら、多面的かつ深い理解に至ろうとする教師の主体的な姿勢が欠かせないのです。

③ 障害による困難の視点からの整理と○○年後の観点からの整理

6区分27項目を活用した整理の説明が長くなりましたが、この整理の段階に続く、「障害による困難の視点からの整理」と「○○年後の観点からの整理」について簡単に触れておくことにします。

これら二つは、分類された情報を、障害による困難、○○年後という視点や観点から統合しつつ整理するものと言えます。

C君は、睡眠の乱れや突然の音などで自傷が多くなり、その一方で教師と1対1という安心する環境では自傷が少なくなりました。困難が生じる状況を考察すると、「不安」というキーワードが浮かんできます。

また、ときどき見られる他害は人への関心があって生じていることから、今後エスカレートすることが予想され、○○年後を考えると早く手を打たなければならないことが認識されてきます。

このように、障害による困難の視点からの整理と○○年後の観点からの整理には、分類され分析された情報をまとめていく機能を提供するという意義があります。

（2）情報間の関連を検討する整理

図13は、収集した情報をカードに書き出し、情報間の関連を検討しながら、障害による困難の原因や背景を探っていく整理の方法を模式図にしたものです。

まず、収集した情報の一つずつを、カードに書き出します。次にカードを、大きな紙に貼っていきますが、関係があると思われるカードを近くに配置していきます。いくつかのグループができるでしょうから、そのグループに見出しをつけます。図13の左側では、生活面、学習面、感覚認知面、対人面でグループが作られ、線で囲んでいます。

次に、カードに書かれている情報の関係を改めて見ていきます。すると、グループが違っても関係がある場合、原因と結果の関係にある場合、相互に原因・結果の関係がある場合、反対の関係や対立関係にある場合などが出てきます。そうした関係を矢印で書き入れていきます。新たにグルーピングできるものがあったら、それを点線など別な線で囲むとよいでしょう。そして、こうした検討の過程で気づいたことは、別のカードに書き込んで追加していきます。この気づきが後で、原因や背景を整理していく際に手がかりを与えてくれることになります。

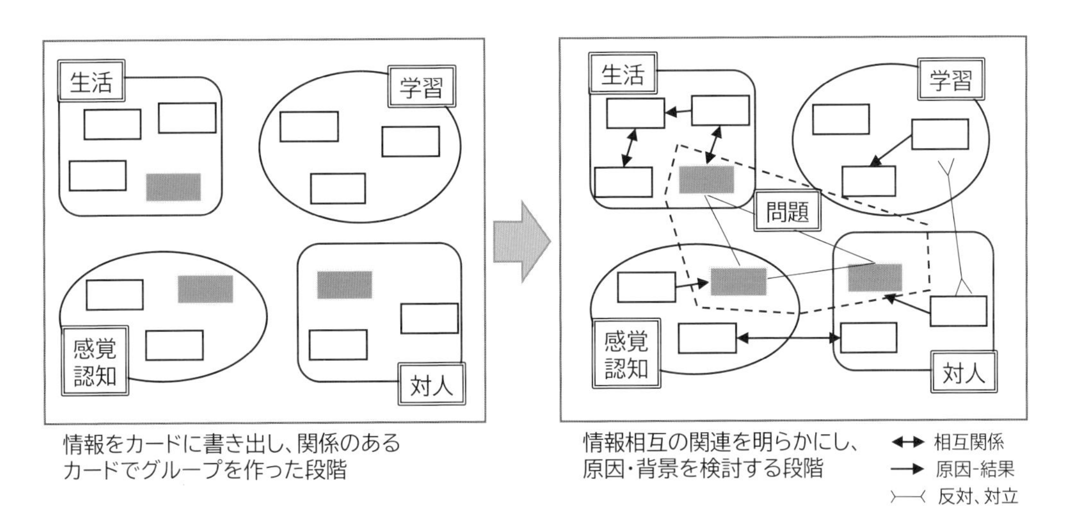

図13　情報間の関連を検討する整理の模式図

①　障害による困難を中心とした整理の例

表３で示したＣ君の事例について、情報間の関連を検討しながら自傷や他害の原因や背景を探っていくことにしましょう。

この事例では、自傷行為が頻繁に起こり、ときどき他害も見られていました。笑顔を見せながら行っていることもありましたが、子供自身が困っている結果であり、周囲も対応に苦慮する事態でした。そこで、ひとまず「自傷行為が多い」「ときどき他害がある」を中心におきながら情報を整理したのが図 14 です。障害による困難が比較的はっきりしている場合には、このような方法がとれるでしょう。

Ｃ君の場合、自傷が起こるのは、睡眠が乱れたり、突然の音だったり、言葉による説明を聞いたりしている場面で、「不安」ということが共通しているのではないかと推測されました。不安な思いを落ち着かせるために、自分の感覚に働きかける行為が行き過ぎて自傷となっているのではないか、と考えを進めました。教師と１対１の場面では情緒が落ち着き自傷が少ないという情報が、こうした見方を裏付けるように思われました。子供に合わせた言葉がけや聴覚から入る刺激の調整ができれば、不安が軽減し、自傷も少なくなるのではないか、という仮説が立ちました。

また、どんなときに他害が起きるのか観察すると、休み時間のように友達に関わることができる時間で、笑顔で関わっていくときに多く見られます。一方、着替えや手を使った課題では手元を見ることが少なく、手先の活動は不器用です。つまり、他者への関心はあるけれど関わり方が分からず、手の動きに関する意識も乏しいことから、友達の反応を求め、ついつい引っかく、押すなどの行為をするのではないかと考えられました。どうやら、他者への関心に対し、望ましい関わり方を学んでいく必要がありそうです。また、手を使う活動を自分で意識的に行うよう学習を進めることも必要だと気づきました。

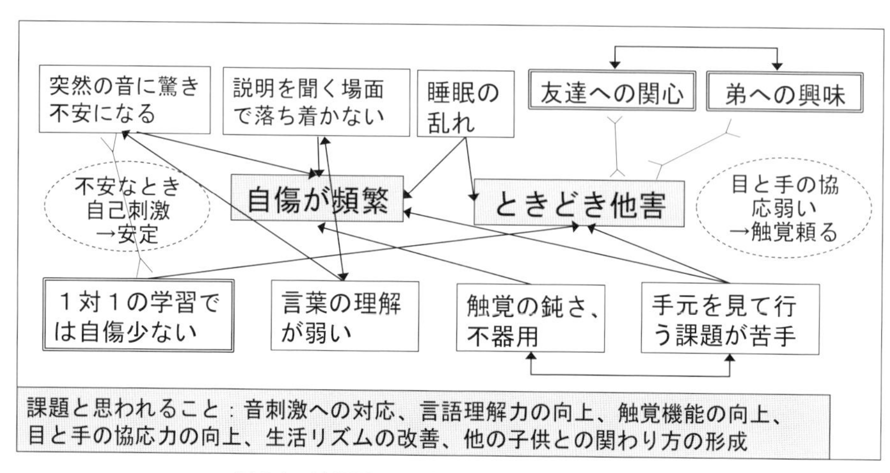

図 14　情報間の関連を検討する整理の例１
（障害による困難を中心とした整理）

②　障害による困難が分かりにくい場合の整理の例

肢体不自由も知的障害も重度である子供の場合には、発達が初期段階にとどまっている場合が少なくありません。障害による困難といっても、一見しただけでは何が問題なのか分からないことでしょう。長期にわたってその状態が続いている場合には、発達の停滞こそが障害による困難の現われであり、発達の妨げになっていることを取り除いたり、発達を促進する手がかりを見つけたりすることが大切になります。障害による困難が分かりにくい場合の整理の例を図 15 に示しました。

Ｄさんは、肢体不自由も知的障害も重度です。感染症にかかりやすい状態が続いていましたが、最近になって体調は安定してきました。しかし、まだ生活リズムが確立しておらず、夜眠らないこともありますし、日中に眠ってしまうことも少なくありません。日中の様子を見ると、よく知っている人と一緒にいると情緒が安定していることから、人との基本的信頼関係はできているようです。そのような関係の中では音を探したり、絵本の読み聞かせを喜んだり、聴覚からの刺激はよく入るようです。物との関係を見ると、玩具をつかむことはあるようですが、自分から玩具に向かう様子はありません。離れている人に気づかないところを見ると、聴覚に対して視覚の活用は進んでいないようです。視覚の活用を支える姿勢の管理もこれからといったところです。

このように見てくると、生活リズムの安定は日中の活動量と関係がありそうですし、日中の活動においては、聴覚が使える一方、視覚や手の活用は進んでおらず、そこには姿勢の不安定さが影響しているのではないか。そういった構図が見えてきます。

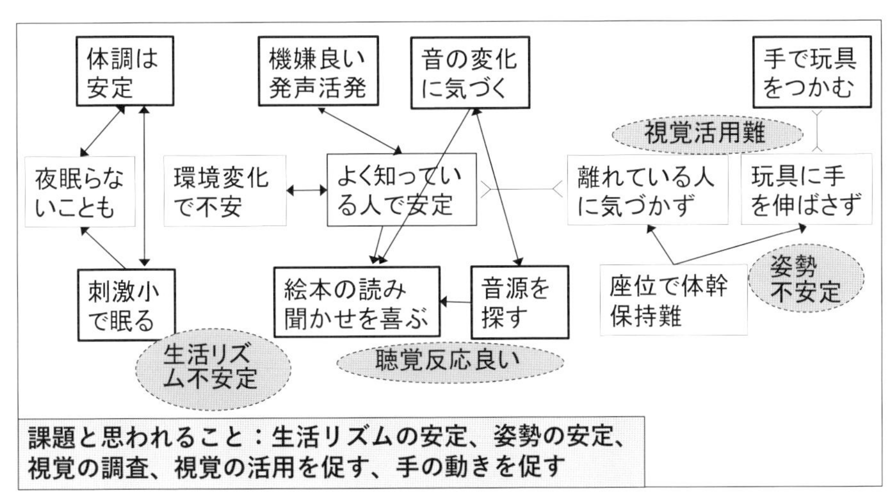

図 15　情報間の関連を検討する整理の例２
（障害による困難が分かりにくい場合の整理）

③　情報間の関連を検討する整理の留意点

この方法は、多くの教師や学校で採用されており、「カード整理法」といった名称で呼んでいる学校もあります。

もともとは、文化人類学者の川喜田二郎氏が考案したKJ法を参考としたものです。KJ法は、多様な情報を整理して本質的な問題を見出そうとする方法です。問題が発生している実際の現場から様々な情報を収集し、それらをグループにしたり関係を見たりしながら、問題の構造を明らかにし、解決のアイディアにたどりつこうとするものです。子供の実態に関する多くの情報を整理し、指導すべき課題を考えていく過程に合った方法と言えるでしょう。ただし、いくつか留意すべき点があります。

第一は、整理をする目的意識を明確にもつことです。この方法を用いても、指導すべき課題が見えてきません、という声を聞くことがあります。情報をカードに書き出し、その関係を見たからといって、障害による困難の原因・背景や指導すべき課題が自動的に導かれるわけではありません。多様な情報を整理し、本質的な問題に至る発想を生み出すことに、この方法の特長があります。原因・背景を探る、指導すべき課題を見つけるという、強い目的意識のもとにこの方法を用いる必要があります。

第二は、多様な見方や考え方を生かすことです。可能であれば複数の人が参加して、多くの情報を出し合い、経験や価値観の異なる意見を出し合いながら進めるとよいでしょう。他者の見方を否定するのではなく、いろいろな見方を子供理解のために活用する姿勢が大切です。

（3）ICFを活用した整理

①　ICFの考え方

2001年に世界保健機関（WHO）は、それまでの国際障害分類（ICIDH）に変えて生活機能分類（ICF）を採用しました。そもそもICFは、WHOが国際的な統計で用いる国際疾病分類などとともに分類ファミリーの一つであり、健康状況と健康関連状況を記述するための共通言語として提供されているものです。具体的には、アルファベットと数字の組み合わせで、人の生活機能の状態を表します。例えば、D310.21は、D310が話し言葉の理解を表し、小数点第1位が実行状況、小数点第2位が能力を示して、コミュニケーションの状態を記述することになります。

ICFの考え方は、こうした生活機能の分類の基になっているもので、図16の概念図で示されます。この考え方を理解するには、ICF以前に用いられたICIDHと比較するのがよいでしょう。ICIDHでは、図17に示したように、障害には次の三つの階層として、「機能・形態障害」「能力障害」「社会的不利」があるとされました。病気や障害があるから、生活レベルでできないことが生じ、それが社会生活で不利益を生じる、という考えです。足が不自由だから（機能障害）、歩くことができず（能力障害）、買い物に出掛けられない（社

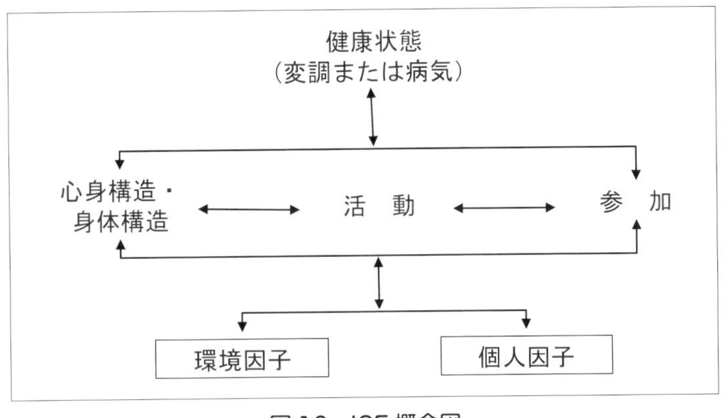

図16　ICF概念図

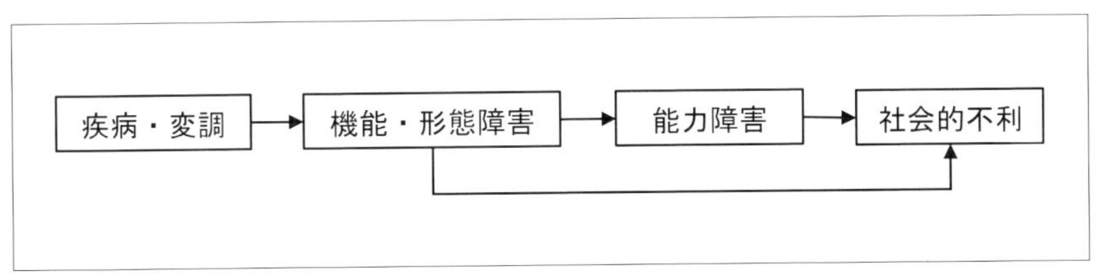

図17　ICIDH（国際障害分類）モデル

会的不利）という説明になります。このモデルは病気や障害を基に組み立てられていますので「医学モデル」と呼ばれています。

しかし、実際には、同じ程度に足が不自由な人の生活も様々です。その状態を捉えようとするのが図16のICFの概念図です。まず、人の生活機能は、その時点での健康状態に左右されます。足が不自由（心身構造・身体構造）という状態があったとしても、その日の足の状態や体調（健康状態）が、歩くこと（活動）や買い物をすること（参加）に影響します。歩くことができないという点も、杖などの補助具を使うと歩ける人もいますし、最近ではロボットスーツなど機器の使用（環境因子）も視野に入ってきており、一概に歩くことができないとくくることはできません（活動）。買い物はどうでしょう。これも、歩行を支援する人（環境因子）と一緒に出掛けることによって可能になる場合があるでしょう。こうしたことは、歩こうとする意思（個人因子）や支援する仕組み（環境因子）があるかどうかを捉えないことには分かりません。杖を使用すれば歩くことができるということ（能力）、それを使っているかどうかということ（実行状況）も人によって異なります。

図16に示した、「心身構造・身体構造」「活動」「参加」は相互に影響し合い、それを「環境因子」と「個人因子」が支えることを示しており「相互作用モデル」と言われています。ICFの考え方は、今日、我が国も含め国際的な障害者施策や障害者理解の基になっているものです。学習指導要領解説自立活動編でも紹介されていますから、しっかり理解しておく必要があります。

②　ICF を活用した整理の例

さて、ICF の考え方で障害による困難に関する情報を整理するとはどういうことでしょうか。それは、図 16 の概念図を使って、収集した情報の関係を捉えようするものです。先にも取り上げた肢体不自由も知的障害も重度であるＤさんの情報を、ICF 関連図に書き入れたものが図 18 です。

ICF では、「活動」と「参加」について、「能力」と「実行状況」を分けて捉えます。できる能力はあるか、実行しているかどうかを見極めます。Ｄさんのように重度で重複している障害がある場合には、能力があるかどうかを把握することは容易ではありません。医療の専門家等の意見を参考にする必要があります。また、活動や参加に対する環境因子や個人因子との関係を見ていくことも大切な視点となります。

Ｄさんの場合には、保護者や担任がそばにいて、慣れた場所という環境の下では、聴覚に対する反応がよく、音に触発されて目や手を使おうとするようです。安心した環境の下で日中の活動を活発にすることで生活リズムの安定も図れるのではないか、因子間の相互の関係を考える中でそのような気づきとなりました。

③　ICF を活用した整理の留意点

ICF の考え方を活用するに当たっては次の２点に留意する必要があります。

第一は、ICF の考え方をよく理解して進めることです。目的は、収集した情報を図 18

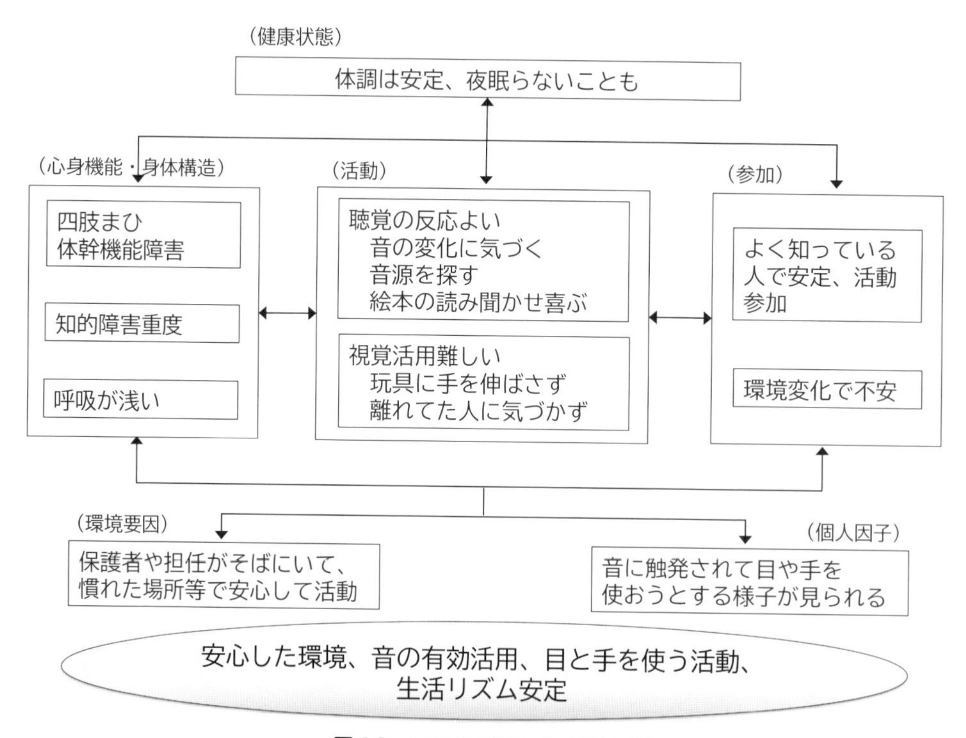

図 18　ICF を活用した整理の例

のようなICF概念図に入れることではありません。活動や参加の能力や実行状況、それらに関連する環境因子や個人因子を捉えながら、障害による困難の原因・背景、指導すべき課題を検討していくことが大切です。そのためには、ICFの考え方を十分理解しておくことはもちろん、活動や参加、環境因子や個人因子の分類がどのようになされているのか、おおよそを知っておくことが大切です。本節末に挙げた参考文献等を参照してください。

第二は、チームで取り組むことです。もともとICFは障害のある人の支援に関わるいろいろな職種の方の共通言語として作成されてきた経緯があります。医療や福祉関係の方から専門的な助言を得たり、学校がもつ情報を医療や福祉関係の方に提供したり、一緒に支援を考えていく際に有効なツールとなります。また、前述した「情報間の関係を検討する整理」は、一人一人まったく異なる図ができますが、ICFの考え方を活用した整理で作成される図は、基本的に同じ枠組みです。そういう意味では、誰もが理解しやすいでしょうから、複数の教師の共通理解や関係機関との協議の際にも有効に機能することでしょう。

❺ 指導すべき課題を導く

これまで行ってきた情報の整理を基に、指導すべき課題を設定する段階になります。次のような手順で進めるとよいでしょう。

（1）指導すべき課題と思われるものを列挙する

まず、指導すべき課題と思われるものを挙げてみます。情報を整理する過程で、障害による困難の原因や背景が分かってきたら、それを改善するために何が必要かを検討します。子供が力をつけたり、慣れたりすることによって解決するものもあれば、教師が配慮したり環境を調整したりして解決するものもあるでしょう。

ここでは、一つ一つの課題について詳細な検討をするよりも、必要と思われたものを挙げるようにします。次の指導すべき課題を整理する中で、相互の関係や優先順位を検討していきます。

（2）指導すべき課題間の関連を整理する

障害による困難を改善するために、多くの場合、複数の課題が挙げられることでしょう。では、それらの課題をどのように捉え、どのような課題から取り上げたらよいのでしょうか。この点を明らかにするためには、指導すべき課題相互の関連を捉える必要があります。そこで、前述した自傷が頻繁で、ときどき他害もあるC君の課題の関係を考えてみることにします。

図19は、前項で取り上げた「自傷行為が多い、ときどき他害がある」というC君の事例（P.52図14）の指導すべき課題の関係を図示したものです。こうした指導すべき課題の相互関係を図示したものを課題関連図と呼ぶことがあります。

この事例（図 19）では、情報の整理から、指導すべき課題と思われることが「音刺激への対応、言語理解力の向上、触覚機能の向上、目と手の協応力の向上、生活リズムの改善、他の子供との関わり方の形成」と列挙されました。他害については、教師が配慮して未然に防ぎ、次の課題と捉え、まずは、自傷行為の減少、消滅を目指すと仮定します。

情報の整理から、自傷行為の直接の原因は、突然の音に驚いたり睡眠が不足したりすることにより不安になるからでした。そうした不安なときに自己を安定させるために、自己を刺激する行動として、自分を引っかいたり叩いたりするのですが、触覚が鈍いためにやりすぎてしまうところがあると考えられました。また、きちんと手元を見て着替えや課題を行わないため、なかなか着替えや課題が終わらず、それがまた不安を増す結果にもなっていました。そこで、この事例では、「環境の変化への対応力を育む」「目と手を使って外界に働きかける力をつける」の二つを指導すべき課題と設定しました。

二つの課題のうち、1 対 1 の学習環境では、安心して教師の働きかけを受け止めることができましたので、そうした環境で学習効果を上げることが優先されると考えました。そこで、「目と手を使って外界に働きかける力をつける」ことを優先的に取り組む課題としました。目と手を使う様々な教材に取り組みながら、教師の指示や言葉を聞き分けるなど言葉の理解力も伸ばしていけるのではないかと考えられました。教師への信頼を育みながら言葉の力がついていけば、突然の音も言葉による説明で理解できるようになり、突然の音にびっくりした後でも、言葉で理解できるようになれば、対応力がついていくのではないかと期待されました。さらに、日中の活動に安定して取り組むことにより、生活リズムの改善にも効果が及ぶのではないかと予想されました。

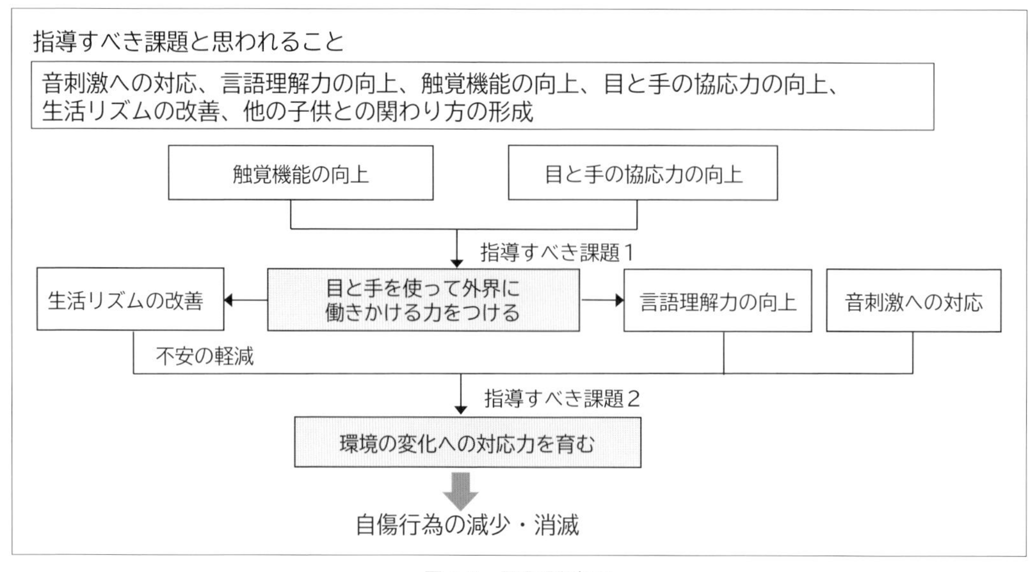

図 19　課題関連図

「環境への対応力をつける」という課題は、人や社会への信頼感と理解を伴う慣れを必要とします。工事による甲高い音がしてもあまり驚かずに済むのは、それが建設工事等に伴うもので自分には害を及ぼさないものという経験的な理解があるからです。そうした社会への信頼や理解がないところで対応力をつけようとしても、難しいことでしょう。そこで、事例ではこうした指導は、目と手を使った教材等による学習の後に取り組むことにしたわけです。

(3) 指導すべき課題を見直す

事例を通して、指導すべき課題を導く過程を詳しく見てきました。ここで大切なことは、いったん導かれた指導すべき課題も仮説に過ぎないという理解です。指導すべき課題を設定した後は、指導目標を立て、具体的な指導内容を決めて実践することになりますが、実践がうまくいかないようであれば課題の見直しや優先順位の変更をためらうべきではありません。

一定期間の実践を経て、障害による困難の改善につながっていないとすれば見直さなければなりません。指導において、子供が喜び、よく取り組んでいるとしても、指導すべき課題は障害による困難の改善のために設定していることを忘れてはなりません。C君の事例の場合、自傷行為の減少につながっていないとすれば、指導すべき課題が適切であったか検討する必要があります。

最初から、障害による困難の改善につながる課題を設定できると考えるより、むしろ、見直しを重ねながら妥当な課題設定に近づいていくと捉えるべきでしょう。

（下山 直人）

【参考文献】

川喜田二郎（1967）発想法．中公新書

独立行政法人 国立特別支援教育総合研究所（2007）ICF及びICF-CYの活用．ジアース教育新社

広島県立福山特別支援学校(2020)重度・重複障害児のアセスメントチェックリストー認知・コミュニケーションを中心にー

文部科学省（2018）特別支援学校教育要領・学習指導要領解説　自立活動編（幼稚部・小学部・中学部）

第2章

学校事例編

第1節 筑波大学附属桐が丘特別支援学校の自立活動の指導

自立活動の指導に関する専門性向上のための取り組み

筑波大学附属桐が丘特別支援学校　佐々木　高一

❶ 当校について

当校は、肢体不自由の児童生徒に対する教育を行う特別支援学校です。また、肢体不自由のほかに知的障害等、複数の障害を併せ有する児童生徒も多数在籍しています。当校には、家庭から通学する児童生徒を対象とする「本校」（以下、本校）校舎と、隣接する心身障害児総合医療療育センター内の整肢療護園に入園している児童生徒を対象とする「施設併設学級」（以下、施設併設学級）校舎があります。我が国の大学附属学校の中で肢体不自由の児童生徒を対象とする特別支援学校は当校のみです。日々の教育活動の充実と合わせて、国内唯一の肢体不自由教育研究校として先導的教育に取り組み、その成果を発信することを使命としています。

❷ 当校の教育課程

当校の学校教育目標は、「豊かな人間性をもち、主体的に自立と社会参加を目指し、生涯にわたって自己の生き方を探求していく人間を育成する」、一言で言えば「生き方探求」です。この実現に向け小学部、中学部、高等部と段階的・発展的に教育活動を展開しています。

本校では準ずる教育課程が中心となっており、小学校、中学校、高等学校の各教科、道徳等に、自立活動を加えて教育課程を編成しています。

施設併設学級では、在籍する児童生徒の発達段階は多様であり、また手術や訓練を目的としての短期入院、養護を目的とする長期在園等があり、在籍する期間も様々になります。その中で一人一人の能力を伸張すべく、多様な教育課程を編成しています。

❸ 当校の自立活動

（1）自立活動の指導のポイント

当校では、自立活動の指導を、「各教科等の学びを下支えする」ものと捉えています。各教科等の学びを支える自立活動を実践するためには、図1に示す①～⑦の七つが指導のポイントになると考えています。以下、一つずつ説明します。

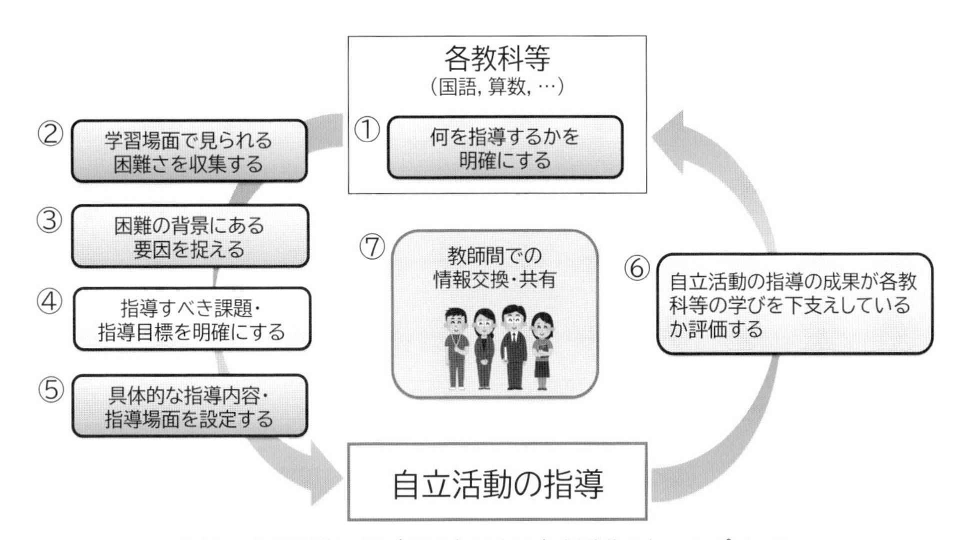

図1　各教科等の学びを下支えする自立活動の七つのポイント

①「各教科等で何を指導するかを明確にする」

その教科の指導を通して、どのような資質・能力を育成するかを明確にして指導に当たることで、その達成に向けて生じる困難さを捉えることができます。現在の習得状況から見て指導目標が高すぎたり、学習の流れが不明確であったりする場合は、児童生徒は何に取り組めばよいのか分からない、問題が難しすぎて取り組めない等の状況となります。それでは、学ぶ楽しさや必要性を実感することができず、学びを進めていくことができません。学びを進めることができなければ、当然、学習上の困難さは現れてきません。個々の理解度を踏まえ、分かること・できるようになることを実感できる教科指導を心がけることで、児童生徒が主体的に見る、聞く、調べる、考える、書く、伝える等の学習活動に取り組むことができ、その際に生じる困難さを教師が把握することにもつながります。教科指導の専門性を高め、妥当性のある指導目標・指導内容を設定できるようになることが重要です。

②「学習場面で見られる困難さを収集する」

各授業担当者が把握した困難さに関する情報を収集します。その際、関わる場面によって子供の現す姿は異なり、個々の教師の捉えが各々で異なってくることを前提とし、複数の教師で情報を出し合うことで的確な実態把握を行っていけるようにしていきます。

③ 「困難の背景にある要因を捉える」

見られる困難さについて、「どうして難しいのか、どうすればできるようになるか」を探っていきます。収集した情報を整理していく中で、健康、感覚・認知、運動・動作等といった困難さとして現れているいくつかの様子を関連付けながら因果関係を考えます。また、現在に至るまでの過程について、成育歴や生活の様子、指導経過からさかのぼり、現在見られる困難さは、これまでの過程の中で未学習や誤学習により育っていないことから生じている可能性や、本人をとりまく環境・状況から影響を受けて困難さが現れている可能性を探ります。

④ 「指導すべき課題・指導目標を明確にする」

困難の背景要因を捉えることに加えて、本人の進路希望や長所を踏まえ、在籍学部卒業時に目指す姿をイメージすることで、課題（今年度つけたい力）を検討します。いくつか出された課題同士を見て、ある課題の達成が他の課題の改善に影響を及ぼす関連性を整理する中で、自立活動で指導すべき課題を明確にし、指導目標を設定していきます。

⑤ 「具体的な指導内容・指導場面を設定する」

指導目標を達成するために学習指導要領で示された内容を参考にして、具体的な指導内容を検討します。また、設定した指導内容をどのような場面で指導を行うかを検討することで、学校生活全体を通じて自立活動の指導を展開していくことを目指します。

⑥ 「自立活動の指導の成果が各教科等の学びを下支えしているか評価する」

自立活動の各指導場面内の評価だけでなく、各教科等の学習場面で見られていた困難さが改善・克服され、各教科等の学びをよりよく進めていくことができているかを評価していきます。

⑦ 「教師間での情報交換・共有」

一人の児童生徒の指導に関わる教師は複数になりますが、関わる場面はそれぞれで異なります。個々の教師の経験年数や習得している知識・技能にも違いがあります。その中で、いかに指導の質をチームとして高めていくかが重要になります。指導を通じて児童生徒にどのような反応や変容が見られたか、どのように指導を改善していくか、教師間で共通理解を図り、授業づくりのヒントを得るための情報交換が欠かせません。

（2）自立活動の指導組織

このように見てくると、自立活動の指導は、はじめから教えるものが決まっているわけではなく、個々の実態を捉えて情報を収集・整理しながら必要な指導を創造・追求していくことに特徴があると言えます。これは一方で、一から指導を組み立て実践する必要があり、「これで合っているのか不安・自信がない」等、担当教師の心理的な不安感や負担感を生みやすい側面があります。さらに昨今の、ベテラン教師の大量退職、若手教師の大量採用により、先輩教師から若手教師へ自立活動の知識・技能の伝承や、職場内で指導の悩み・疑問を解決することが難しい状況が、不安感や負担感を助長する要因ともなっています。自立活動の専門性を学校組織としてどのように向上させていくかが問われています。そこで当校では平成23年度から、自立活動プロジェクトを校内組織に構築し、校内の自立活動の専門性向上に向けた取組を行っています。

実態把握から評価までの一連の流れを自ら考えながら自立活動の指導を実践する中で生じる疑問や困りを解決できるよう、「個別の指導計画・ケース会」「指導法研修」「自立活動の授業内における学び合い」の三つの校内研修を設定しています。研修を通じて指導改善を図ることが児童生徒の成長･変容に結びつく、という実感をもてるようにすることで、よりよい指導を目指して主体的に学び続けようとする、教師の意欲向上につなげていきます。そして主体的に学び続ける中で、自立活動の専門性が高まっていきます（図２）。

本稿では、三つの校内研修の内、「個別の指導計画・ケース会」について説明します。

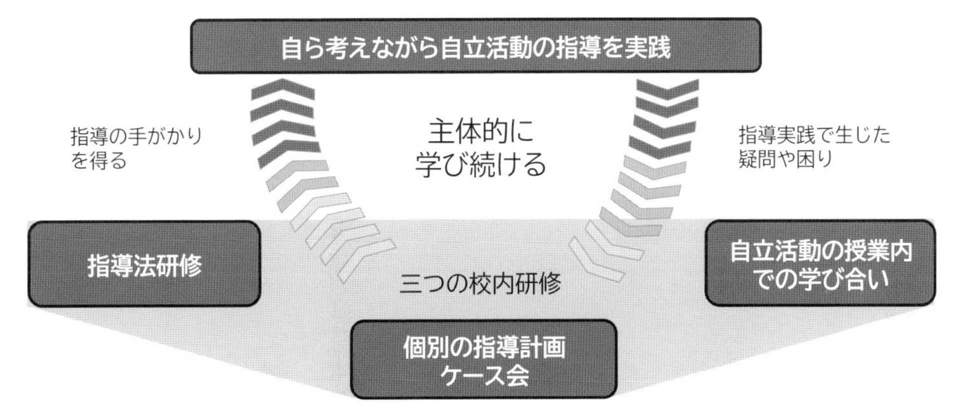

図２　自立活動の専門性向上に向けた校内研修体制

（3）自立活動の指導の展開

当校では、実態把握や指導すべき課題を明確にする際、複数教師の視点で検討・共有します。個人任せになる不安感や負担感を解消しつつ、教師間で共通理解を図って適切な指導を行えるようにしています。実際には、児童生徒の様々な情報の中から、各授業づくりに必要な情報を焦点化し、教師間で検討・共有を図る項目【個別の指導計画のコアとなる部分（以下、コアとなる部分)】を設けています。コアとなる部分とは、①実態把握（困難さの背景にある要因、在籍学部卒業時に目指す姿)、②指導すべき課題の明確化、③手立て・配慮の３項目からなります。コアとなる部分については、ケース会（対象児に対するよりよい指導を検討する会議）の時間を設定して検討・共有・評価をしています。コアとなる部分は、カード整理法で作成します。その具体例を次に説明します。

❹ 自立活動の指導の実践

カード整理法を活用したコアとなる部分の具体例を紹介します。事例は施設併設学級中学部に在籍する、重度の肢体不自由と知的障害を併せ有し、発達の初期段階にある生徒です。

（1）実態把握

実態把握は、次のように進めます。第一に、対象生徒に関して各教師が学習場面や生活場面で感じている「あれ」「おや」と気になることをカード（付箋）に書いていきます。自立活動の指導へつながる課題を導いていくためには、困難さに着目した情報収集が重要になるからです。カードの書き方のルールとして、１枚に一つのことを書くこと、専門用語を使わないこと、○○が好き・苦手という教師の主観が入らないようにすることを意識し、具体的な姿をイメージできるように書くことで共有を図りやすくします。

第二に、カードのまとまりをつくりタイトルをつけ、対象生徒に見られる困難さを可視化していきます。まとまりごとにタイトルをつける際にも、具体的に分かりやすく伝わるような書き方を心がけます。

第三に、見られる困難さの関連を検討します。まとまり間に原因と結果の関係にある場合や、反対の関係にある場合等を検討して矢印を書き入れていきます。

対象生徒には、身体に力が入りやすい、背中が丸くなり下を向きやすい、姿勢を保持したり手を動かしたりすることが難しい様子が見られます。そのため、うまく物を目で見続

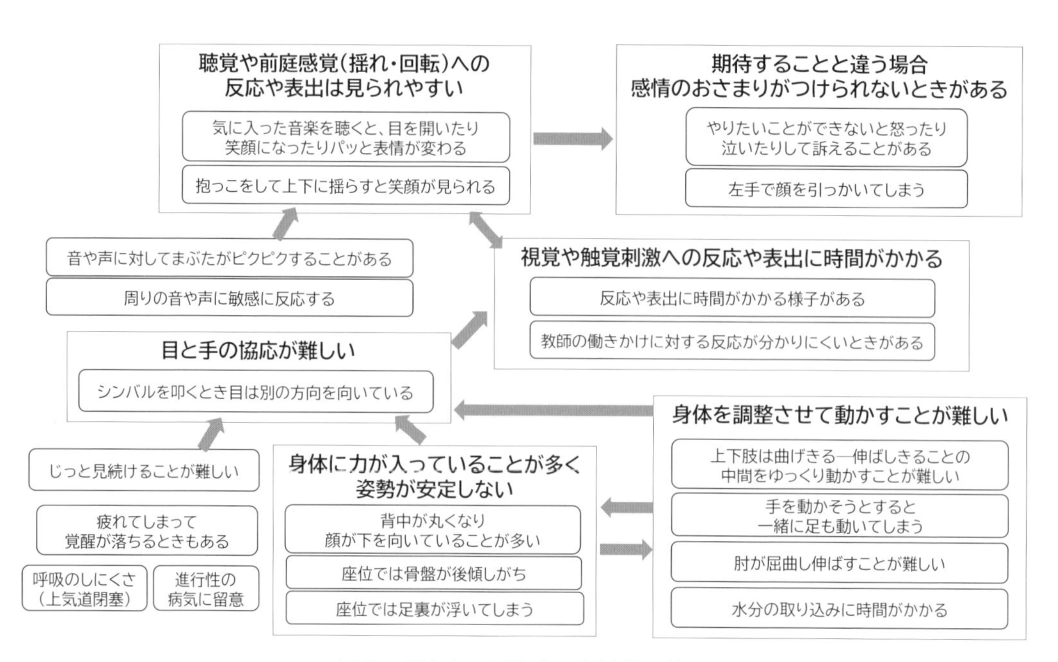

図３　見られる困難さの関連性の整理

けたり手で操作したりすることが難しく、視覚や触覚刺激への反応が見られにくい様子があります。一方で、音や声、揺れや回転への反応は見られやすく、受容しやすい感覚があるようです。受容しやすい感覚を通じた働きかけに対しては期待する様子が感じられますが､それが叶えられないと大声で泣いたり顔を引っかいたりする様子が見られます（図３）。

第四に、これまでの成育歴や生活の様子、指導経過から、現在に至るまでの過程を踏まえて、困難の背景要因を検討します。現在見られる様子は、これまでの過程の中での未学習や誤学習により生じた可能性や、本人をとりまく環境・状況から影響を受けて現れている可能性を探ります。

対象生徒は、これまでの学校での指導や病棟での生活を通じて、自分の思いを喃語や、泣く・怒るという方法で伝えようと成長してきていることが分かりました。感情のおさまりをつけられないという現在の姿は、快－不快の感覚を記憶し、快を求め、不快を解消しようとし、自分なりの表出方法でコミュニケーションを図ろうと努めている姿と考えました。

また、物を見たり手で操作したりすることの困難さは、姿勢や動きのコントロールの難しさが影響していると考えました。それに加えて、日常生活において全面的に介助を要することや、本人の活動する場所が学校と病棟だけに限定されることから、自ら感覚を活用する機会が少なく、発達が停滞していると考えました。

そして、小学部入学時は体調不良による健康上の課題が見られていましたが、健康面や身体面へのていねいな指導を行うことで体力がついてきて、ほとんど欠席することがなく

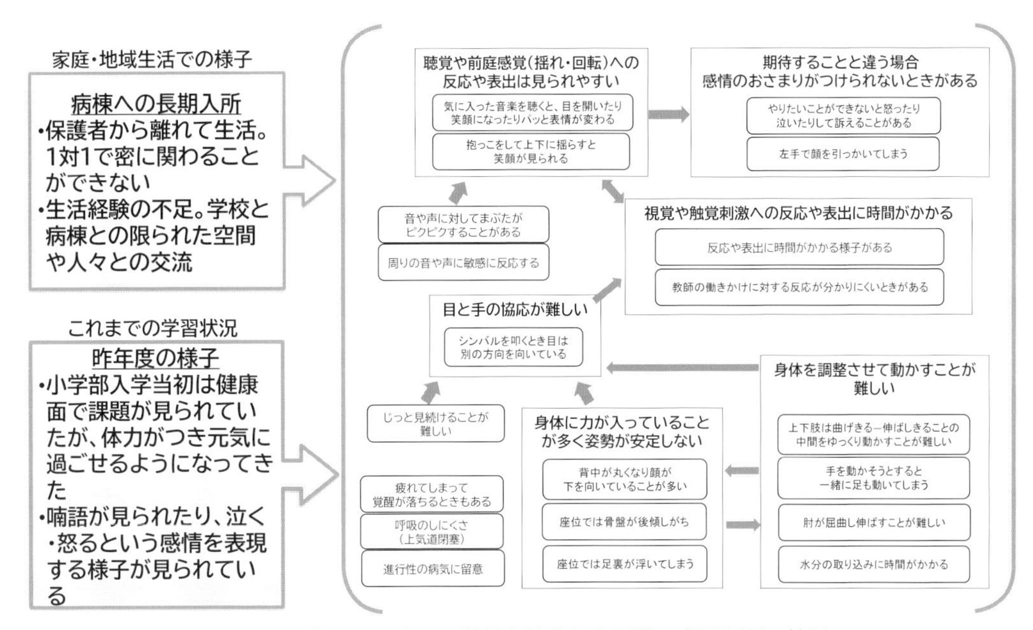

図４　現在に至るまでの過程を踏まえた困難の背景要因の検討

なってきていることが分かりました。健康面・身体面の指導が成長に重要であることを確認しました（図４）。

第五に、これから目指す姿をイメージし、現在の指導が何に向かっていくのか、その方向性を共有します。学部教育目標・目指す生徒像や進路希望・長所を踏まえて、在籍学部卒業時の目指す姿をイメージしていきます。

対象生徒は現在中学部１年生で成長期にあることから、偏った姿勢や同じ姿勢をとり続けることによって変形や拘縮が生じることが考えられます。この点に十分留意しつつ、「好きなことや嫌なことを明確に表出したり、気持ちを自分で落ち着かせたりして過ごせること」「聴覚、触覚、視覚を活用して周囲の人や物に自ら関わっていくこと」ができるようになってほしいと考えました。

（２）課題の明確化

課題を収集・整理する進め方を説明します。第一に、困難の背景要因と在籍学部卒業時に目指す姿を踏まえて、各教師が課題（今年度つけたい力）と考えることをカード（付箋）に書いていきます。「○○ができるようになる」という生徒を主語にした書き方で、具体的な姿をイメージできるようにします。書き終えたらカードを読みながら貼り出し、似ているものをまとめていきます。

第二に、課題相互の関連性を検討し、「指導すべき課題」を明確にします。ある課題の達成が他の課題の改善に影響を及ぼすという関連性を検討し、矢印を入れ課題を構造化していきます。

対象生徒は、まず、「身体の力を緩めた状態を長く保てるようになる」ことを学ぶ必要があります。このようにして姿勢や動きが行いやすい状態をつくってから、「手で体を支え、顔を上げて前を見られるようになる」ことを学習し、姿勢を保持する力を高めていきます。そして、座位等の安定した姿勢の中で、物に触れたり操作したりする経験を重ねながら、目も合わせて使えるようになる、すなわち「目と手を協応させること」も目指すことができると考え、これらを指導すべき課題と考えました（図５）。

（３）手立て・配慮

課題の達成に向けた手立て・配慮を検討します。具体的な関わり方や環境設定等について、「○○をする」という教師を主語にした書き方でカード（付箋）に記入します。

対象生徒への手立て・配慮は複数考えられます。その内の一つとして、周りの声や音に敏感に反応する様子があることから、学習活動において注目させたい刺激に意識を向けられるよう、「提示する刺激を精選したり教師が不必要に関わらないようにしたりする」ことを考えました。

このように、コアとなる部分を複数教師で検討する過程の中で、対象生徒について共通理解を図り、学校生活の様々な場面において、関わる教師が一貫性のある指導を行うこと

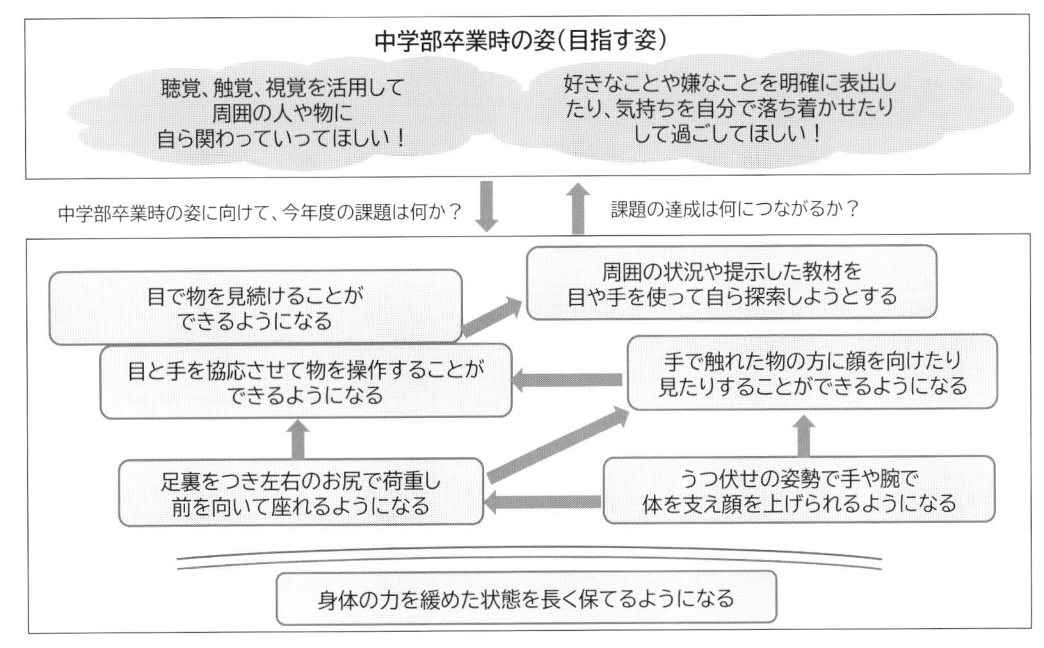

図５　課題相互の関連性の整理

を目指していきます。「どうすればよいか分からない」という悩みを抱える自立活動の指導経験が浅い教師は、コアとなる部分を他の教師と検討する中で、自分が指導を計画・実践するための手がかりを見つけることができ、不安感を和らげることにつながります。

❺ 自立活動に関する研修

カード整理法を行う際の留意点を説明します。カード整理法は手続き通りに正しく実施すれば実態や課題が見えてくるというものではなく、手続きを通じたカードの整理を通じて、各教師がもっている子供の見方や実践的知識をいかに出し合いながら指導仮説を思考・発想していくかが重要です。そのことで、他の教師の視点を学ぶという教師間の研修機能を果たすことにつながっていきます。

また、思考・発想することは簡単にはいかないことが多いため、妥当性を求め時間をかけて検討してしまいがちです。限られたケース会の時間を有効活用するためにも、最初から適切な実態把握や課題設定ができると考えるのではなく、まずは仮説としてスタートし、その時点で整理できたところから指導に生かし、各授業を通じて見られた様子からコアとなる部分の見直しを重ねながら精度を高めていくことを心がけることが重要です。

合わせて、カード整理法を行いながら、参加している一人一人の思考・発想を引き出し収束させていくためには、ケース会を進行・調整するコーディネーターが重要となります。コーディネーターを若手の教師が担う機会を意図的に設定していくことで、コーディネートする際のポイントを実際に学び、校内の人材を育てていけるようにしています。

❻ その他

（1）「自立活動を学ぶ意義」への理解を深めるカード整理法

本校中・高等部の自立活動の授業では、生徒が自立活動の授業担当教師と一緒にカード整理法を行う機会を設けています（写真１）。その進め方を図６に示しました。まず、自分のなりたい姿をイメージします。次は、なりたい自分になる上で生じる困ること（以下、困り）を整理します。なりたい姿を目指す上で、自分にはどのような障害による困りが生じるかを考えます。最後に、障害により生じる困りを改善するための自分なりの工夫として、自立活動でどのような知識、技能、態度、習慣を身につけていくのかを考えます。

写真１　カード整理法を行っている様子

ある高等部生徒の場合は、一人暮らしや大学進学という夢を設定しました。その実現のために必要な力として、学力向上と、日常生活の多くに介助を要するため他者の力を借りながら過ごす力が必要だと考えました。学力向上に向けては、日々の学習や試験を頑張ることに加えて、筋力低下の病気の進行を遅らせるよう、身体を冷やさないようにすること、呼吸を深く意識的に行うことなどが重要だと考えました。

また、他者の力を借りながら過ごすためには、社会性やマナーに加えて、できることを増やし自信をつけることで自分から話しかけていけるようになることや、福祉制度を活用

①なりたい自分
例えば…
・進学したい！
・成績をよくしたい！
・交友関係を広げたい！
・一人で出かけたい！　等

③生じる困りを改善するための自分なりの工夫

②なりたい自分になる上で生じる困り
例えば…
・勉強をたくさんしたいけど身体が疲れるので無理できない
・人と会話を楽しみたいけど話すことに時間がかかる　等

図６　自立活動を学ぶ意義を考えるための三つの観点

するための知識を学ぶ必要がある、と考えました。

生徒がカード整理法を行うことに二つのよさを感じています。１点目は、「自立活動を学ぶ意義」を生徒自身で見つけることができることです。ケース会で教師が実態・課題を整理し、その子にとって必要な指導をいくら考えたとしても、生徒自身がその指導の必要性を理解できなければ、学習の成果は高まりません。生徒自身がカード整理法を行うことは、自分の夢の実現を図る際に生じる困難さを考え、自分に合った対処を考えていくという過程の中で、自分に必要な学びは何かを自らに問いかけることになります。その問いへの答えを探求することで、「自立活動の学習が現在や将来へどのように生きていくのか」「現在の学習・生活場面での困りや将来想定される困りから自立活動で何を学習するか」について、自己の捉えが明確となり、主体的に学習へ取り組むようになっていく様子が見られます。

２点目は、障害によって生じる困難さを理解し、その対処を自ら考えようとする態度を育成できることです。学校卒業後は、これまでとは人的・物的・時間的環境の異なる中での生活となります。障害の状態も経年変化していくことが予想されます。その時々の周囲の環境や自己の障害の状態の有り様から生じる困難さを捉え、その困難さを軽減・解消するために、自分ができる工夫をしたり、必要な配慮を自ら求めたりして対応していくことが不可欠です。そうした対応の基盤となる力が、まさに「障害によって生じる困難さを理解し、その対処を自ら考えようとする態度」であり、学校卒業後の社会において人生を豊かに過ごすために、在学中に育てたい力の一つと考えています。

(2)「自立活動を学ぶ意義」を通じた学び合い

自立活動は個々の実態を捉えて一人一人に応じて必要な指導を行っていくため、個別的に指導していくことが前提ですが、「自立活動を学ぶ意義」を考えることは、全ての生徒にとって必要な指導内容です。その共通性に着目し、各生徒が考えた「自立活動を学ぶ意義」を発表・意見交換する機会を設けることで、新たな視点を得られる学び合いにつながっています。

これまで校内の学習グループ内で発表・意見交換を行ってきましたが、それを発展させ、現在は、自立活動の遠隔合同授業として、他の学校とオンラインでつないで発表・意見交換を行う機会を設定しています（写真２）。他の学校とつながることで、校内の学習グループ内からでは得られない視点を発見できる等、学び合いの深まりを感じています。

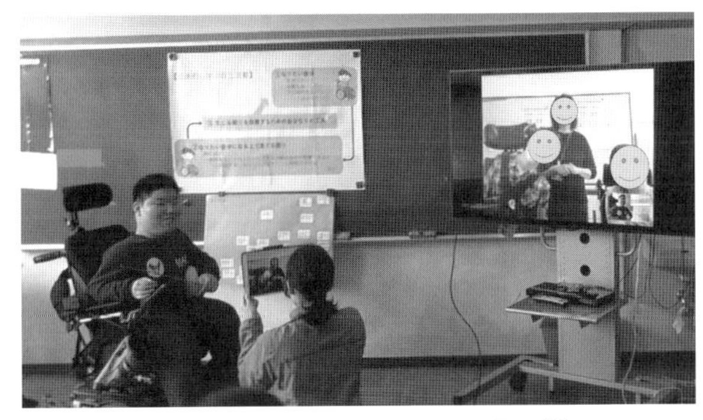

写真２　自立活動の遠隔合同授業の様子

第2節 筑波大学附属久里浜特別支援学校の自立活動の指導

「流れ図」を活用して、子供の実態を整理し、指導すべき課題を導き出す

筑波大学附属久里浜特別支援学校　塚田　直也

❶ 本校について

本校は、神奈川県横須賀市にある知的障害を伴う自閉症の幼児児童が学ぶ特別支援学校です。令和３年度の幼児児童数及び教師数は、表１に示すとおりです。教師のうちおよそ３分の１は、11 都道県（政令指定都市を含む）から派遣される人事交流者が占め、交流期間は３年程度となっています。

本校の前身は、昭和 48 年に設立された国立久里浜養護学校です。同校では、養護学校義務制（昭和 54 年）が実施される前から、様々な障害のある子供たちへの教育研究が行われ、どんなに障害が重くとも学校教育により子供は変化し発達していく、という障害児教育の大切さを、実践を通して明らかにしてきました。本校は、そうした国立久里浜養護学校時代の実践や精神を受け継ぎ、平成 16 年度から筑波大学の附属学校として、知的障害を伴う自閉症の子供たちに対する教育について研究や開発に取り組んでいます。

本校の教育目標は、「子供一人一人の思いや個性を大切にし、障害特性等に応じた指導を通して、主体的に考え、判断し、表現する力と態度を育成する」です。一口に「自閉症」と言っても、本校に通う子供たちの発達の状況や障害の状態は

表１　幼児児童及び教師の人数（令和３年度）

		幼児児童	担任	学部付き	主事
幼稚部	ひよこ組（年少児学級）	4	3	1	1
	りす組（年中児学級）	6	3		
	うさぎ組（年長児学級）	7	3		
小学部	1年1組	6	2（他非常勤1）	1	1
	2年1組	6	3		
	3年1組	5	2（他非常勤1）		
	4年1組	6	2		
	5年1組	6	3		
	6年1組	6	3		

様々です。一人一人の多様な実態を理解し、それらに応じた教育を行い、子供たちがもっているよさや可能性を最大限に伸ばし、自分のもてる力を日々の生活の中で存分に発揮できるようにすることが、本校の教育の基本です。

❷ 本校の教育課程

本校小学部の各教科等の構成は、図1のとおりです。「国語」「算数」「音楽」「体育」「図画工作」は教科別で指導をしています。「国語」と「算数」は、教師と子供が1対1で学習することを基本としていますが、子供の実態や課題に応じて2～3名程度の小集団で指導を行うこともあります。「音楽」「体育」「図画工作」は学級集団で学習していますが、運動会での演技発表や儀式での演奏など、集団で学ぶことでより学習効果が期待される指導内容を扱うときは、隣接学級と合同で授業を行うこともあります。

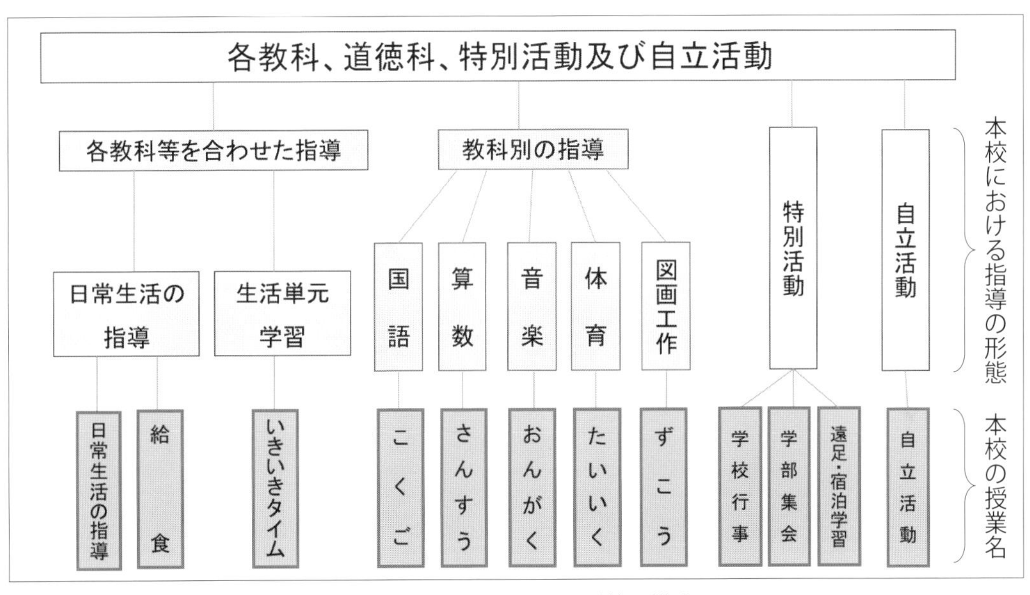

図1　本校小学部の各教科等の構成

「生活」は、各教科等を合わせた指導である生活単元学習（本校では「いきいきタイム」という授業名）で扱っています。本校に通う子供たちは、物の名称は知っていても、その使い方が分からなかったり、言葉を表出できても、その言葉の意味を知らなかったりするなど、物事や言葉の意味を十分に理解できていないことが多いです。そこで、いきいきタイムをはじめとして各教科等を合わせた指導では、子供たちが意欲的に学習に取り組むとともに、砂や水に触れたり、スコップや鍬などの道具を使って土を耕したり、また、自分たちの育てた野菜を使って昼食を作るなど、実体験を通して、物事や言葉の意味を理解し、実際の生活に生かしたり、生活の様々な場面で自分のもてる力を発揮したりできるように、指導を行っています。

さて、「自立活動の指導」は、本校では、以下の三つの場で指導を行っています。

① 「自立活動の時間における指導」（写真１）

② 「各教科等と合わせて行う指導」（写真２・３）

③ 「休み時間や登下校時を含む学校の教育活動全体を通じて行う指導」（写真４）

①の「時間における指導」は、「国語」「算数」と同一の授業枠内に位置付け、基本的には教師と子供が１対１で学習する形で行っています。「国語・算数・自立活動」の授業枠は毎日設定されており、子供の実態や課題に応じて自立活動等が選択され、指導内容・方法、指導時間を計画して実施しています。②と③の指導は、子供一人一人の指導内容・方法、指導の場を「個別の指導計画」に明記し、学級の教師同士で共通理解した上で、日々の実践を進めています。とりわけ、③の指導は、子供たち一人一人の目標や指導内容を意識し、意図的に働きかけることが求められるため、計画段階で、「何のために」「何を」「どのように」「どこで」「誰が」指導するかを、明確にして指導を行うように努めています。

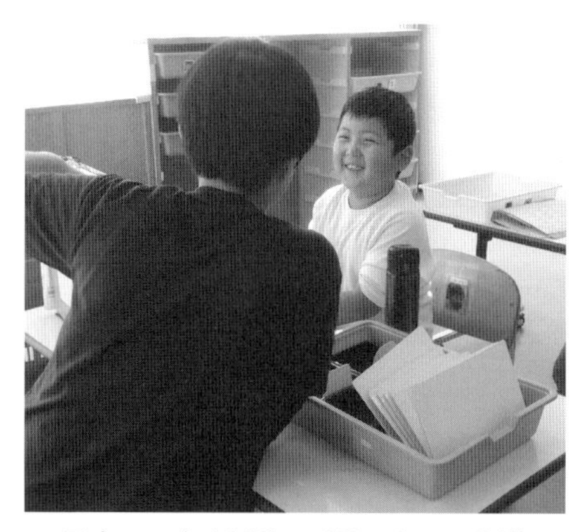
写真１　自立活動の時間における指導

写真２　各教科等と合わせて行う指導（音楽）

写真３　各教科等と合わせて行う指導（いきいきタイム）

写真４　休み時間における指導

❸ 本校の自立活動

（1）自立活動の指導に関する考え方、方針

本校では、平成23～24年度、平成30年度～令和2年度に、「自立活動の指導」をテーマにした実践研究に取り組んできました。その研究で明らかになったことは、まず、「子供の数だけ指導内容・方法があり、子供たち一人一人の実態や指導課題に合わせた指導を創り出していかなければならない」という当たり前の事実です。そのためには、教師が子供のことを分かりたい、理解したいと切に思い、日々、一生懸命関わり続けることが大前提となります。一方で、一生懸命関わるだけでは、子供を理解することはできませんし、子供にとって効果的な自立活動の指導ができるわけではありません。

そこで、本校では、図2に示す自立活動の授業づくりの経過の中でも、特に、実態把握から指導課題（「指導すべき課題」と同義、以下、指導課題）を導き出す過程（図中の①～③）に焦点を当てています。平成30年度の研究では、教師一人一人が子供の実態を的確に捉え、指導課題を導き出すことに取り組んできました。実態把握に関しては、フォーマルなアセスメントとインフォーマルなアセスメントから得られる情報を照らし合わせて、子供の実態を捉え、学習上又は生活上の困難さの背景、つまり、理由や原因を考えるようにしています。

本校では、フォーマルなアセスメントとして、PEP-3（自閉症・発達障害児教育診断検査［三訂版］）、新版K式発達検査2001を実施しています。また、インフォーマルなアセスメントとは、日々、教師が子供と関わりながら、「手指をどのように使っているのだろう」「聞いて理解できる言葉は何だろう」「好きな遊びは何だろう」などのように、観点を定めて行う行動観察のことです。

こうした二つのアセスメントを通して得られた情報を、どのように整理・分析し、指導課題を導き出しているかは、後に詳しく述べます。

さらに、令和元年度の研究では、一人一人の指導課題、指導目標を踏まえて設定した具体的な指導内容を確実に指導するためには、図2の⑥指導計画を立案する際に、「指導の場」「指導する人」「指導する時間」を明確にして、指導

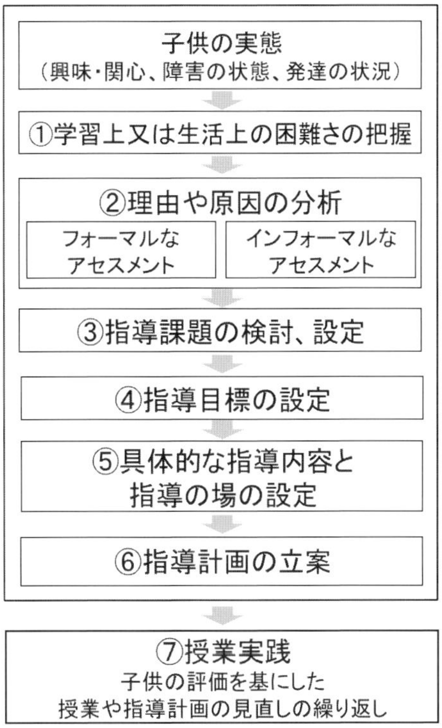

子供の実態
（興味・関心、障害の状態、発達の状況）
↓
①学習上又は生活上の困難さの把握
↓
②理由や原因の分析
フォーマルなアセスメント｜インフォーマルなアセスメント
↓
③指導課題の検討、設定
↓
④指導目標の設定
↓
⑤具体的な指導内容と指導の場の設定
↓
⑥指導計画の立案
↓
⑦授業実践
子供の評価を基にした授業や指導計画の見直しの繰り返し

図2　自立活動の授業づくりの経過

に当たることが必要であることを明らかにしました。本シリーズ第１巻は、「指導すべき課題を導く」ことが主要なテーマですので、「指導の場」等については第３巻の実践事例で詳しく説明します。

（２）自立活動の指導組織

本校には、「自立活動部」のように、自立活動の指導を専門的に扱う部署はなく、各学級担任が中心となって自立活動の指導を行っています。

なお、フォーマルなアセスメント（PEP-3、新版K式発達検査）に関しては、「アセスメント委員会」という組織をつくり、アセスメントに関する研修を進めるとともに、検査の実施計画を立案し、子供を担当する教師と協力して検査を実施しています。また、外部専門家に検査の手技や検査結果の分析について指導助言を受けたり、外部専門家と検査結果を生かした指導事例について議論したりすることを通して、フォーマルなアセスメントに対する理解を深めたり、検査の結果を指導に生かす力量を高めたりすることができるように努めています。

（３）自立活動の指導の展開

本校の個別の指導計画作成から自立活動の指導への経過を図３に示しました。新年度が始まった学校現場では、前年度から継続して同じ子供を指導する場合を除き、多くの教師が、新たな子供と出会い、指導に当たります。その場合、前年度の個別の指導計画等、様々な引き継ぎ資料を読んだり、前年度の担任等から話を聞いたりして、子供の実態を大まか

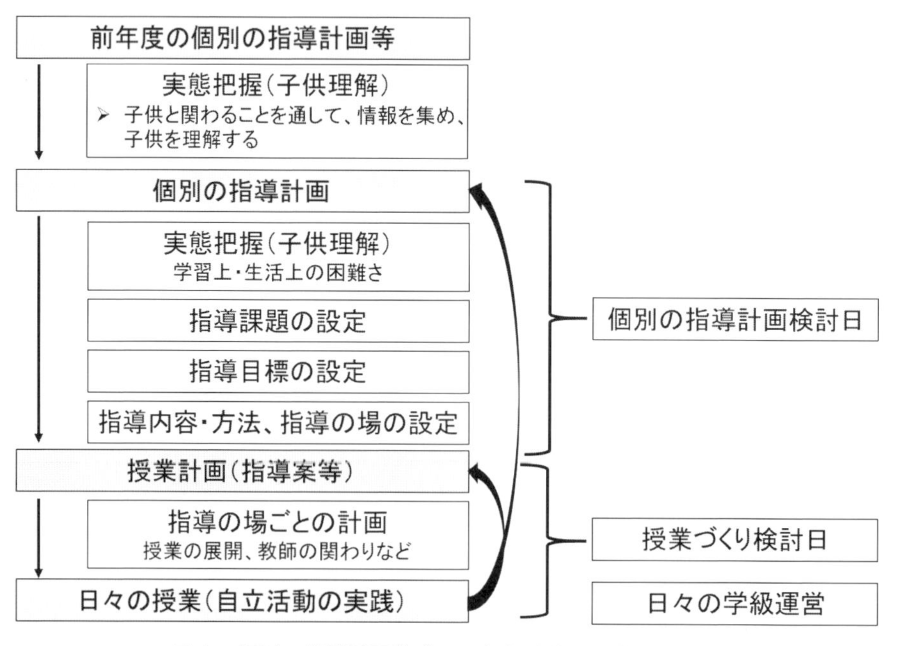

図３　個別の指導計画作成から自立活動の指導への経過

写真５　子供と同じ物を見つめる

写真６　子供と一緒に活動を楽しむ

につかみ、年度当初の指導を進めていくことになるでしょう。この期間に、子供の好きなことやよさなどを理解するとともに、「この子は、生活や学習を行う上で、どのようなことに困っているのだろうか」という観点から子供の行動を観察することで、後に作成することとなる個別の指導計画に生かすことのできる貴重な情報を得ることができます。

なお、年度当初、新たな子供との関係性をつくるためには、その子の好きなことややりたいこと、感じていることや思っていることに寄り添い、その子の世界に入れさせてもらうような心持ちで関わることが大切です。写真５、６のように、教師が子供と同じ物を見たり、視線を合わせて関わったり、また、子供と一緒に心底楽しんで遊ぶことが、子供の世界に入れさせてもらう第一歩になり、そのことにより、子供の実態をより理解することにつながっていくでしょう。こうした関係性は、自立活動の指導を進める上での基盤となる重要なことです。

次に、本校の個別の指導計画作成の手続きについて説明します。

①　個別の指導計画作成の手続き

本校は、前期（４～９月）、後期（10～３月）の二期制で、個別の指導計画を作成、評価しています。図４に示すように、学級の教師同士が話し合いを十分に重ねながら、個別の指導計画を作成・検討することができるように、「個別の指導計画検討日」を５日間設定し、その後、記入日、修正日を各５日間設定しています。「個別の指導計画検討日」には、校務分掌等の会議を設定せず、個別の指導計画の作成に集中できるようにしています。

個別の指導計画検討日
5日間（1日：4時間程度）
↓
個別の指導計画記入日
5日間
↓
個別の指導計画修正日
5日間
↓
個別の指導計画保護者配布

図４　個別の指導計画作成の日程

②　実態把握から指導課題を導き出す過程

子供の学習上又は生活上の困難さを把握し、指導課題を導き出すまでの過程は、自立活動の指導の要諦ですが、その過程は複雑であり、何年実践をしていても、とても難しく、悩むところです。本校では、そうした過程を可視化して、子供の情報を整理して、一歩ずつ子供の指導課題に近付くことができるように、「流れ図」（図５）を用いています。この「流れ図」は、筆者が実際に作成し、自立活動の指導を行う上で活用したものです。以下、「流れ図」の各項目について考える際のポイントを述べます。

ア）学習上又は生活上の困難さを把握する

「①学習上又は生活上の困難さ（以下、困難さ）」を把握するときには、子供の日頃の行動、つまり事実に立脚することが重要です。「あの子ってこういう感じだよね」等、教師の印象で困難さを捉えるのではなく、具体的にどのような行動が観察されたのか、どのような場面で起こっているのかなど、目の前の子供の事実を捉えていくことが必要です。また、困難さを把握するときには、子供の立場から考えることが大切です。

写真７　笑顔のＳ児

次のページの「流れ図」の対象児（以下、Ｓ児。写真７）の場合で具体的に考えてみましょう。小学部６年生のＳ児は、発音は不明瞭ながら、「おひさま文庫（本校の図書館の名称）に行って、本、読む」や「昨日、レゴランド行った」など、自分のやりたいことや自分が経験したことを言葉で表現することができます。一方で、うまくできないことがあったときや、嫌なことに直面すると、顔をしかめ手を強く叩いたり、あくびをして「疲れた」と言ったりします。また、前年度の秋ごろから、給食の時間になると、表情が曇り、食べる量が減り、体重が減少していました。さらに、毎朝、給食の献立の前に立ち、「はぁー、はぁー」とため息をついたり、手を強く叩いたりして、つらそうな様子がうかがえました。

こうした実態から考えられるＳ児の困難さは何でしょうか。まず、事実を整理します。Ｓ児は、うまくいかないときや嫌なことに直面すると、顔をしかめ、手を叩いたり、あくびをしたりしていました。そこで、そうした行動の後、どのような様子が見られるか改めて観察すると（追加情報の収集）、Ｓ児は、普段に比べると笑顔や発言が極端に少なくなり、活動への意欲が低下する様子がうかがえました。

次に、こうした実態を踏まえ、Ｓ児の立場から困難さを捉えます。Ｓ児は、自分の嫌なことややりたくないことを言葉で表現することができず、そうした気持ちをため込んでしまいます。その結果、様々な活動への意欲が高まらず、新しいことを学んだり、経験したりすることが難しいという困難さを抱えているのではないかと考えられました。

①学習上又は生活上の困難さ	・嫌なことや、やりたくないことを言葉で表現できず、活動への意欲が低下し、新しいことを学んだり、経験したりすることが難しいこと
②困難さの背景とその実態	○**大人とのやりとりの中で、否定的な感情を表現してはいけないと思い込んでいる** 教師の怒ったような表情やがっかりしたような表情を見たり、大きな声を聞いたりすると、表情が硬くなり、教師の意に沿うような発言をして、自分が本当に伝えたいことを言えなくなる。 ○**給食を食べられなくなった経験がある** 本児は、小学部3年生のときに本校に転入してきた。以前、在籍していた特別支援学級では、給食を食べることができなくなり、給食の時間は自宅に一度、帰宅していた。本校に転入後は、給食を食べるようになったが、昨年度の11月頃より、給食の時間になると、表情が硬くなり、手を叩いたり、あくびをしたりして、給食を食べることを嫌がるようになった。 ○**名詞を理解している一方で、文を組み立てることが難しい** 名詞を列挙したり、カテゴリーに分けたりすることができる一方で、名詞、動詞、助詞を組み合わせて文を作り、話したり、書いたりすることが難しい。
③指導課題	・教師との関わりをこれまで以上に楽しむこと。 ・嫌なことややりたくないことを自分のもてる力を使って伝えること。 ・動詞や形容詞、助詞の意味を知ること。 ・自分の伝えたいことを考え、文章に組み立てて、話したり、書いたりすること。
④指導目標	・やりたいことや嫌なことなど、自分の本当に伝えたいことをのびのびと言葉で表現する。

指導目標を達成するために必要な項目の選定

	健康の保持	心理的な安定	人間関係の形成	環境の把握	身体の動き	コミュニケーション
選定された項目		・情緒の安定に関すること	・他者の意図や感情の理解に関すること ・自己の理解と行動の調整に関すること	・認知や行動の手がかりとなる概念の形成に関すること		・言語の受容と表出に関すること ・状況に応じたコミュニケーションに関すること

⑤具体的な指導内容	・教師や友達にも嫌いな物等があることを知ること ・自分の嫌なことややりたくないことを表情や言葉などで表現すること	・自分や相手の気持ちを表す言葉を理解すること	・いろいろな側面から物事を見たり、考えたりすること
⑥指導の場	休み時間 国語・算数・自立活動・音楽	国語・算数・ 自立活動	国語・算数・自立活動 図画工作

各指導の場における指導内容・方法の設定

指導の場	休み時間	国語・算数・ 自立活動	音楽	図画工作
⑦指導内容・方法	・嫌いな物や、やりたくないことを表現できるように、教師自身の嫌いな物等を伝える。また、嫌いな物等を歌詞にした歌をつくり、一緒に歌う。	・自分の経験したことを話すことができるように、本児の写っている写真等を用いて、誰と何をしたかなどを尋ねたり、伝えたりする。	・感じたことをのびのびと表現できるように、本児の声に合わせて楽器を鳴らしたり、本児の発言を歌詞にして、一緒に歌ったりする。	・横顔や背中など、様々な側面から自分の姿を捉えて、描いたり、作ったりできるように、立体の作品づくりに取り組む。

図5　流れ図

イ）困難さの背景とその実態を整理する

ここでは、困難さの背景、つまり、理由や原因を分析します。そのために、困難さの理由や原因として考えられる仮説をいくつも立て、その仮説に沿って実態を整理します。実態を整理することで、「どのような言葉を理解しているのだろうか」「嫌だという表現ができないときはどの場面か」など、追加情報を集める必要性に気づくことがあります。そうしたときは、子供と関わることを通して、新たな情報を集め、仮説と照らし合わせながら、実態を整理します。併せてフォーマルなアセスメントの結果も参考にします。

具体的にS児の場合で考えてみましょう。S児の困難さは、「やりたくないことや嫌なことを言葉で表現できない」ということでした。前頁の「流れ図」の「②困難さの背景とその実態」に情報を書き込む前に、白紙に思いつく限りの仮説及び、それらに関連する実態を書き、相互の関係性を考えました（図6）。仮説は、S児の困難さが、教師とのやりとりの場面で生じていることから、まずは、「教師との関わり方」という視点、次に、S児が嫌なことやそれらに関するこれまでの経緯という視点、最後に、言葉の理解という視点から六つほど立てました。

仮説1、5、6は、「教師との関わり方」という視点での仮説ですが、仮説5は、日頃の様子を踏まえると、教師との関わりを全く楽しめていないということはなく、当てはまらないと考えました。そこで、仮説1、6を困難さの背景の一つとして考え、「大人とのやりとりの中で、否定的な感情を表現してはいけないと思い込んでいる」という視点で実態を再度、整理して「流れ図」に記入しました。

仮説2は、S児が生活の中で最も苦手なことである給食に関する経過です。この仮説に関連する実態は、保護者の聞き取りにより、情報を集めました。S児は、かつて在籍していた学校でも給食を食べることができなくなったことがあることや、学校に行くことを嫌

仮説1
大人の顔色に過敏に反応してしまう

- 教師の怒ったような表情を見たり、大きな声を聞いたりすると、顔をしかめ、笑顔がなくなる。
- 教師が友達を注意していると、じっと見つめて動きが止まる。

仮説2
給食について嫌な記憶がある

- 過去に在籍していた学校で、給食を食べることができなくなった経験がある。
- 本校転校後は、食べるようになったが、前年度から、再び食べることを嫌がるようになった。

仮説3
感情を表す言葉を知らない

- 「楽しい」という言葉は日常的に表出するが、それ以外の感情を表す言葉は言わない。
- 新版K式発達検査の結果から、名詞を列挙することやカテゴリーに分ける力が育っていることが分かった。

仮説4
助詞の使い方が分からない

- 「塚田先生、~行く」「○○欲しい。~行く」など、助詞を使った表現をすることはほとんどない。

仮説5
教師との関わりが楽しめない

- 教師と追いかけっこをしたり、歌を歌ったりすることを求める。
- そのときは、満面の笑みで、教師に「もっとしたい」などと、要求を言葉で伝える。

仮説6
否定的な感情を表現してはいけないと思い込んでいる

- 教師が「~嫌なの？」などと尋ねると、必ず、「嫌じゃない」と繰り返し、手を強く叩いたり、その場を離れたりする。
- 友達を注意する教師をじっと見つめ、動きが止まる。

図6　困難さの仮説と、それらに関連する実態（紙に手書きした内容を整理して転記）

がったり、給食の時間になると早退したりしていたことが分かりました。S児は、給食に関して何らかの否定的な感情を抱いていることが推察されることから、「給食を食べられなくなった経験がある」という視点で実態を整理し、「流れ図」に記入することとしました。

仮説3と4は、言葉の理解に関することです。S児は新版K式発達検査2001の結果から、鳥の名前や果物の名前など、名詞を多く知っていること、また、車と電車は「乗り物」、みかんとバナナは「果物」など、名詞をカテゴリーごとに分類できました。一方で、日頃の生活では、感情を表す言葉が少なく、とりわけ、否定的な感情を言葉で表現することがほとんどないことが分かってきました。併せて、「先生、○○行く」や「○○欲しい」など、助詞を使った表現をほとんどしないことも見えてきました。そこで、「名詞を理解している一方で、文を組み立てることが難しい」という視点から、実態を再度、整理し、困難さの背景として「流れ図」に記入することとしました。

ウ）指導課題を設定する

困難さの背景を考えた次は、指導課題を設定します。指導課題を設定する際に気をつけなければならないこととして、教師の関わり方や環境の設定など、指導で配慮すべきことと、自立活動の指導で扱うことを区別することです。例えば、一般的に知的障害を伴う自閉症の子供たちは、何を、どのくらいするのか、一つの活動が終わったら、次は何をするのかなど、活動の内容や量、順序が分かる状況において、安心して、学びやすくなります。一人一人の子供の実態に合わせて、その子が学ぶことができる環境を整えたり、教師の伝えていることが分かるように関わったりすることは、指導を行う上で配慮することです。

そのことを押さえた上で、まずは、子供が意欲的に取り組める活動や、子供の生活の質を考え、優先すべき指導課題を検討します。具体的にS児の場合で考えましょう。

S児の困難さの背景として、「自分の表現、特に否定的な感情表出に対する大人の評価」に過敏になるあまり、否定的な感情を表現できずにいる様子が見えてきました。そこで、まずは、S児が安心して、自分の気持ちを教師に伝える必要があると考え、指導課題を「教師との関わりをこれまで以上に楽しむこと」としました。その上で、「嫌なことややりたくないことを、S児がもてる力を使って表現すること」が指導課題になると考えました。さらに、今後、中学部に進学することを踏まえると、感情を表す言葉や、助詞の意味を学び、多彩な表現方法を身につけていく必要があると考え、「動詞や形容詞、助詞の意味を知ること」と「伝えたいことを考え、文を組み立てること」を指導課題として設定しました。

次に、こうした指導課題を踏まえ、長期目標（自立活動の指導）を考え、設定します。

❹ 自立活動の指導の実践

ここまで、「指導すべき課題を導く」過程について詳しく述べました。指導の実践については、本シリーズ第3巻「指導をよりよいものへ」の実践事例で詳しく説明しますので、ここでは、「休み時間」における指導の実際とＳ児の変容を紹介します。

自分の嫌なことを表現することができなかったＳ児に対し、まずは、筆者自身の嫌なことや苦手なことを話しました。Ｓ児に「大人にも嫌なことがあること」と伝え、否定的な感情を表現することは悪いことではないと感じさせたいと考えたからです。例えば、給食の献立を見てため息をついているＳ児の横に立ち、「塚田先生は、ニンジンが嫌いだなぁ。あぁ、嫌だな」などとつぶやきました。すると、Ｓ児は、筆者の顔を見て、「え？塚田先生、ニンジン嫌い？Ｓは、ニンジン好き」と言い、ほほ笑む様子が見られました。

また、筆者の嫌いな物を歌詞にした自作の歌を歌うことにしました（写真８）。Ｓ児は歌うことが好きだったこともあり、普段、なかなか言葉にできない否定的なことも、歌にすることで、のびのびと表現できるのではないか、と考えたからです。

写真８　休み時間に「嫌いの歌」を歌うＳ児

すると、Ｓ児は、筆者が嫌いな野菜の名称をリズミカルに笑顔で歌い、筆者が「うわー、歌を止めてくれー」などと言うやりとりを、繰り返し求めるようになりました。

こうした歌（「嫌いの歌」と名付けました）を歌うことを通して、少しずつ、歌詞に「給食」や「レーズン」「ハヤシライス」など、Ｓ児が嫌いなことや物が出てくるようになり、Ｓ児は、自分の嫌いなことを歌詞にした「嫌いの歌」を何度も歌うようになりました。

３学期には、「今日の給食、ランチルームで食べたくない。ミーティングルームで食べたい」など、自分の嫌なことをはっきりと言葉で表現できるようになってきました。

❺ 自立活動に関する研修

毎年、教師のおよそ３分の１が入れ替わる本校では、これまでの実践や研究を通して、蓄積されてきた様々な知見を継承することがとても難しい現状があります。特に、近年は新規採用者も増え、自立活動の指導の目的や意義など基本的なことについて、ていねいに押さえながら指導に当たることが求められています。

そこで、自立活動の基本的な考え方について研修したり、校内研究の一環として「流れ図」を演習形式で作成したりすることに取り組んでいます。また、フォーマルなアセスメントに関する研修（検査の意義や実施方法など）にも取り組んでいます。

自立活動の指導では、一朝一夕に指導力が向上することはありません。子供と真摯に向き合い、関わりながら、子供に合わせた指導を追求し続けることが大切だと考えています。

第3章

実践事例編

第1節 自立活動を主とする教育課程

事例1 健康の保持・心理的な安定・コミュニケーション

痰を自力で出せない・唾液でむせる、呼吸する力が弱い事例

～意図的に呼吸する力を育む過程を通して、全体的な成長を育む～

筑波大学附属桐が丘特別支援学校 蛭田 史子

重い障害があっても、育つ可能性の大きい成長期にある児童です。本来であれば、活発な心身の状態で迎える初めての就学。けれども頻繁に痰がからんだ状態が続き、大きな音に驚愕し、姿勢が崩れたり呼吸が乱れたりする等、たびたび学習や遊びを中断する必要がありました。まずは、生きることを支えている呼吸を意図的に調整する力を育むことを通して、健康状態を改善し、落ち着いて周囲と関わるように指導したところ、次第に呼吸状態が安定していきました。すると、突然の物音に驚くことが少なくなり、また声で表現することが増え、歌に合わせて声をあげるようになる等、生活をいきいきと楽しむ全体的な成長が見られるようになってきました。

❶ 対象者の実態

本児は小学部1年生であり、診断名は脳性まひです。仮死状態で誕生し、救急搬送されて新生児集中治療室で全身管理を受けました。1週間ほど人工呼吸器をつけて過ごし、3か月弱かかって退院しています。また、生後数か月で突然意識を失ったりけいれんしたりする発作が起きており、発作や骨密度の低下による骨折にも注意しなければなりません。

就学後の様子は、食事、排泄、移動など日常生活動作の全ての面で補助を必要としています。まず運動面では、意図的にできる手足の動作は、比較的力の調整がしやすい右手で物をつかんだり放したりすることです。また移動では、仰向けからうつ伏せになるまでの寝返りと背這いができますが、背這いは、背中側に力を入れて跳ねるように移動します。

認識面では、顔見知りの友達を見ると、声をあげて手足を動かし、うれしさを表現します。また、教師の問いかけに返答することもできますが、肯定のときは発声ではなく、体に力を入れてのけ反るようにしてしまい、否定の意図ははっきりとはしませんでした。

健康面では、呼吸が浅く、痰を自分で吐き出すことができずに、喉から頻繁にゼコゼコと音が聞こえたり、唾液でむせたりすることもしばしばありました。また緊張状態が強く、

動こうとするとギュッと力を入れるため、すぐに疲れて授業の後半になるとぐったりしていました。さらに、突然の音に敏感に反応し、呼吸が乱れて心拍が速くなり、姿勢も崩れるため、そのとき集中していた遊びや学習を中断することがよくありました。

❷ 指導すべき課題

（1）学習上又は生活上の困難とその背景要因

環境や体の変化に対応して、意図的に呼吸を調整していく力が十分に育っていないと、健康を維持していくことが困難になります。呼吸する力の弱さは、栄養状態にも影響し、体力をつけていきたくても、効率の良い補給状態がつくりにくくなることが考えられます。そして、呼吸が浅く痰を吐き出せない状態が長く続いたり、唾液や飲食物の誤嚥（気管に入ること）が重なったりすれば、気管支炎や肺炎になる危険性もあります。

また、呼吸は健康だけではなく、心の在り方にも大きく影響します。チャイムや大きな物音に驚くと呼吸が乱れて心拍数が上がり、気持ちを安定させて周囲の人や物とやりとりしたり、集中して感じたり考えたり物事に取り組んだりすることが難しい状態でした。

さらに、コミュニケーションの面においても、意思表示のたびに体に力を込めて伝えようとするために負担がかかり、体力を消耗させていくという悪循環になっていました。

本児は、生活のほとんどで補助を必要とする中で、身体運動の自立度が低く、生命活動を維持していく上で最も肝心な呼吸する力が弱いという健康面での不安を抱える一方で、友達を識別し、周囲の人に主体的に関わっていく等、高い認識の発達が見られました。このように、本児は、運動・健康面と認識面が調和のとれない状態で育ってきており、そのために、もてる力を十分発揮しきれない状態にあると考えられました。

それでは、どうしてこのようなアンバランスな状態で育つことになったのかを、『育児の認識学』（海保静子，1999年，現代社）と『障害児教育の方法論を問う 第2巻』（志垣司・北嶋淳，2017年，現代社）からの学びをもとにして考えました。本児は、誕生した時点で治療が最優先される状態となり、健康で生まれてくる子供と比べ、本来行われていく、母親との関係で育てられる発達段階を順に積み重ねる過程が、大きく抜け落ちた状態で育たなくてはならない生活があったことが推測されます。呼吸でいえば、健常児は誕生した時点で、産声をあげての最初の呼吸運動をします。さらに誕生数時間後から始まる授乳によって、鼻呼吸や飲み込む力が養われていくというように、呼吸を「練習」していくことになります。さらにお腹が満たされることに加え、日に十数回もオムツを替えてもらい、気持ちよくなることを重ねるうちに、次第に快と不快の区別が鮮明になっていき、やがて不快を解消してもらうことを、泣いて要求するようになっていきます。つまり、優しくていねいに母親から話しかけられ、体の動きを手伝ってもらう中で、肺の機能を向上させ、さらに目を合わせ、母親に向かって声をあげて、手を伸ばし、心の動きがそこに重なっていくというように、体と心が一体となって育っていくと言えます。しかし本児は、運動・健康面と心の面がバランスよく育っていく最初の過程を、十分にもてないまま育たざるを得なかったことが、深く呼吸をする力を十分成長させられなかった大きな背景要因として考えられました。

（2）指導すべき課題の整理

以上を踏まえた上で、ケース会をもちました。ケース会では、子供をどう理解するか（＝実態把握）から検討し、目標設定へのつながりまでを確認しました。

担任が準備していた内容とケース会で話し合ったことをもとに、指導すべき課題を図１のように整理しました。

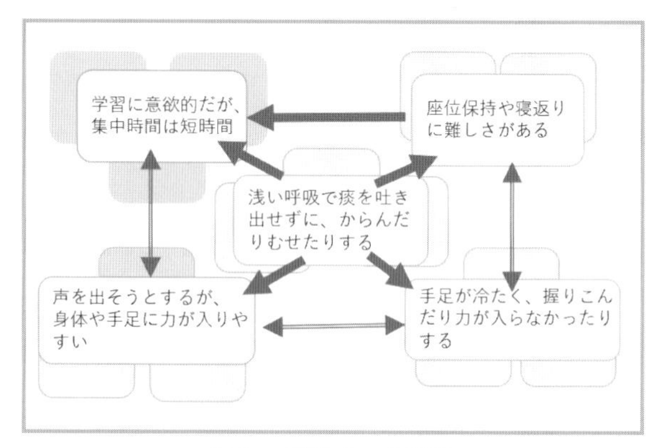

図１　指導すべき課題

本児は、興味・関心が高く、自ら働きかける認識面での発達が見られる反面、健康面で一番の要となる呼吸機能が発育せず、浅い呼吸で痰を吐き出せずに、からんだりむせたりする状態が続いています。さらにその呼吸の浅さは、環境の変化に対応する幅を狭め、そのために姿勢や音の変化に対して適応できず、保っていた姿勢を崩したり過剰に驚いたりして、集中力を欠くなど、運動・健康面と認識面との調和のとれない状態が、様々に発育と発達に影響を与えていることが見てとれました。そこで、①「健康な状態を自分でつくっていくための意図的な深い呼吸を身につける」という課題に整理しました。

さらに、「手足は冷めたく、ギュッと握りこんだり、逆に力が入らない状態が続いたりする。そうした手足では周囲を認識し、的確に捉えることが難しく、そこには呼吸の悪さが影響しているのではないか」という意見が出されました。そこで、呼吸を改善することにより感覚・運動面の発育・発達に好影響を与えられれば、運動・健康面と認識面の不均衡が緩和され、さらに認識面の向上が図られていくのではないかという合意が得られました。

こうして、話し合いが深まる中で、呼吸の改善に続き、直接周りと触れる手足の感覚をはっきりさせる必要があるということになり、②「周囲の人や物としっかりと関わっていける土台としての手足の感覚を明確にする」との課題に集約されていきました。

❸ 個別の指導計画

１年生にとって、学校は初めてのことが多くあるので、担任や友達との信頼関係を築くことを通して、生活に慣れながら楽しいと感じるように指導することが前提になります。当校の小学部の目標は、「心身ともに調和のとれた人間性を育み、集団の中で、自分の役割を果たしていこうとする児童を育てる」です。個別の指導計画の自立活動・各教科・領域の目標、ケースで立てた本児の自立活動の目標も、この学部目標に向かっていくことになります。

（1）指導目標

① 健康な状態を自分でつくっていくための意図的な深い呼吸を身につける。

② 周囲の人や物としっかりと関わっていける土台としての手足の感覚を明確にする。

（2）指導内容・指導方法

① 自立活動の時間の指導

1）意図的に深く呼吸していくことを身につける学習として、まず神経や筋が働きやすくなるように皮膚をなでることから始めます。また、喉やお腹等、体の前側を意識させ、過剰な筋緊張を緩めながらゆったりとした呼吸を学ばせ、さらに循環を良くするために手湯、足湯を行うとともに、循環と骨の発育のためにも日光浴を行います。

2）手指や手のひら、足指や足裏に触れ、手足の指を動かすことを通して、手足の感覚と運動性を培います（柔らかい感覚を知り、物に対応して動かしていく体験を重ねる）。

3）手足の運動（ゆっくり手と手・足と足を合わせたり、動かしたり等）を通して背骨が育っていく過程や、呼吸に関係する胸郭や横隔膜が発育していく過程を学習させていきます。

＊関節や筋を痛めたり、骨折の危険性がないように留意し、形だけ合わせたり動かしたりすることはせずに、無理のないように少しずつ手足を合わせたり動かしていきます。

4）寝返っていく感覚をゆっくりと感じとらせながら、寝返りの練習をします。

5）柔らかく開いた手で物に触れたりしていく等の活動を通して、周囲の人や物との関わり方を学ばせていきます。また、その中で、発声を意識したやりとりを、合わせて行っていきます。

＊1）2）の喉やお腹、手足等の触れ方の考え方や方法は、『静的弛緩誘導法』（立川博，2003年，御茶の水書房）、『母と子の静的弛緩誘導法』（静的弛緩誘導法研究会編，2010年，御茶の水書房）が基になっています。

② 各教科等における指導

柔軟性のある身体の使い方の学習を通して、意図的に呼吸をしていく力を身につけることができれば、発声が容易となるので声を意識的に調整することが可能になり、言語能力が高まり、教師や友達とのコミュニケーションが向上します。また、特に音楽科では、「教師や友達の歌声を聴いて合わせて声を出す」という目標を立てることができ、歌うことの楽しさを体験できます。こうして伝え・歌い合う等が進めば、全体において自立活動と各教科・領域などとのつながりが一層深まり、豊かな学校生活を送ることが期待されます。

4 指導の経過

入学当初（図2）は、朝に友達に会うと手足を動かして声をあげて喜ぶほどの元気があるものの、4校時目には、疲れて眠そうにしていました。そこで、登校後の自立活動の時間に、学習活動に向かう心身の準備状態を整えていきました。

足湯をしながら体に触れ始めた頃は、水遊びのように足を動かす方に意識が向いていましたが、５月下旬頃から、短時間ですが、触れられている背中やお腹や喉などに意識を集中し、深く呼吸していく様子が見られました（図３）。

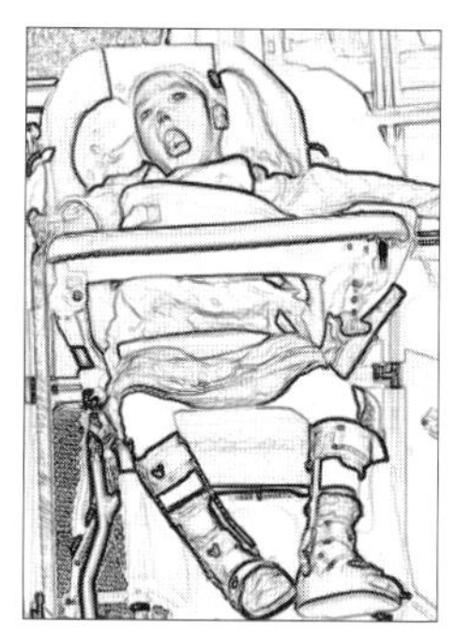
図２　入学当初（４月）

６月に入ると、「あー」と声を出して返事をすることが多くなりました。また、歌が始まると「あー」と楽に声を出す様子も見られました。さらに手、喉、お腹などに触れて得られたときの感覚を思いだすように「ふわ～」などと声をかけると、歌や曲に合わせるように声を出したり、音を意識的に変えて声を出したりすることも聞かれました。また、左手でも物をつまもうとする動きが見られるようになり、指と足首を動かして、足裏を床につける様子も見られてきました。

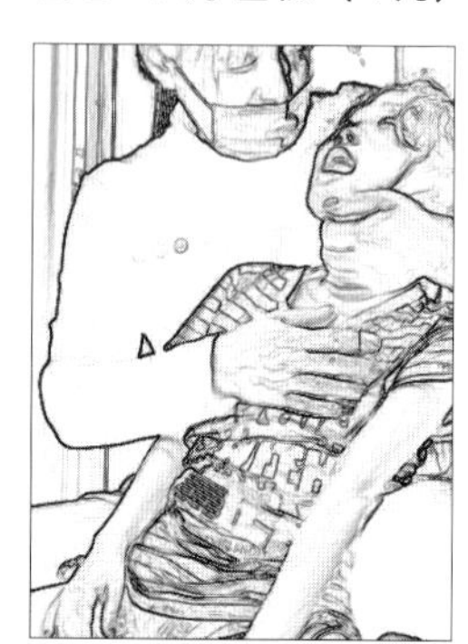
図３　深く呼吸する（５月）

７月には、教師からの問いかけに対して、身体全体に力を込めずに「はいー」と返事をすることが多くなりました。また、色の学習で「あお」と聞き取れる発語がありました。

10月には、横向きで背中をなでているだけでも、深い呼吸をする様子が見られ、また、体の前側で両手の指を合わせて、柔らかい動きで触っている姿も見られました。そして、大きな音に驚かないで済むようになってきました。さらに、上下の唇を閉じることが比較的早くできるようになり、唾液がこぼれることも少なくなりました。教師からの問いには、肯定のときは声で、否定のときには唇を閉じて応答することも多くなりました。また、一人で声を出しておしゃべりをしていることも多くなりました。

図４　身体の前で両手を合わせる

さらに11月に入ると、車いすに座って、短時間ですが、身体の前で両手を合わせている姿が見られました（図４）。

年が明けると、問いかけに対する返答を「ふ～ん」と鼻声ですることもできるようになりました。また、週２コマほど授業に入る教師にも、トイレに行きたいという意思を伝えたり、Ａさんが伝えようとしている内容を確かめる教師の問いかけに、声を出して答えたりすることができるようになり、やりとりが円滑に行えるようになりました。

❺ 指導の結果と考察

（１）指導の結果

目標①「健康な状態を自分でつくっていくための意図的な深い呼吸を身につける」について

１年生の修了間際になっても、痰がからんだりする状態はありました。けれども、体に触れていくと、以前よりも早く意識を集中させ、深く息をしていくようになりました。また、突然音がしても、音源を確かめるようにし、音の理由を安心できるように話しかけながら背中や手足に触れていくと、強く入った緊張を緩めて、落ち着いていくようになりました。繰り返していくと、短時間で呼吸が整い、驚かないで済むことも多くなり、学習や遊びに集中することができるようになりました。さらに発声による返答が増え、声をあげて歌を歌うようになり、体力もついてきて、疲れて眠そうにすることが減りました。

目標②「周囲の人や物としっかりと関わっていける土台としての手足の感覚を明確にする」について

ギュッと緊張が強く入ることはありますが、触れられていくに従い手指を開いたり、自ら物に触れたりするときに、手を近づけながら指を開いていくことが容易になりました。様々な学習場面で、自分で柔らかく手を使い、意識的につかんで放すことが早くできるようになりました。物の形に沿わせた状態で触れ続けることもできるようになってきました。人と握手をするときに指を開いて相手に触れて、教師の言葉がけに合わせ少し力を入れて握っているという感じが伝わるようになり、初めて会った授業見学者にも、自信をもって挨拶しながら関わっていく姿が見られるようになりました。

（2）考察

人間の心と体は別々に育つわけではないのですから、一体として育てていかなければ、しっかりと育つことが難しくなってしまいます。本児は、障害を負ったことをきっかけとして、人間として育っていくための心と体のバランスが崩れ、一体性を保つことが十分に体験できないままに育ってきています。それを妨げている大きな要因が、呼吸の育ち方における未熟さにあると考え、呼吸の働きを学習させていくことを通して、心と体の調和性を育てていくように指導を行ってきました。けれども児童にとってその感覚は、当初、違和感があり、学習内容に集中できず、なじめない様子でした。次第に慣れ、また自らが納得するようになるにつれて学習が進み、異なる感覚を受け入れ、触れると深い呼吸をするようになり、また楽に声を出し、曲に合わせて歌うように声を出せるようになってきました。こうして、楽に声が出せるようになると、友達や先生と話したい、歌を歌いたい、手をつなぎたいという思いが高まり、生活の中でより適した体の使い方を探し出し、自ら練習するようにもなってきました。そうした積み重ねの中で、健康状態は徐々に向上し、結果的に落ち着いて学習に向かい、いきいきと自分から周囲の物や人に関わっていく姿が増え、人間として全体的に成長していくことにつながったと考えています。

事例２　健康の保持・コミュニケーション・身体の動き

摂食・表現・姿勢・手の動きに困難さのある事例【前編】

～QOLの向上を目指し、卒業までに身につけてほしい力に着目して～

広島県立西条特別支援学校　藤本　圭司

摂食・表現・姿勢保持・手の動きを困難とする児童の実態を踏まえ、摂食・表現・姿勢保持を関連する課題とし、姿勢の調整と表情筋・口腔マッサージを中心とした指導を行ったところ、安全に摂食する力や、表情で気持ちを表現する力の改善が図られました。この結果から、姿勢の調整と表情筋・口腔マッサージを組み合わせた指導の有効性を確かめました。

※本稿は、筆者の前任校である広島県立広島特別支援学校での取り組みです。本シリーズ第２巻で【後編】として姿勢・手の動きの内容を紹介します。

❶ 対象者の実態

本児は、肢体不自由特別支援学校の小学部第５学年に在籍している男子です。基礎疾患にカルニチンパルミトイルトランスフェラーゼⅡ（CPT2）欠損症があり、空腹時に脂肪を分解できず非常に重い低血糖が生じるため、安定した食事をとることが必要です。生後７か月のときに、低血糖に起因する急性脳症を発症し、意識のない状態でICUに入院、急性脳症後遺症により体幹・四肢まひの状態になりました。ADL（日常生活動作）は、車いすでの移動・食事・歯磨き・入浴・排便排尿・着替えなどで全面的に介助が必要な状態です。

本児の第３学年時の身体機能は、体や首を支える筋力が弱いため、姿勢が崩れやすく、左手をわずかに動かせる状態でした。手や口の周りに感覚過敏があり、手で物に触れたときや口の周りに触れられたときには、身体をこわばらせ不快な表情をしていました（写真１・２）。食べることに意欲的に取り組みますが、食事を口に取り込む際には、あごを押し下げる支援を受けて、ようやく小さなスプーンが入る程度に口を開き食事をしていました（写真３）。言葉がけをすると目を向けることが時々ありますが､好きな揺れ遊びや抱っ

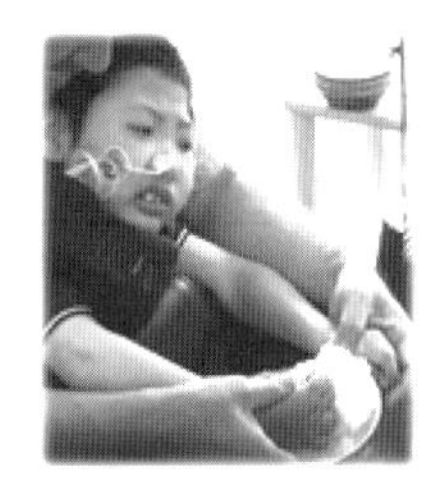

写真１　物に触れたとき

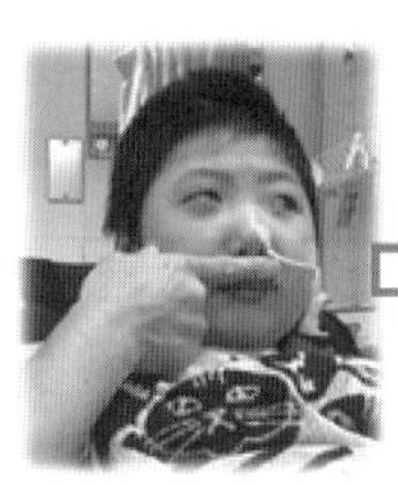

写真２　口の周りに触れられたとき

写真３　給食（口を開く支援）

写真４　快の表情

このときでも表情が少し緩む程度で、快の気持ちを表現することが難しい状態でした（写真4）。選択する場面では、まばたきや目の動きで意思を伝えようとしますが、サインが不確実で伝わりにくい状態でした。

❷ 指導すべき課題

（1）「保護者の願い」と「卒業までに身につけてほしい力」

CPT2欠損症は、他の脂肪酸代謝異常症と比較して、小学生までに突然死に至るリスクの高い病です。保護者は「生きていてほしい」という切なる願いをもち、親が介助できなくなっても「福祉施設を利用しながら生活できるようになってほしい」という希望をもっています。その願いを大切にして、健康の保持のために必須である「摂食」を最重要課題としました。その上で、学校教育目標「健康・挨拶・規律・行動」に基づいて四つの目標を設定しました。「健康」の項目では、児童の実態や保護者の願いから、卒業後の健康保持や生活の質（QOL）を高めることを目指して、「誰とでも安全に食事ができ、必要量を安定して食べる力」を身につける必要があります。また、施設での生活を考慮し、自分の考えや気持ちを「表現する力」、規則的な生活の中で良い「姿勢を保持する力」、好きなことを楽しむために「主体的に手を動かす力」が必要になると考えました。

Ⅰ．誰とでも安全に食事ができ、必要量を安定して食べる力（摂食）
Ⅱ．言葉がけに対して、表情を変えて気持ちを表現する力（表現）
Ⅲ．背筋を伸ばして座位の姿勢を保持する力（姿勢）
Ⅳ．主体的に手を動かし、応答したり、好きなことを楽しんだりする力（手の動き）

（2）「摂食」の困難とその要因

①　児童の健康状態

担任をする際に、「摂食」に関する健康状態を把握するため、第1・2学年の時の身長・体重・肥満度、欠席数、罹患の状況について確認しました。体重は2年間でゆるやかに増えており、身長は10cm伸びています。肥満度は、第1学年後期から第2学年にかけて－10％と下がっていました。正常範囲内（±15％以内）なので、危険な状態ではありませんが、「健康の保持」のために、下がり続けることを防ぐ必要があると考えました。欠席の状況は、第1学年では37日（急性肺炎でICU 5日を含む合計22日の入院、発熱等の体調不良10日、インフルエンザに罹患5日）、第2学年では19日の欠席（重積発作による入院4日、喘息・肺炎・横紋筋融解症による入院7日、発熱等の体調不良8日）がありました。

②　生活実態

保護者から一日の生活リズムを聞き取り、生活全体の食事状況を確認しました。体格の変化に対応するため、給食後に最も血糖値が低下する20時の値を参考に給食の必要量の調整をしました。デイサービスで慣れない人に介助されたときには、必要量を食べることができず、注入が必要となっていました。

③　摂食の能力

食事は、ペースト状の物を食べることができます。しかし、首や口の周りの筋肉が硬いため、食べ物を取り込むときに口を開くことが難しく、口を開く支援を受けながら少量ずつ食べていました。また、あごや舌の動きが小さく弱いため、食べ物をのどの奥に運ぶことに時間がかかっていました。口の中に食べ物が留まることで、呼吸がしにくくなり、鼻の穴が開き、肩を上下に動かすなどの努力を要する息づかい（努力性呼吸）になり、食事を続けることで疲労する様子が見られました。食事は1時間半かかり、歯磨きでも口を開くことが難しいため時間がかかりました。時間不足や体調不良などによって必要量を食べることができないときには、医療的ケアで注入（経鼻胃管栄養）を行っていました。

（3）指導すべき課題の整理

摂食・表現・姿勢・手の動きの課題の関係性について課題関連図(図1)で整理しました。

表情筋がほぐれれば、最重要課題である「摂食の能力（食事の際の口の開きにくさ)」の改善につながります。さらに､「自分の感情を表情で表現」することにも同時にアプローチでき、「まばたきでの不確実な選択」の場面で表情が加われば、より明確に意思を伝えることが可能となります。そのため､「表情筋が固まっており、喜怒哀楽が表現しにくい状態となっていること」が中心課題であると考えました。また､「体幹の筋力が不足しているため、姿勢が崩れて頭が倒れやすいこと」は、首や口の周りに余計な力が入ることにつながり､「口が開きにくいこと」に影響すると考えました。

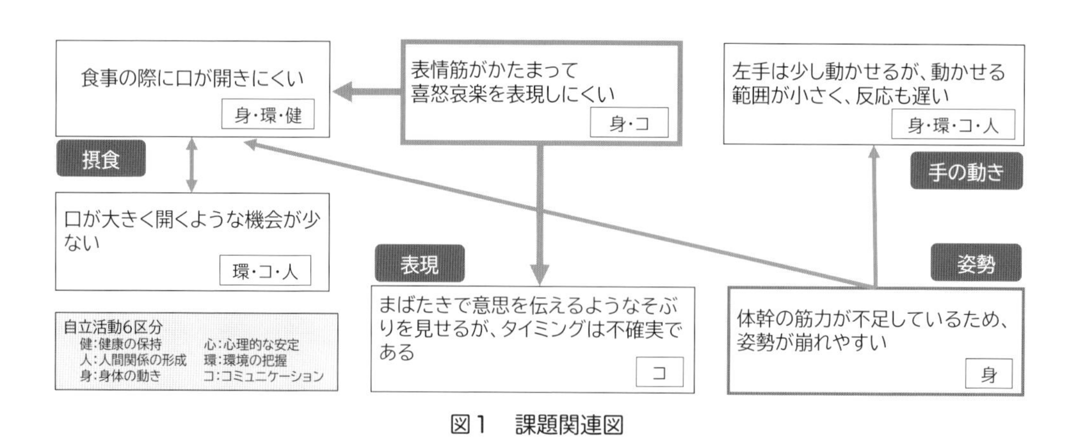

図1　課題関連図

3 個別の指導計画

（1）指導目標

導いた中心課題を踏まえ、小学部第4学年後期の自立活動の指導目標を設定しました。

Ⅰ．給食や歯磨きの際に、口を大きく開くことができる（摂食）
Ⅱ．横抱きや揺れ遊びの際に表情を変えることができる（表現）
Ⅲ．膝立ちの姿勢を教師と一緒に保持することができる（姿勢）
Ⅳ．手に触れた物に目を向けて、手を動かすことができる（手の動き）

（2）指導内容・方法

①　表情筋と口腔のマッサージ

写真５

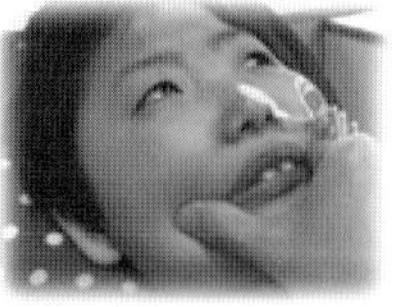
写真６

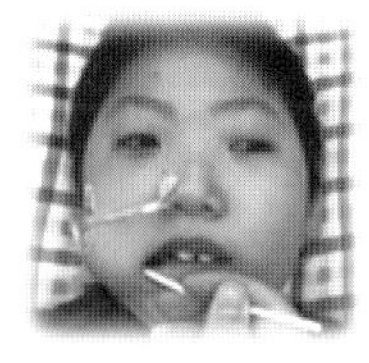
写真７

毎日、給食前に自立活動の時間の指導で行いました。口の周りや内側の感覚過敏に配慮し、全身の力が抜けて刺激を受け入れやすい仰向けの姿勢からマッサージを始め、徐々に座位でも行っていきました。表情筋のマッサージは、最初は嫌がっていたので、手のひら全体で頬っぺたを包み込み、児童が受け入れることができてから、ゆっくりと撫でるようにマッサージを行いました。耳の下からあごにかけて、手の甲で優しく撫でるようにして、唾液の分泌を促しました。撫でる刺激を受け入れた穏やかな表情のときに、指の腹や指の横面を使って、口の周りの筋肉に沿うように、口の周り・鼻の下を伸ばしていきました（写真５）。表情も硬かったので、口角を引き上げたり、引き下げたりしました（写真６）。口腔マッサージは、表情の変化や体の力が抜けていることを確認しながら、口の中にスポンジブラシを入れて、頬の内側全体をゆっくり押し伸ばしていきました（写真７）。口腔内が刺激され、唾液がじんわりと出てきたことに児童が気づき、飲み込んでくれていることを確認しながらマッサージを行いました（ST と連携し、マッサージの効果的な方法について指導を受けました）。

②　姿勢の調整と給食指導

給食のときには、むせが少なく、食べ物をのどの奥に送りこみやすいよう、車いす全体を 30 ～ 45°傾け、身体を倒した姿勢にしました。また、首の周りとあごの力が自然に抜けるように、首を支えるクッションを使用して顔が真っすぐ正面を向くようにしました。このように、リラックスできる環境を整えることで、食べ物のにおいや味に意識を向けやすく、口を動かしたり、飲み込んだりしやすいようにしました。給食指導では、教師が食べ物を鼻先で止め、児童がにおいを捉え、口に入る食べ物の味を想像して、自発的に口を開けるのを待ちました。給食が、児童にとって楽しい時間となるよう、優しく言葉がけをしながら支援を行い、表情や口の動きの変化、努力性呼吸の有無などから疲労感を把握して、疲れた様子が見られたときには休憩をとらせたり、支援を増やしたりしました（歯科医師と連携し、姿勢や食形態ごとの誤嚥の有無について嚥下内視鏡検査にて評価を受けました）。

③　表現力を高める指導

	自立活動の時間の指導	各教科等における自立活動の指導
指導目標	横抱きや揺れ遊びの際に表情を変えることができる。	まばたきや目の動きで選択する際に表情を変えることができる。
指導内容	・児童の手を、自身の頬に当ててマッサージを行い、緊張緩和を図る。 ・横抱きの際に、優しく触れながら言葉がけをして表情で応じさせる。 ・シーツブランコやトランポリンなどの揺れ遊びで、揺れの速さを変えて表情の変化を促す。	・教科と合わせた指導の中で、選択する場面を設ける。 （図画工作では素材や色など、音楽では楽器を選ぶ際に、捉えやすい位置に提示し、実物に触れたり、既習事項を確認したりして、活動への意欲を高めて表情の変化を促していく。）

4 指導の経過

（1）自立活動の時間の指導

第３学年では、スプーンを口の中に入れる前に、鼻先でスプーンを止めて、ゆっくりと食べ物のにおいをかぐ時間を設けました（写真８）。はじめは、においだけでは口を動かそうとしなかったので、においをゆっくりかがせた後に、唇に食材をしばらく当てて温度や固さを伝え、舌先に当たる程度にスプーンを入れる段階を設けました。一連の過程で児童が口を開く姿が見られたときに、口の中へスプーンを入れました。繰り返す中で、口に触れた時点で口を開く様子から、食べ物の香りを感じた時点で、口をモグモグと動かす様子に徐々に変化していきました。モグモグの動きもだんだんと大きくなり、第４学年では、鼻先でスプーンを止めなくても、スプーンが口元に運ばれるタイミングを見計らい、大きく口を開けて食事ができるようになりました（写真９）。自ら口を開けるようになったので、学校生活の中で必然的に口を大きく開く機会を設け、身につけた力が損なわれないように生活のルーティンを作っていきました（定時の背伸び運動でのあくび（写真10）、ていねいな歯磨きなど）。また、口の動きの変化に伴って口周りの筋肉がほぐれ、口角を動かして快の感情を表現することが徐々に増えていきました。言葉がけに対して表情で応答しやすくなったことで、人と関わる頻度が増え、幅も広がっていきました。

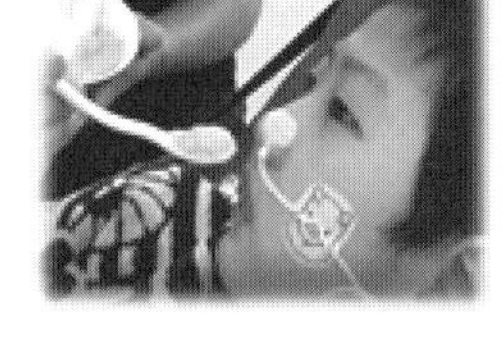
写真８

写真９

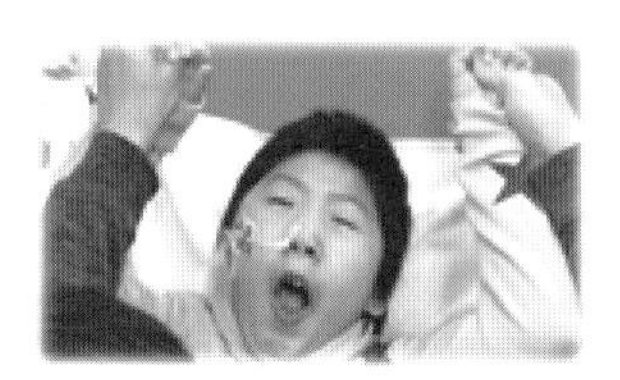
写真 10

（2）各教科等における自立活動の指導

第３学年では、選択する場面でまばたきや目の動きで意思を伝えようとしますが、タイミングが不確実で、判断しにくい状態でした。第４学年では、表情が豊かになり、自身の考えや感情を表情で表現しながら、選択・応答することが増えてきました。

❺ 指導の結果と考察（まとめ）

（１）摂食の変化について

以前は、疲労感を伴いながらの食事でしたが、小学部第４学年の後期には、食事を楽しむように穏やかな表情で、口を大きく開けて、スムーズに給食が食べられるようになりました。口が大きく開くので、一口の量も増えて、毎日30分程度で完食できるようになり、注入の実施はありませんでした。デイサービスでの食事も、誰とでも時間内に必要量を食べることができるようになり、注入で栄養を補うことが少なくなりました（表１）。

表１　摂食の変化（まとめ）

	小学部第3学年	小学部第4学年
口の開き	必要に応じて口を開く支援が必要	食べ物が口元に近づいてくると、口を大きく開ける
一口の量	小スプーンに1/3杯（1～2g）	中スプーンに1/2～1杯（3～6g）
必要量	8割～完食 ※医ケア：ラコール注入（2回/年）	毎日完食 ※医ケア：実施なし
時　間	1時間～1時間20分	30分～1時間
口腔過敏	冷たいもの（アイス）は、不快な表情	冷たいものでも表情が変わらない
歯磨き	口を閉じて抵抗する	体の力を抜き、口を開いてできる
介助者	慣れた人と食べることが必要	慣れない人とも食事ができる

（２）体重・身長・肥満度・欠席日数の変化について

第３・４学年では、充分な栄養を毎日とれたことで標準体重となり、欠席が減って元気に学校で学ぶことができました（第３学年：体調不良の欠席３日、第４学年：皆勤賞）。

（３）表現・笑顔の変化について

空腹時にモグモグと口を動かして要求を伝えたり、「ご飯を食べるよ」の言葉がけにモグモグと口を動かして応答したりする姿が見られるようになりました。一番の変化は、口角を上げて笑えるようになり、喜怒哀楽を豊かに表現できるようになったことです（写真11）。第２学年までの笑顔は、親密に関わる人がかろうじて分かる表情の変化で、笑い発作と判別できないことも多くありましたが、第４学年の後期には、誰にでも分かりやすい表情で、気持ちを豊かに表現し、意思を伝えられるようになりました。保護者は、想像を超えて心豊かに成長していく息子の姿に喜びをかみしめていました。

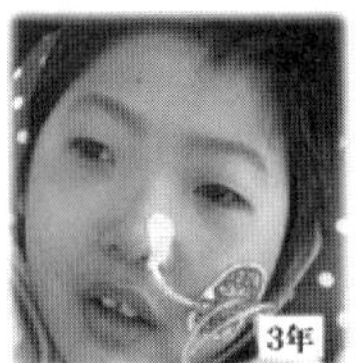

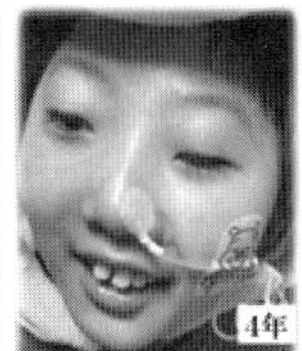

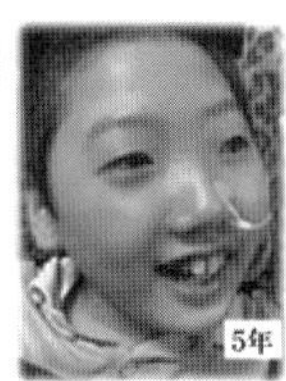

写真11　笑顔の変化

（４）まとめ

今回の一連の取り組みで、児童の内面にもともと備わっていた気持ちや考えが、表情として現れるようになり、言葉がけに対する応答や物を選択する場面だけでなく、自ら進んで様々な要求を伝えられるようになったと考えています。児童の実態を細やかに把握し、将来目指す姿や生活を具体的にして、その達成に向けて課題を整理し、困難さの原因を明確にした上で、自立活動の指導を行うことが大切です。また、自立活動で培った力を各教科等の学習場面や生活場面につなげ、生きる力を育むことで、心豊かに、より充実した生活を送れるようにしていくことが重要であると考えています。

事例３ 環境の把握・身体の動き

自分の思いどおりに体を動かすことが難しい事例

～姿勢の保持・変換、感覚と運動へのアプローチ～

愛知県立ひいらぎ特別支援学校　髙橋　友香

対象児童は、自分の思いどおりに体を動かすことが難しく、感覚と運動の初期発達の段階にあります。刺激の受容と運動表出がまだつながっていない初期の発達段階の子供たちを指導するに当たり、客観的に実態把握を行うために奈良県立奈良養護学校の「アセスメントチェックリスト」を活用しました。個別の時間の指導には、空気量を調節した柔らかいボール（以下、FB）を使って心と体にアプローチする「ファシリテーション・ボール・メソッド」（以下、FBM）に基づき、活動に合わせた大きさのFBを活用し、Ａさんの小学部４年生から５年生にかけて２年間実践を行いました。体へのアプローチとともに、前庭感覚や固有感覚といった基礎感覚を育むことを意識して授業を展開しました。その結果、姿勢を保つ力と姿勢を変える力とともに、外界からの刺激を受け取る力が高まりました。

❶ 対象者の実態

Ａさんは、小学部４年生の女子で脳炎後遺症による体幹機能障害があり、自立活動を中心とした教育課程で学習しています。自立活動の６区分27項目による実態は表１のとおりです。

さらに客観的に実態把握を行うため、奈良県立奈良養護学校の「アセスメントチェックリスト」[*1]（表２）、FBM研究会（2014）[*2]のアセスメントカードを使用しました。アセスメントチェックリスト

写真１　３年生冬

表１　Ａさんの実態

健康の保持	日常的に発作があり、それに伴う発熱がある。 登校時の覚醒状態はよい（登校率は４年時47%、５年時58%）。 歯ぎしりをすることが多い。
心理的な安定	場所の変化に対する受け入れはよい。
人間関係の形成	家族や身近な教師に対して、声のトーンを変えたり体に力を入れたりして気持ちを伝えようとすることが増えてきた。
環境の把握	ゆっくりと目の前で動くものは目で追うことがある。 食べ物がのったスプーンを目の前で見せると口を開く。
体の動き	肩、胸、腰の緊張が強く両腕を上げて後方に引きつけ、股関節と膝を曲げるが、緊張をゆるめ誘導すると力を抜くことができる。 自分で仰向けから横向きになり、股関節を曲げた姿勢を好む（写真１）。 四つ這いやあぐらなどで体幹を支えることが難しい。
コミュニケーション	教師が右手首を支え、自分で手首を上げることで気持ちを表現する学習をしている。 快の気持ちは足を伸ばして表現する。不快なときは声を出す。

は､｢感覚と運動の高次化理論｣(宇佐川,2007)の発達の水準を基にしており､簡単なチェックリストで実態把握を行うことができます。

表2　アセスメントチェックリスト（一部抜粋）

①簡易チェックの場合は色付き項目のみ記入
②標準チェックの場合は、すべての項目を記入
③8割以上通過でその水準をクリアとする。

評価
2…通過
1…動作は無理だが認知は○
空欄…不通過

	検査時期（半角で24.02）		
Ⅰ水準　感覚入力水準	R1.5	R2.1	R3.2
手で触れて音を出す	2	2	2
ひっかいて音を出す	2	2	2
たたいて音を出す			2
触り心地の良い物を好んで触る	2	2	2
バイブレーターや楽器の振動を好んで触れる			
姿勢を変換して首や肘、足等で触れて音を出す			
意図的に運動を起こす	2	2	2
意図的に姿勢を変化させる	1	2	2
外界の刺激と情動表現の因果関係がわかりやすくなる	1	2	2
前庭感覚・固有感覚・触覚刺激で快の情動表現が出る	1	2	2
音刺激で快の情動表現が出る	2	2	2
	13	16	18
Ⅱ水準　感覚運動水準	R1.5	R2.1	R3.2
特定の面をみわけてたたいて音を出す（スイッチ押し等）	1	2	2
ゆっくり動く玉を追視する		2	2
遠い物をみつけて手を伸ばしてつかむ			
2種の物のなかから好きなものをとる			1
簡単なスイッチであれば音の出ないランプでもつけられる			2
すべらす動きで音を出す		2	2
抜く、とるといった終点が理解できる			
渡された玉を缶に入れる			
投げて終わりにする			
音の出るものを意識して手足を動かして音を出す		2	2
	1	8	11

❷ 指導すべき課題

アセスメントチェックリストから、Aさんは発達の初期段階（感覚入力水準）にあり、外界（音、物、人、空間等の自分の周りの世界）の情報を、視覚や聴覚といった感覚を使って捉える力がまだ十分に育っていないこと、発達の初期の子供でも受け入れ取り込みやすい感覚器官（平衡感覚、固有覚、触覚）を使っていることが分かりました。また、自立活動の６区分27項目、FBMのアセスメントカードから自分の体を支える力や体を思ったとおりに動かすことが難しいことが分かりました。

以上のことから、Aさんの学習上又は生活上の困難さを次のように考えました。

・自分の体のイメージが薄く、特定の姿勢でいることが多い。
・体幹を支える力が未発達である。
・上記の二つがあり、自分で見たり触れたり手を伸ばしたりする経験が著しく少ないため、周囲の変化に「気づく」経験が少ない。

❸ 個別の指導計画

○目標と手立ての設定

自分の体のイメージ、体を支える力が未発達であること、感覚の初期段階にあり周りの変化に気づくことが難しいことから、以下のことを目標にし、手立てを考えました。

手立てや活動内容の設定には、「感覚と運動の高次化理論」を参考にしました。感覚と

運動の高次化理論では、感覚と運動の繋がり方や発達のプロセスについて「層」と「水準（道筋）」という分類を用いて説明しています。表３は目標と手立てです。

表３　目標と手立て

目標	・いろいろな姿勢を経験する（４年１学期）。 ・自分の力で姿勢を保ったり変えたりする力を高める。 ・教師に触れられることで、自分の体の部位や感覚の変化に気づく。 ・音や光、体に触れられること、姿勢の変化などに気づき、視線の動きや表情の変化、発声や手足の動きなどで表現する。
手立て	・パピーポジション、うつ伏せ、四つ這い、あぐらなど抗重力姿勢をとる。 ・揺れ遊びや感触遊び、音遊びなど児童が受け止めやすい感覚を活用した遊びを行い、刺激に意識が向けられるようにする。 ・活動に合わせて大きさや空気量を調節したFBを使って、児童が姿勢を保持したり変換したりする感覚をもてるように、動きを待ったり、言葉をかけたりする。 ・関わる教師の間で、Ａさんの表出方法を共通理解し、表出があった場合、共感的な言葉をかけるようにする。

4 指導の経過

（1）自立活動「わたしのじかん」

本校小学部では、自立活動の「時間の指導」を個別の活動の時間「わたしのじかん」として、マンツーマン、または児童２名に教師１名の体制で行っています。

どの活動でも、Ａさんが教師の働きかけに「気づくこと」、それを「受け止めて」「反応を示したり動いたりすること」を待つようにしました。まず、授業の始めには、手足や腹、背中に優しく触れました。これは、自分の体に「気づく」ことを目的に行っています。肢体不自由がある子供、特に障害の重い子供の多くは自分の体のイメージが薄く、どうすると動かすことができるのかを知らないことが多いと思うからです。これから自分の体を動かすために「自分の体を知る」ことはとても大切なことなので、ていねいに取り組みました。

次に、Ａさんの動きや姿勢に偏りがあることに注目しました。４年生の１学期には、普段自分ではしない姿勢であるうつ伏せ、四つ這い、あぐらに取り組みました。様々な姿勢をとる中で、普段とは違う見え方や体の使い方を経験しました。姿勢を変える際には体に力が入りましたが、止まって待っているとすぐに力を抜くことができました。

４年生の２学期からは、仰向けからうつ伏せ等、姿勢を変える際に視線や体が動く感覚を体験できるようにするため、大型のFBの上で「重力の免荷状態（負荷が軽減されること）」を利用しました。初めのうちは、姿勢を変えるたびに肩や腰に力が入りました。そこで、姿勢が安定するのを待ってから「○○君の方に動くよ」「（移動する方向の肩に触れて）こっちに動くよ」と分かりやすい言葉をかけながらゆっくりとFBを動かして姿勢を変えていきました。最初は視線が動く程度でしたが、だんだんと首や腕を教師の誘導する方向に合わせて動かすことができるようになりました。

５年生では、前年度の活動に加えて、いろいろな姿勢で体を支える力をさらにつけるため、うつ伏せで頭を上げること、FBを使った四つ這いに取り組みました。洗濯ネットに小さなFBを２個入れた物を胸の下に置いてうつ伏せで頭を上げる学習を行いました（写真２）。その際には、前から楽器の音を鳴らしたり、タブレット端末で動画を流したりするようにしました。最初は首の方向を変えるだけでしたが、両腕に力を入れて上半身を持ち上げ、20秒程度頭を持ち上げるようになりました。長い時間頭が上がることで周りの様子をうかがうように見るようになりました。また、FBを腹の下に置いて四つ這いに取り組みました（写真３）。このとき、膝と手が地面にしっかり着くように空気量を調整しました。姿勢が安定するまで背中に手を添え、もう一方の手で力が入る部分に触れ、余分な力を抜いてFBに体を預けることを伝えました。姿勢が安定したら、驚かないように少しずつ支える手を減らしていきます。５年生の３学期には１分以上四つ這いの姿勢を保ち、頭を上げて周りを見ることができるようになりました。

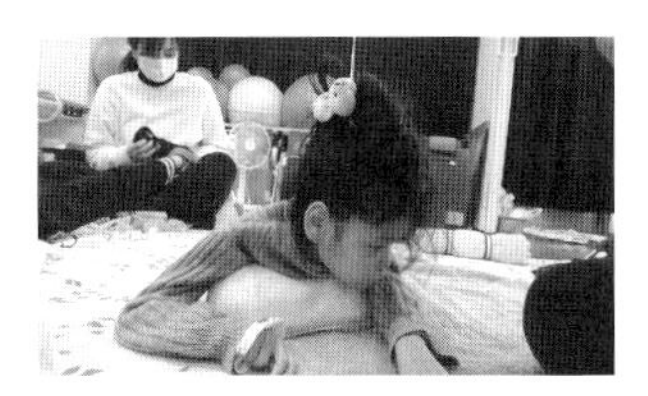
写真２　うつ伏せで頭を上げる学習

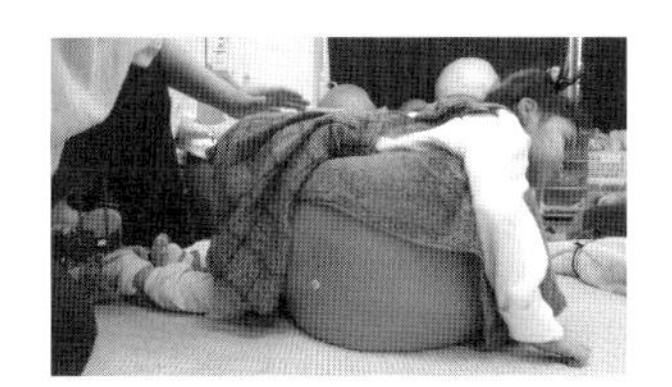
写真３　四つ這いの学習

あぐらで座ることにも取り組みました。４年生の春は、教師が支えてあぐらで座っても背中が丸まっていました（写真４）。そこで、まずは背中にFBを置いて面で支え、ゆっくりとAさんの方にFBを押すことで、背骨が伸びる感覚を経験するようにしました（写真５）。繰り返し行うことで、背筋が伸びることを感じてFBと肩を少し支えている程度で骨盤を立てて座れるようになりました。

FBを使って背筋が伸びる感覚を得たことで、FBが後ろになくても教師が背中を少し触ると自分で背中を伸ばすような動きが出てきました。少しずつ支えを減らし腰のあたりに触れていると、自分でバランスをとって座ることができるようになりました。また、「顔を上げて」と言葉をかけると、頭を持ち上げて数秒間から数十秒間保つことが増えました(写真６)。

写真４　あぐら座のときに背中が丸まっている様子容の比較

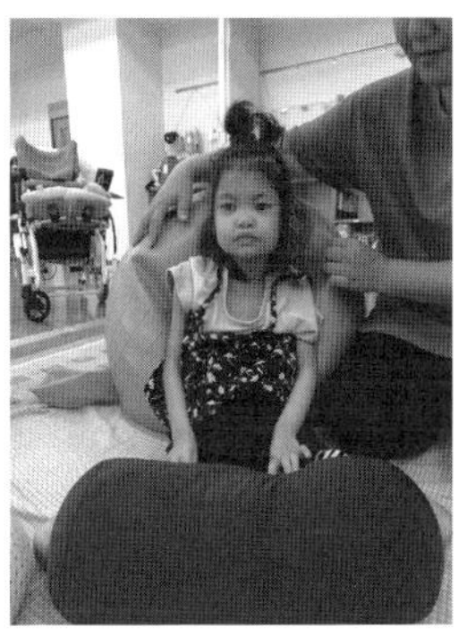
写真５　FBを利用して背骨が伸びる感覚を経験

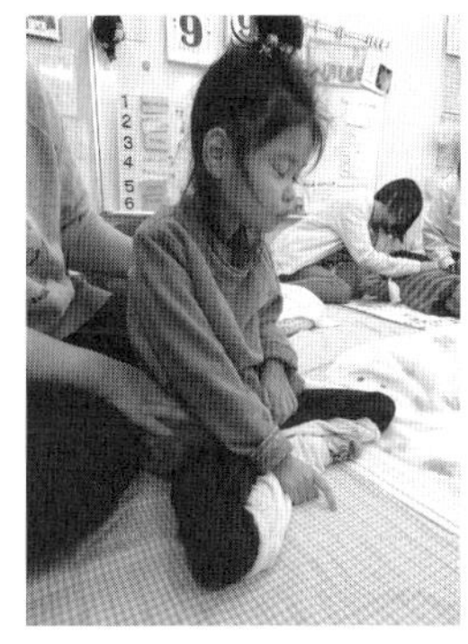
写真６　自分でバランスをとって座る様子

写真７　ピアノのアプリを活用した手指を使う学習

あぐらで座った後は、手指を使う活動に取り組みました（写真７）。タブレット端末でピアノのアプリを使いました。繰り返し取り組むうちに、Ａさんは自分が手指を動かすと「音が鳴る」ということに気づいて、タブレット端末をよく見て音を鳴らすようになり、繰り返し手指を動かすようになりました。自分が行動したことで、周りに変化があったことに「気づいた」瞬間であり、どこで何が起きているかを自分で見て確認することができた瞬間でした。また、「○○をするために座る」という意味があることで、Ａさん自身も座ることに対して意欲的に取り組むことにつながったと感じています。

（２）自立活動「みんなのじかん」

「わたしのじかん」に対して、集団で活動する自立活動を「みんなのじかん」と呼んでいます。前庭感覚や固有感覚といった基礎感覚を育てる題材を意識的に設定しました。前庭感覚は、姿勢を保つバランス反応を機能させるために大切な役割を果たしています。固有感覚は自分の体や周囲の状態の認識に必要な力です。

４年生の秋に行った遊具遊びでは、体のバランスをとるための力や前庭感覚の発達を目指してハンモックで様々な揺れを体験できるようにしました。Ａさんは、繰り返し行う中で揺れに合わせて視線を動かしたり足を繰り返し動かして揺れを楽しんだりするようになりました（写真８）。滑り台では、座ったり横になったりするなど様々な姿勢で滑りました。滑り降りるときのスピード感に加え、見える景色の変化によって表情を変えました（写真９）。５年生の冬には、オーシャンスイング*3での揺れ遊びにも取り組みました（写真10）。オーシャンスイングのゆったりした揺れに合わせて視線を動かしました。

体幹を支える力がつき、安定した姿勢が増えたことで、「見る」「手を使う」ことにも成長が見られました。光遊びでは、うつ伏せで少し手を動かせば届く場所に光るホースを置き、光がゆっくりとついたり消えたりを繰り返す設定にしました。光に気づくとじっと見るようになり、自分で手指を動かしてホースに触れて遊ぶようになりました。また、楽器演奏等に取り組む際も、頭を上げ手元を見て操作することが増えてきました。音楽を題材とした活動では、Ａさんがキーボードで挨拶の合図を出しました。始めた頃は、鍵盤を見

写真８　ハンモックの活用

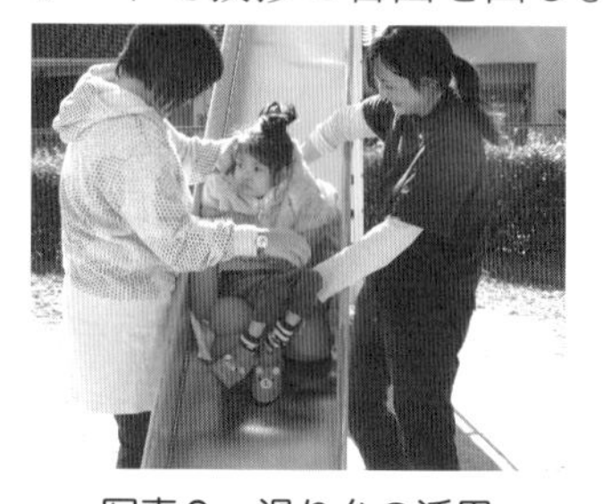
写真９　滑り台の活用

写真10　オーシャンスイングの活用

ることは少なかったのですが、しだいに頭を上げて鍵盤を見て手を動かすようになりました（写真 11・12）。

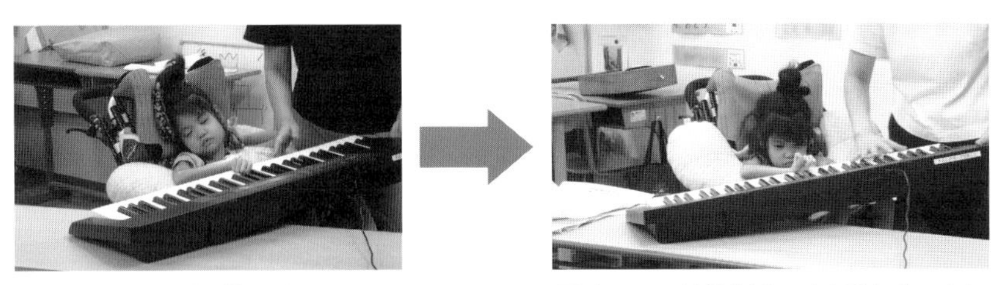

写真 11　指導開始の頃　　写真 12　鍵盤を見て手を動かすAさん

5 指導の結果と考察（まとめ）

障害の重い児童に対して、発達の水準（道筋）について整理し、実態把握で活用したことで児童の発達段階をしっかりと捉えることができました。その上で見えてきた学習上の困難さを基に、目標、手立てを考えて指導を行ってきました。

写真 13　5年生3学期の様子

４年生の１学期に行った実態把握で活用した「アセスメントチェックリスト」をその年の３学期、５年生の３学期に行ったところ、第１層のⅠ水準（感覚入力水準）の項目の「通過」が増えたり、第１層Ⅱ水準（感覚運動水準）の項目の一部にも「通過」にチェックできる項目が増えたりしました。Ａさんは、姿勢を保つ力と姿勢を変える力の高まりに合わせて外界からの刺激を受け取る力が育ってきました。周りからの働きかけを受け取る力と見る力の高まりによって、他者とのやりとりの中で提示した物をよく見るようになり、写真 12・13 のように手元や提示物をよく見て手を使うようになりました。また、教師の言葉を聞いて右手首を上げて答えたり、タイミングよく声を出したりして反応を示すことも増え、コミュニケーションの力の育ちも感じました。

これらのことから、発達の水準に合わせた適切な指導を展開することで、発達の初期の段階で自発的な動きが少ない児童であっても、感覚と運動のつながりが生まれ、自発的な動きが出てくることが分かりました。また、受容しやすい感覚の順序を踏まえた目標や活動を設定することが、児童生徒の成長発達をより促すことになると分かりました。

＊１　アセスメントチェックリスト：奈良県立奈良養護学校 HP
＊２　ファシリテーション・ボール・メソッド：FBM 研究会編（2014）参照
＊３　オーシャンスイング：株式会社パシフィックサプライが販売する感覚統合訓練器具

【文献】

宇佐川浩（2007）障害児の発達臨床〈1〉感覚と運動の高次化からみた子ども理解．学苑社
FBM 研究会編（2014）チャレンジ！ファシリテーション・ボール・メソッド．クリエイツかもがわ

事例４ 環境の把握・身体の動き

「見る」ことに困難さがあり音に対する過敏さを伴う事例

～「見る」「聞く」「手を動かす」を意識した実態把握とその指導～

北海道手稲養護学校　古川　章子

音に対する過敏さがあり、「見る」ことが難しい生徒について、見え方のアセスメントを行い、教材の提示の位置や複数の感覚刺激を同時に提示しないなど具体的な指導方針を立てて指導を行いました。その結果、対象生徒に音の分化[注)]が見られ、音に対する嫌悪感を示すことが少なくなり、２年目では、教材を注視・追視するような眼球の動きが多く見られるようになりました。アセスメントを基にした具体的な指導方針を立てることは、指導内容を設定する際の有効な手立てとなり、アセスメントや具体的な指導方針の有効性が示唆されました。

注)「音の分化」：本稿では、ざわざわした中で音を聞き取るための聴力（選択的聴取能力）を指している。

❶ 対象者の実態

Ａさんは、中学部２年生の女子生徒です。本校は、隣接する医療機関に入院する幼児児童生徒のための特別支援学校ですが、特例（いくつかの条件があります）による通学制度を設けており、Ａさんは、小学部６年生のときに転校してきました。

Ａさんは知的障害を伴う運動障害があり、胃ろう、喉頭分離術及び気管切開術を施行しており医療的ケアが必要です。四肢・体幹のアテトーゼ様の動きを伴う痙（けい）性まひがあり、寝返り、起き上がりが困難で側弯（わん）・股関節脱臼が進行しています。左手は右に比してまひが強いため肘・手指に動きの制限（拘縮）がありますが、右手・右足は意図的か不随意なのかは不明ですがよく動かします。また、指導の当初、次のような状況が見られました。

音に対して過敏さがあり、小さな音でも突然の音に対し体がビクッとし、その後に笑い発作のように顔を赤くさせて笑いが生じます。「見る」機能については、眼球はよく動きますが明らかに目の前にある物への追視は見られません。呼名や声かけに対し、口を開けたり、笑顔で応じたりする様子が見られます。また、大きな音や騒がしい様子が続くときは、顔をこわばらせて「泣く」様子が見られます。

Ａさんのお母さんは、「小さな子供の泣き声は苦手だけど、聞きなれた声は楽しそうに笑うこともあります。」など、Ａさんの様子を伝えてくれます。医療機関での外来受診などでは、耳元で小さな音量でオルゴールなどの音楽を聞かせるなど、環境音への配慮をしています。

❷ 指導すべき課題

本校中学部の重複学級の学習指導は、特例通学生の４名に加え、入院生の人数に応じて柔軟に対応する必要があります。学年を越えて、朝の会や生活単元学習、表現体育・表現音楽など、重複学級合同での授業の形態をとっているため、個々の生徒の重点の目標に向けた指導内容の評価や指導の工夫などを、日常的に話し合うことが必要です。

Ａさんが中学部に入学した際に、課題を整理し具体的な指導内容の方向性を見出すために、個別の指導計画の重点目標の根拠となる実態把握を行うこととしました。

（1）個別の指導計画の重点の指導目標

Ａさんの個別の指導計画の重点の指導目標（中学部１年生前期の個別の指導計画から抜粋）は以下の三つです。

① 表情やしぐさで自分の気持ちを相手に知らせることができる。
② 様々な感覚にふれて、快や不快を表すことができる。
③ 道具を使用して、教師を呼ぶことができる。

（2）重点目標の根拠となるＡさんの実態把握

① 見ること（見え方の状況）

「平成18年度～19年度　課題別研究報告書　重複障害児のアセスメント研究－自立活動の環境の把握とコミュニケーションに焦点をあてて－」（国立特別支援教育総合研究所 2008）を参考に、見え方のアセスメントを行いました。アセスメントは、スヌーズレンなどを行うために環境設定された（視覚的な刺激を除くために必要な物品しか置いていない）教室で、遮光カーテンを閉めて行いました。光刺激がてんかん発作を誘発する恐れがあるため、事前にアセスメントの目的と方法を保護者に説明し承諾を得ました。また、実施時は医療的ケア（吸引）にすぐに対応できるように看護師もアセスメントに参加してもらいました。

<アセスメントによる見え方の状況>

- 右より左側の方が光に気づく様子が見られた。
- 光が消えるときに気づく様子が見られた。
- チカチカするような光刺激の方がより気づきやすかった。
- 30cmの距離がより気づくことが多かった。
- 色ライト：白→黄色→青の順に反応が見られた。赤には反応は見られなかった。

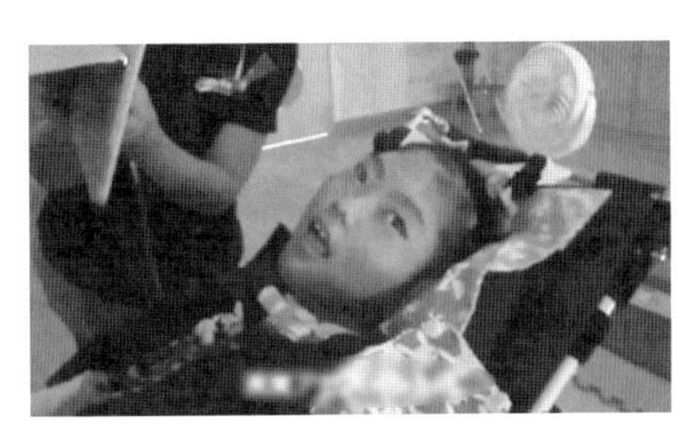

写真１　薄暗い部屋で、タブレット端末上の画像を見せている様子

・タブレット端末上の白黒のコントラスがはっきりした画像では、30cm の距離で画像が消える瞬間に気づくことが多かった。

・正面での提示のときに、注視している様子が見られた。

② 聞くこと（音に対する状況）

・突然の大きな声や音が苦手で、体を緊張させたりすることがある。

・音が聞こえる方向に、顔を向ける様子が見られる。

③ からだの動き

・手や足元のとどく場所に教師がいたり、物があったりすると、触れようとしたり、蹴飛ばしたりなど、意図的な右上肢・下肢の動きが見られる。

④ コミュニケーションの状況

・呼名や集団の中での全体への声かけに、口を開いたり、右足を上げたりして答えるような様子が見られる。

3 個別の指導計画

重点の指導目標は、2の（1）を参照してください。

（1）具体的な指導方針

Aさんの実態把握から課題を整理し、指導に際して以下の①～④を主軸におく指導方針を立てました。

① 見ることを意識した指導

・教材の提示の場所とAさんとの距離を配慮する。

・はっきりとしたコントラストや光刺激を意識した教材を提示する。

② 聞くことを意識した指導

・授業の中でAさんが、誰の声や音を聞いているのかを予想し、その様子を指導者間で情報交換することで、共通理解・検証につなげる。

・声や音の方を向いたときには、そのことについてAさんにフィードバックする。

③ ①②から、複数の刺激を与えないような指導

・教材を見せてから音を出す、または、音の方を見たときに教材を見せるなど、見ることと聞くことを同時に行わないような配慮をする。

④ Aさんが「動いた」と分かるような指導

・動かしたときに、教材が光る・音が鳴る・振動する・触圧があるような位置に教材を配置する。

・Aさんが手や足が動かしたことに対して声かけをするなど、「動かす・動かした」ことをフィードバックする。

（2）具体的な指導内容・方法、教材教具の工夫と配慮

＜重点目標に向けた具体的な指導内容＞

①　Aさんが手を伸ばして触ることのできる位置に鈴を設置する。音が鳴ったときに教師は、鈴を鳴らすことが人を呼ぶことであるという関係が分かるように伝える。

②　笑顔や口を開いて反応を見せたときは「快」、口をすぼめたり目を細めたりするときは「不快」と捉えて、Aさんとコミュニケーションをとり、言葉がけや支援を行う。

③　絵本の読み聞かせでは、物語に合った触れられるものを、表現体育や表現音楽では音と感触で、動きがフィードバックされるような教材・教具を用意する。

4 指導の経過

（1）生活単元学習：図画での指導の様子

画板上の白い画用紙は、電球や窓の光を吸収してより白さが引き立つように配置し、Aさんの目の前30cm程度に提示するようにしています。

写真2・3　「トントン」と教師が手がかりを与え、次に教師が手を伸ばして「ここだよ！」と伝え、さらにAさんの手を画面に当てて手がかりを与えている様子

クレヨンを選択したのは、Aさんが手を動かしてクレヨンの先が画用紙に触れたときに生じる画用紙とクレヨンの摩擦力により、クレヨンが画用紙に当たっている感覚がフィードバックされやすいと考えたことによるものでした。

クレヨンが画用紙に触れたときにクレヨンの先がまっすぐに当たるように、タオルとゴムひもで手首の位置を固定したところ、クレヨンの線画がしっかりと描かれるようになりました。

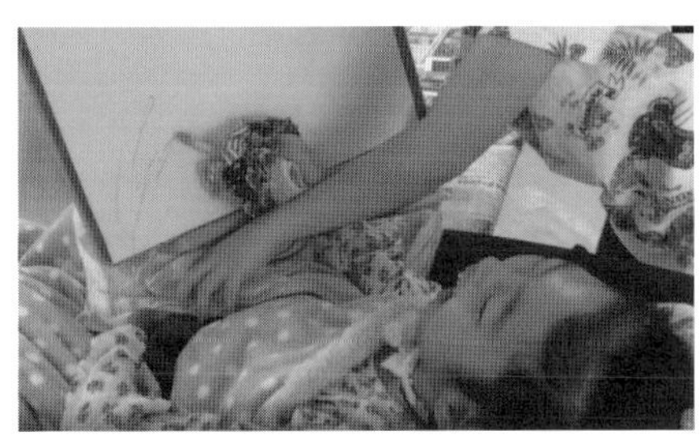
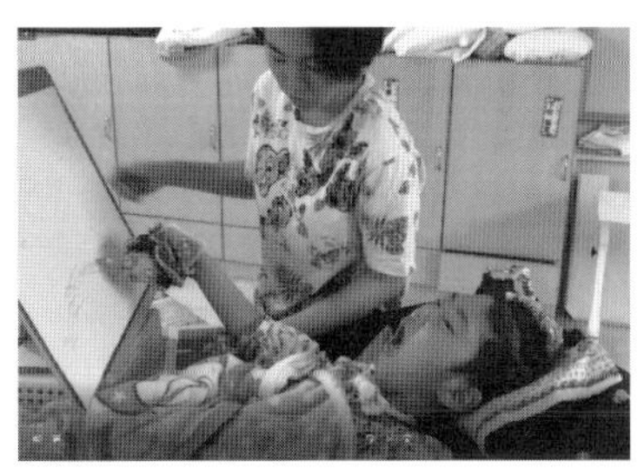

写真4・5　教師がAさんの手の動く範囲を制限したり、肘を支えたりすることで、手の動きが安定するため、描画が続けて行えている様子

（2）表現体育：バトミントンの様子

ラケットにシャトルが触れると音が鳴るように、シャトルに鈴をつけ天井から吊るしています。1時限目は、Aさんが持つラケットにシャトルが当たると、シャトルの重みの感覚がフィードバックされると同時に、シャトルが動くことで鈴の音が鳴るため、触れたことに気づき、さらに教師の言葉がけで意識を促しました。

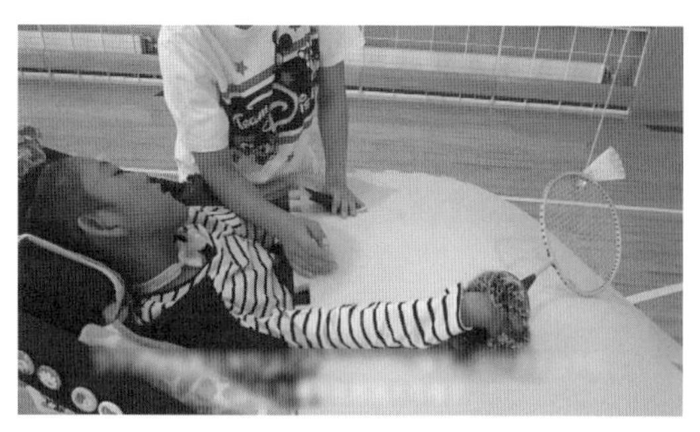

写真6　肘から手首まで支えがあることで、ラケットが持ちやすく、さらに当たりやすくなるため、ラケットに当たるシャトルに持続して意識が向いている

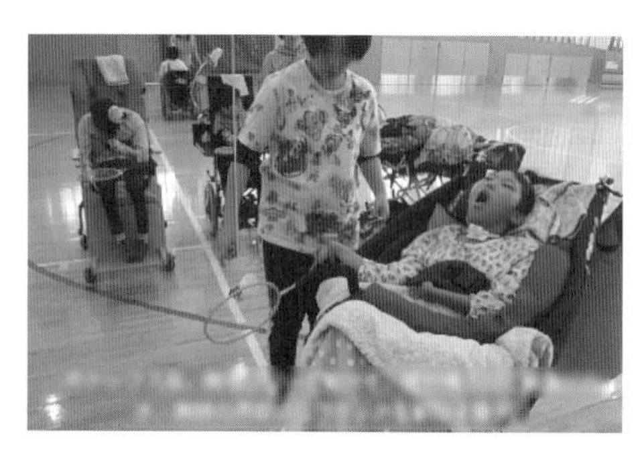

写真7　腕をフリーで動かし、ラケットにシャトルが当たり、鈴の音に意識を向け、さらに教師の言葉がけにラケットを動かす様子

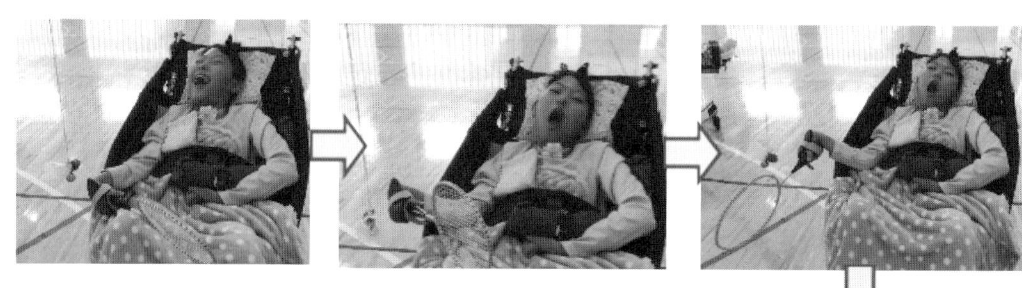

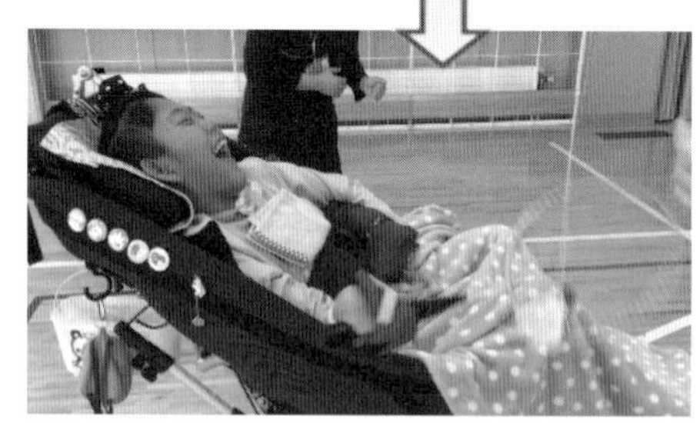

連続写真8　ラケットを振り、シャトルに当たることが分かり、笑顔が見られる場面が継続して見られるようになってきた

手からラケットを離してしまうため、バンドで握りを保持できるようにしました。回数を重ねるごとに、ラケットを握っていようとする時間が長くなり、バンドがなくても握っていることができることもありました。指導する教師の言葉がけに、口を開けて応答し、教師の方を見る様子も多くなり、教師が腕をさすりながら、言葉がけをすると肘を曲げる様子が見られるようになり、ラケットを動かしシャトルに当たることが多くなってきました。

⑤ 指導の結果と考察（まとめ）

（1）指導の結果

①　中学部1年時の変化

・音のする方向に顔を向けることが多くなった。

・音の分化が見られるようになった。

例）目の前で担任が話をしているときに、隣で別の教師が時折話したり、反対側の隣で他の生徒が声を出していたりするときに、3方向に顔を向ける様子が見られる。

・音の分化が見られるようになったためか、音に対する嫌悪感を示す表情が見られることが少なくなり、笑顔が多く見られるようになった。

・言葉がけに対し、タイミングよく手や足を動かすことが多くなった。

・呼名や質問、問いかけに対し、口を開けて返事をするようになった。

・同年代の友達を意識する様子が見られるようになった。

②　中学部2年時の変化

中学部1年時の指導を、さらに2年時も継続して行っています。

教材の提示は、目の前30cm程度の位置に提示してから、声をかけることで、「見る」ことに意識を向けさせることを、指導者間で統一して指導をしてきました。

中学部1年時から比べると、目の前に提示されたものを注視する時間が長くなり、ゆっくり動かすと追視するようになりました。この動きは、中学部1年時の見え方のアセスメントでは、はっきりと確認できなかったため、大きな変化ではないかと考えます。再度、見え方のアセスメントを行い指導内容や方法・配慮の再検討が必要です。

（2）考察とまとめ

指導者間で、重点目標を目指した指導内容や方法・配慮を話し合い、生徒の詳細な変化を情報交換することで、1教科の指導ではなく、学校生活全般の共通した目標として捉えることができました。

「見る」「聞く」「手を動かす」ことを意識した実態把握により、具体的な指導方針を立てることができ、思春期の生徒の変化を踏まえる上で重要であると捉えました。

また、音の分化により音に対する嫌悪感が少なくなり、周囲への関心の広がりが見られ、将来を見据えた集団参加へとつながる重要な指導の手立てとなったと考えます。

本事例は、本校の平成31年度の研究グループで、梶谷美麗教諭・白木宜子教諭と一緒に取り組んだ内容を筆者がまとめ直したものです。生徒の写真については保護者の承諾を得て掲載しています。

【参考文献】

独立行政法人国立特別支援教育総合研究所（2008）平成18年度～19年度　課題別研究報告書　重複障害児のアセスメント研究－自立活動の環境の把握とコミュニケーションに焦点をあてて－（平成20年3月発行），pp39-46.

事例5 人間関係の形成・環境の把握・身体の動き・コミュニケーション

身体の動きに制約があり、気持ちを表現することが困難な事例

～模倣から身体表現を学び、人に伝える力の獲得を目指した指導～

奈良県立奈良養護学校　**深田　竜一**

手足をはじめ、身体の動きに制約がある児童の実態を踏まえ、人に伝える力の獲得を中心的な課題としました。主に動作の模倣を中心とした指導を行ったところ、称賛が得られたり思いが伝わったりすることが分かり、動作の模倣を教師と一緒に楽しみ簡単な手話や指さしによる会話ができるようになりました。「ことば」によって外界が変化することを知り、コミュニケーションのきっかけとして、生活をよりよいものへと充実させていくことにつながりました。

❶ 対象者の実態

Ａさんは、小学部２年男子で２歳半から病院内で生活をしています。診断名は精神運動発達遅滞、小顎症、高口蓋、小頭症、摂食障害、胃食道逆流症、慢性気管支炎です。大人に興味を示し、手をバタバタさせて興奮しながら関わりを待つことや、友達と「学校へ行きたい」「真似をしたい」「同じことがしたい」といった意欲があります。

２年生当初のＡさんは、寝返りや座位になるなど粗大な動きは活発ですが、手先を使う細かな操作、運動の調整は気持ちが続かずに諦めてしまっていました。手に物を持ち続けられる時間が短く、車いすのテーブルに置かれた物は払い落としていました。枠の中にはめるパズルなど物を見ながら手で操作する活動は、集中できる時間が長くありませんでした。

コミュニケーション面では、人が近づいても手をバタバタさせて待つだけで表現手段が乏しいため、Ａさんの思いが周囲になかなか伝わらない状況でした。

❷ 指導すべき課題

（1）学習上及び生活上の困難とその背景要因

Ａさんは、気持ちを表現したいのですが、表現する力に弱さが見られます。気持ちを表現するためには、表情や手足など身体の動きが必要ですが、それらをもとに、困難さの原因や背景を探ってみました。

①　身体の動きについて

生育歴の資料からは「定頸（首がすわる）13か月、手支持座位14か月、寝返り（とても素早い）１歳11か月、座位では円背になり手で物を扱う」という運動発達に関する

情報があり、運動発達がゆっくりであることによる特性を考えました。

まず定頸13か月ということから、首がすわるまでに長い時間がかかっていることが分かります。定型発達の場合は、定頸後に寝返りを獲得して、その後座位へ移行していきます。しかし、Aさんの場合は、定頸後に寝返りを経ずに座位ができてしまっているところに、運動発達の特性があると考えます。得意な動きを何度も繰り返し、それを遊びにしてきたのではないかと思います。パターン化された動きの獲得と、その動きの遊び化が新たな動きの獲得を難しくしているようです。

2年生時点でも、身体の動きに得意・不得意があるようで、うつ伏せを嫌がりすぐに仰向けに戻ろうとしています。仰向けでは踵と頭頂部を支点にして腰を浮かせるブリッジをすることを、得意そうに披露してくれます。

ほかにも、体の各関節を曲げきるか、伸ばしきるといった二つのパターンがよく見られ、体に力を入れるときには、ピンと突っ張った様子が目立ちます。このような運動発達上の特性が、Aさんの身体の動きの制約の原因となるとともに、伝達手段や表現方法の獲得を困難にしているように思われるのです。

②　感覚受容について

Aさんの感覚受容の特徴を表1にまとめました。Aさんの場合には、動きの問題のほかに、動きを起こすために必要な感覚の受容においてもつまずきがあると考えました。

表1　Aさんの感覚受容の特徴

前庭感覚（平衡）	固有感覚（筋肉）	触覚（皮膚）	聴覚（耳）	視覚（目）
傾き、回転 →身体の支え、目の使い方と関係 ※刺激を好む □鈍感	力加減、筋緊張 →手先の操作、目と手の協応に関係 ※苦手感強い □鈍感	持つ、付着 →持つ時間、払い落とすことに関係 ※苦手感ある □敏感	音の聞き取り →今回は特に取り上げない ※適正範囲 □弁別可能	見る、見分ける →姿勢や運動と関連させて検討 ※得意とする □微調整が困難

③　コミュニケーションについて

生活様式に目を向けてみると、行動を起こした結果、姿勢が変わったり、見えるところが変わったり、環境が変わったりすることを学び楽しんできた様子がうかがえます。病院で生活するAさんにとって、個人のベッド上という空間は、安全面での大きな制限がないため、得意な動きを使うことができる環境です。楽しい遊びが存分にでき、新しい発見の連続だったと考えます。

また、人間関係に着目すると、Aさんは日常的に看護師や保育士と関わる機会が多く、それらが人への関心を高める要因となっていたようです。そのためか、Aさんには繰り返される言葉を理解するような様子が見られました。人とやりとりをする基礎、人間関係の育ちや言葉の理解の育ちは人一倍もっていて、病棟で愛情をたくさん受けて育ってきたことがうかがえます。その反面、自ら働きかけなくても楽しむことのできる環境が、Aさんの受動的なコミュニケーションの要因になっていったと考えられます。

表2の発達検査の情報からも、人間関係の育ちに関わる「認知・適応」が他と比べて、高い数値になっていることも、このような仮説に至った根拠の一つです。

表2　小学部2年生（Aさん：8歳）の新版K式発達検査の結果

領　域	DA	DQ	上　限	下　限
姿勢・運動	0：10	10	0：10超～0：11 つたい歩き	0：11超～1：00 支え歩き片手
認知・適応	1：09	22	2：03超～2：06 入れ子　5個	1：06超～1：09 積木の塔　6
言語・社会	1：01	14	1：00超～1：03 指さし行動	1：03超～1：06 語彙3語

（2）指導すべき課題の整理

自分の思いを伝えるためには適切な身体運動で表現し、自分の行動によって環境が変化することを知り、人間関係の中でやりとりする必要があります。Aさんにとっては、それらが中心課題になると考えました。そこで、今できる身体運動から動作の模倣に発展させ、Aさんの行動によって起きた環境の変化と、その結果を他者から評価されたり称賛されたりすることによって、情緒面や人に伝えたい思いが育つと考えました。動作の模倣ができるようになるには、他者の動作を「見る」「記憶する」「身体で表現する」ことが必要になります。これらの関係を図1に示すとともに、Aさんの課題を以下のように整理しました。

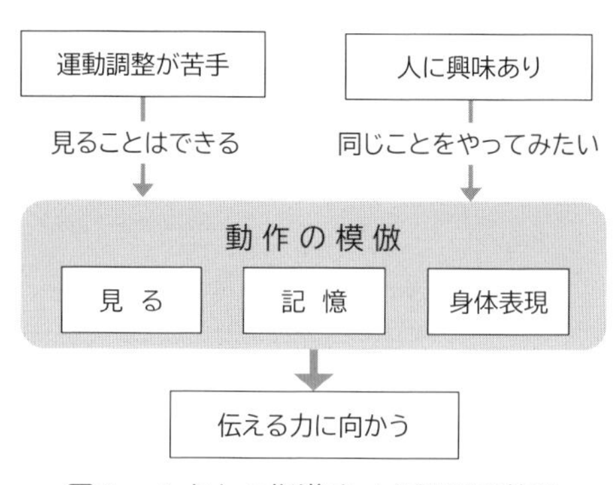

図1　Aさんの指導すべき課題の整理

①　見る

見る対象の動きがゆっくりなときや単調な動きであれば、見たままの動作と近い身体表現をすることができます。一方で対象の動きが速くなると、動きが止まってしまい、見たことを表現するといった様子がなくなります。様々な速さの見本を見て捉えることが課題となります。

②　記憶する

見本と見比べて、違いや差が分かったり、人の動きを再現できたりするだけの短期記憶が、やってみたい思いを叶える力となります。何度も動きを見て覚え、後に表現できることが課題となります。違いや同じを理解するマッチングや弁別課題もその一つになります。

③　身体で表現する

見る力や記憶と関連して、教師の真似や気になる友達の動きをよく見て、イメージしたことを身体表現することが必要になります。得意な大きい動きを生かして人に伝える、意味のある動きを繰り返し使うことが課題となります。

3 個別の指導計画

（1）指導方針

・動作の模倣を提示するときには、動きをゆっくりにして、Ａさんが見て覚えやすいようにする。

・教師の指さしの模倣をさせたあとで、実際に指さしをすることで要求が伝わるという経験をし、動作と言葉をセットにして伝えるようにする。

・Ａさんが自発した表現に対しては、教師が受け取ったことをすぐにフィードバックし、表現すれば伝わるという経験から、他者とのやりとりを学ぶことができるようにする。

（2）個別の指導計画

①　指導目標

1）動作の模倣を教師と一緒に楽しむことができる。

2）弁別したものを指さしで伝えることができる。

3）手話を使って状況に応じた会話ができる。

②　指導内容・方法

自立活動の時間と各教科等において、表３のように指導を計画しました。

表３　個別の指導計画

指導目標１	動作の模倣を教師と一緒に楽しむことができる。	
指導内容	自立活動の時間	各教科等
	・姿勢保持など身体の使い方を教師の模倣を通して学ぶ。	・教師の合図に従い、トランポリンやトンネルのくぐり抜けなどを行う。

指導目標２	弁別したものを指さしで伝えることができる。	
指導内容	自立活動の時間	各教科等
	・教師の見本提示に合わせて、写真カードを指さす。	・写真カードと具体物を見比べて指さしで要求を伝える。

指導目標３	手話を使って状況に応じた会話ができる。	
指導内容	自立活動の時間	各教科等
	・手話や指さし表現をし、教師とやりとりをする。	・音声の模倣や動作の模倣による会話をする。

❹ 指導の経過

① 姿勢の調整や目と運動の協応

姿勢保持を教師の動作を模倣して行うことについては、教師と一緒に取り組むことで、姿勢が安定しない場所でも継続して取り組むことができました。教師とＡさんとの距離を離したり近づけたりしながら、Ａさんが不安にならず、自信をもって取り組むことができるようにしました。

トンネルくぐりの活動では、短い直線距離のトンネルから始め、トンネル内で教師が待機したり、ゴールで教師が待機したりするなど、段階を設けて取り組みました。10月頃には、ゴールに教師がいることを記憶し、L字トンネルの曲がり角も目で確認しながら一人で通過できるようになりました。他にも、音楽では手拍子をしても姿勢が崩れなくなり、身体の正面で手のひらを合わせて力強く叩くこともできるようになりました。

② 見て分かる、聞いて分かる

生活でよく使う言葉については、手話を活用することにしました。教師の手の動きを模倣し、それを自発できることを目指しました。Ａさんの内面にある言葉と動作が一致してくると、簡単な動きで表現できる手話（片方の手の甲を顎につける「待つ」や、前段階で獲得した指さしを左右胸の前で合わせる「一緒」など）については、教師の言葉がけだけで手話が可能になるほど、言葉と一致させて使えるようになりました。指さしや手話の形は思いを伝える手段になることを学んでいきました。

また、写真カードの選択では、見たカードを指さして伝えたり、伝えたことが実現したりするといったやりとりの楽しさを学びました。音声の模倣にも取り組むことで、指さしや手話と合わせて音声に対する模倣にも興味をもち、名前を呼ばれると挙手と合わせて、声を出して返事をしたり音楽に合わせた声の掛け合いをしたりするようになりました。

❺ 指導の結果と考察（まとめ）

（1）指導の結果

① 目標１「動作の模倣を教師と一緒に楽しむことができる」について

身体を支える力と見る力が強くなったことで、手拍子の音が聞こえるほど強く叩くことができるようになりました。物を持つことへの抵抗が減って持ち続けられる時間が長くなり、身体の正面で持ち替える動作もできるようにもなりました。特に音楽では、楽器を扱う教師の動作を模倣して、振ったり叩いたり、振り付けも大きな動作であれば、その場で見て合わせたりできるようになりました。また、いつも繰り返している模倣活動であれば、次の動作を予測して先取るような様子が見られるようになり、動作の模倣を楽しむことが増えてきました。

② 目標２「弁別したものを指さしで伝えることができる」について

自立活動の時間の指導における取り組みと関連して、写真や文字カードを指さししたり、空間で方向を指さししたりする様子から、目で見たところに指さしを合わせる力や空間における方向、遠くの対象を注目できる力が育っていることが考えられました。指さしによって環境を変えること、言いたいことが伝わる実感をもち、「ことば」として活用することと合わせて、細かな違いに注目する力が育ってきたと考えられます。

③ 目標３「手話を使って状況に応じた会話ができる」について

動作の模倣や指さしという「ことば」を扱いながら、他者との関係性をさらに深めていく様子や、教師の動作を模倣する楽しみの中で、その動作に込められた意味が分かるようになりました。また、手話という表現を使ってやりとりすることを理解し、コミュニケーション手段として活用する様子が見られ、Ａさんから「ことば」を発信することのよさを知ることになりました。

（２）まとめ

伝えたい思いを表現するために必要な動作の制約は、発達の順序性に違いがあったＡさんなりの学び方によるＡさんが困っている状態でした。動作を支える姿勢の安定や感覚の活用に困難さがあると考えて、自立活動の時間の指導の取り組みに、外界からの刺激を受け止める感覚と、身体の変化が起きている状況を理解する感覚の受容に着目して課題を取り上げました。その結果、Ａさんは自分の身体を支えることに気持ちを向けなくても、安心して身体表現ができるようになり、伝わった実感と伝えたい思いがより膨らんでいったようです。自立活動の時間の指導と関連させて、各教科等の学習場面や生活場面においても、人に伝えることを通して知識や関わり方の種類が増え、やりとりできることがＡさんの心の支えとなり、情緒面の安定にもつながったと考えられます。

模倣を通した学びから相互的なやりとりが生まれ、現在はＡさんからの「ことば」を楽しみにする支援者であふれています。手話や指さしを使ったやりとりが、Ａさんにとって新しい発見や多くの感動に出会うきっかけとなっています。今後、Ａさんは、人生を楽しみながらもてる力を発揮し、自分の道を切り拓く素敵な存在になっていくのだろうと想像しています。

【参考文献】

飯野順子・大瀧ひとみ（2020）重症心身障害児者の新たな療育活動を求めて．ジアース教育新社
池畑美恵子（2020）感覚と運動の高次化理論からみた発達支援の展開．学苑社
宇佐川浩（2007）障害児の発達臨床〈2〉感覚と運動の高次化による発達臨床の実際感覚と運動の高次化による発達臨床の実際．学苑社
木村順（2014）保育者が知っておきたい発達が気になる子の感覚統合．学研プラス
鯨岡峻（2015）保育の場で子どもの心をどのように育むのか．ミネルヴァ書房
齋藤大地（2020）はじめての在宅小児リハビリテーション．三輪書店
林万リ（2011）やさしく学ぶからだの発達．全国障害者問題研究会
藤原里美（2015）多様な子どもたちの発達支援．学研プラス
細渕富夫（2009）重症児の発達と指導．全国障害者問題研究会

第2節 知的障害・知的障害代替の教育課程

事例1 健康の保持・心理的な安定・人間関係の形成・コミュニケーション

決まった時刻に水分補給や導尿をすることが難しい事例

～自分なりの基準をもって情報を整理することを目指した指導～

筑波大学附属桐が丘特別支援学校　小山　信博

健康上、水分補給や導尿の管理が必要な二分脊椎の対象生徒に対して、決まった時間に水分補給や導尿ができるよう、付箋メモを使用した予定や情報の整理方法を指導しました。適切に情報を捉えることやそれを整理し、複数の情報を関連付けて思考することは、対象生徒にとって健康管理に留まらない課題であり、自立活動の時間における学習を中心に、学習上、生活上の様々な困難に有効な手段を獲得することができました。

1 対象者の実態

中学部第３学年の男子で、水頭症を伴う二分脊椎の生徒です。下肢にまひがあり、普段は車いすを自分でこいで移動しています。大腿部から下肢の動きをサポートする装具を着けており、腕で身体を支持する歩行器（PC ウォーカー）を使用して歩いたり、廊下や階段の手すりを使って伝い歩きをしたりすることができます。他方、膀胱直腸障害があるために排泄の管理が必要で、水分補給の量や時刻、導尿の時刻が医師の指示で決められています。学校に登校してから下校するまでの間には、午前と午後にそれぞれ水分補給と導尿の機会が１回ずつあります。

知的障害があり、教科によって差がありますが、知的障害特別支援学校小学部の２段階から中学部の１段階程度（だいたい小学校第２～３学年程度）の目標・内容で学習しています。

３学年当初、物事に対する関心の低さとともに忘れやすさもあることから、周囲から情報を捉えようとしたり、捉えた情報をもとに考えようとしたりすることが難しい様子が見られました。こうしたことから、時計は読めますし、時刻も理解していますが、自分の健康管理のために必要な水分補給や導尿の時刻を忘れてしまうことがありました。

また、自分で導尿をするための手技は確立していますが、導尿に使う道具を全部準備せずにトイレに行って、ズボンを下ろしてから必要な物がないことに気づいたり、必要な道具を片付けてしまってから、まだ必要であることに気づいたりするなど、状況を整理して捉え、見通しをもって行動を選択することに難しさがありました。

❷ 指導すべき課題

(１) 学習上又は生活上の困難とその背景要因

決まった時刻に水分補給や導尿をすることが難しいと、常に誰かに管理してもらわないと、健康を害してしまいます。また、状況を整理して捉え、見通しをもって行動を選択することに難しさがありますので、決まった時刻にアラームが鳴るように設定するなどして水分補給や導尿をすることを思い出しても、必ずしも行動と結びつけられないと考えられます。忘れやすさだけが課題ではなさそうです。

このような困難さに対して、背景要因を探り、効果的な指導を検討するために、対象生徒の担任と指導に関わる教師でケース会を行い、実態を図１のように整理しました。

ケース会では、図１のように、自分にも周囲にも関心が薄いことに加え、視覚的にも聴覚的にも、刺激に注意が振られやすく、情報を正確に捉えられていない実態があるために、情報を捉える基準をもちにくいのではないかと整理されました。

また、情報を捉える基準をもちにくいので、複数の情報を関連付けて整理することが苦手な様子が見られるのだろうと考えられました。

さらに、情報を整理して捉えられていないことに加え、学習したことや話の流れを忘れてしまうことも少なくないために、相手や場面を考慮せずに発言したり、相手の発言を理解せずに思いついたことをつなげて話したりする様子も見られていました。

他方、自分に忘れやすさがあることには気づいており、自分の知識や考えに自信がもてない様子も見られていました。結果として、もともとの関心の薄さに反して、他者からの評価には敏感で、周囲の反応を行動の基準にして、場当たり的に行動してしまうような様子が見られていると考えました。

図１のような整理を経てケース会では、忘れやすさに対して指導することよりもむしろ、点線で囲った部分――

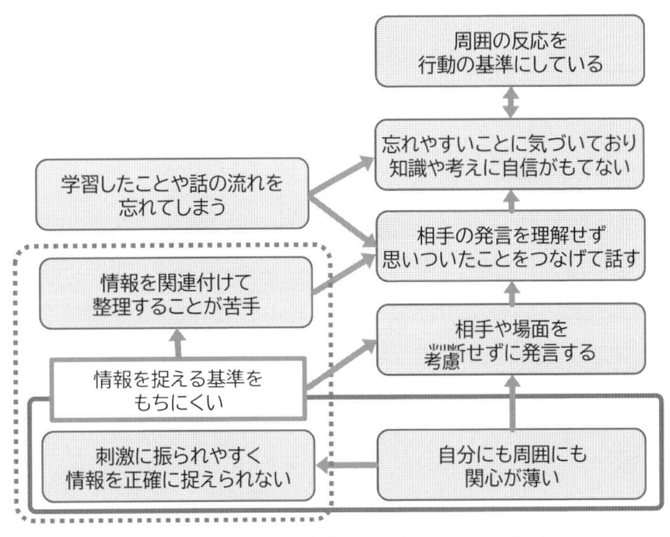

図１　対象生徒の実態（第２学年の年度末）

つまり、情報を捉える視点をもちにくい実態や情報を関連付けて整理することが苦手な実態に対して、対象生徒が自分で使うことのできる手段などを確立していくことが効果的ではないかと考えられました。

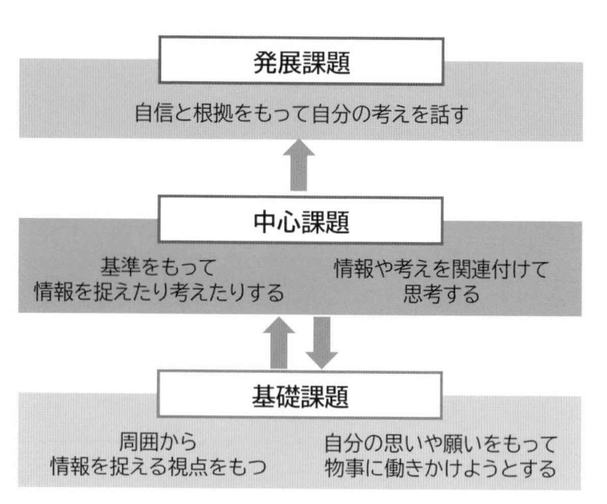

図２　指導すべき課題

（２）指導すべき課題の整理

ケース会での図１の整理に基づいて、指導すべき課題を図２のように整理しました。

①　中心課題：指導すべき課題の中心

「中心課題」に設定したのは、「基準をもって情報を捉えたり考えたりする」と「情報や考えを関連付けて思考する」の二つです。

「基準をもって情報を捉える」というのは、学習や生活の中にある様々な情報を、漠然と受け取るのではなく、整理して捉えられるようになることを意図しています。

また、「関連付けて思考する」というのは、そうして捉えた複数の情報をもとに考え、判断して行動できるようになることを意図しています。

②　基礎課題：中心課題を達成するための基礎となる課題

この「中心課題」の達成のためには、「周囲から情報を捉える視点をもつ」ことや「自分の思いや願いをもって物事に働きかけようとする」ことが基礎になると考えました。そこで、それらを「基礎課題」と整理しました。

「周囲から情報を捉える視点」というのは、教科学習では「見方」にあたるところです。各教科の学習などを通して様々な「見方」を働かせられるようになることで、情報を効果的に捉えることができるようになることを意図しています。

さらに、情報を捉えるためには、捉えようとする意欲が必要と考えられますが、対象生徒は「自分にも周囲にも関心が薄い」実態がありました。そこで、様々な体験を通して好きなことややりたいことを見つけ、それを自覚してもらうことで、「自分の思いや願いをもって物事に働きかけようとする」ことを最も基礎的な課題として設定しました。

③　発展課題：長期的な見通しの中で達成を目指す課題

「中心課題」や「基礎課題」を達成していくことを通して、決まった時刻に水分補給や導尿をすることはできるようになると考えました。そうした学習の積み重ねを通して、将来的には、周囲の評価を過剰に気にすることなく、「自信と根拠をもって自分の考えを話す」ことができるようになってほしいという願いを込めて、それを「発展課題」としました。

❸ 個別の指導計画

（1）指導目標

・基準をもって情報を捉えたり考えたりすることができる。
・情報や考えを関連付けて思考することができる。

（2）指導内容・指導方法

①　自立活動の時間の指導

1）付箋メモで作る「やることリスト」

自立活動の時間のはじめに、学習活動を付箋メモに書き出し（「やることリスト」）、取り組む順序に並べ替えました。また、対象生徒の自立活動の時間は火曜日の１・２校時です。１校時と２校時の間に水分補給の時間があるので、「水分補給」を「基準」とし、「その前に取り組むか、後に取り組むか」を考えて、付箋メモの並べ替えをしました。付箋メモは、「基準」とする「水分補給」とそれ以外の学習活動で色を変えるようにしました。

２）１週間分の導尿の準備

不足なく１週間分の導尿の準備をするとともに、間違いなく導尿を実施するために、まず導尿の手順を一つ一つ付箋に書き出しました。次に、付箋を見直して適切な順序に並べ替えました。そうして整理された手順に沿って、どの手順で何が必要なのか、付箋に書き出していき、導尿の準備のためのチェックリストを作成しました。チェックリストを見て必要数を数えながら、翌週の月曜日までの分を専用のバッグに準備するようにしました。

3）日課帳の整理

日課帳は、一日の時間割を書くとともに、水分補給や導尿をしたら記録を書くことができる様式を教師が用意しました。ほかにも、持ち物や宿題、日記が書けるようにしました。とくに日記は、「自分の思いや願いをもつ」ことや、道徳科での学習と関連付けて、日記に書いた出来事に対して、どんな気持ちだったかを記録できるようにしました。

②　各教科等における自立活動の指導

1）授業における付箋メモの活用

国語や理科、社会、総合的な学習の時間、学級活動などの授業を中心に、情報の整理の際には付箋にメモを書いて、それらを順序や関係性で並べ替えるような操作的な学習を積極的に取り入れました。

2）修学旅行や校外学習などの学校行事のための水分補給や導尿の計画

修学旅行や校外学習などの行程を確認するとともに、どのタイミングで水分補給や導尿をする必要があるか、持っていく必要のある導尿の道具は何セットかということを考えるために、付箋メモを使用して計画を立てました。

❹ 指導の経過

（1）自立活動の時間の指導

写真１　「やることリスト」の作成

写真１は対象生徒が「やることリスト」を作成しているところです。書き出した後、「水分補給」を「基準」にして並べ替えました。写真２は、夏休みが明けた９月と卒業前の２月の「やることリスト」です。

９月は「水分補給」のほか、登校時と下校時に PC ウォーカーで歩くことも、始まりと終わりの「基準」としていました。実際は、リストの「手洗い」と「身だしなみ」の間に作成しました。９月頃のリスト作成では、「何色の付箋を使おうか」「基準は何にしようか」などと教師の言葉がけが必要なこともありましたが、２月頃の自立活動の時間のはじめには、自分で付箋を取り出し、リストが出来上がってから教師を呼ぶなど、手段として確立した様子が見られました。そして、何色の付箋を使うか、何を書き出すか、どう並べ替えるかといったことは、自分で考え、判断できるようになりました。２月の写真にある「はこのせいり」は、自分で「今日やりたい」と思ったことを加えたそうです。

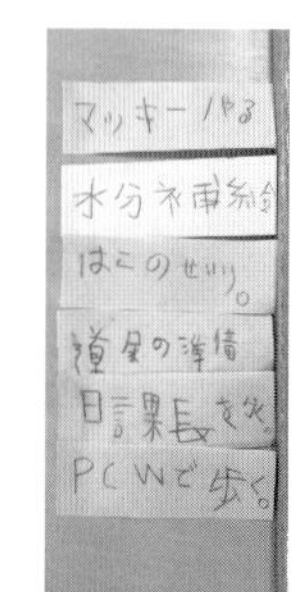

９月　２月

写真２　「やることリスト」

（2）各教科等における自立活動の指導

写真３は、対象生徒が付箋メモで作成した修学旅行（11 月）のしおりです。事前学習では、この行程を確認しながら、水分補給や導尿のタイミングを確認しました。

修学旅行当日は、それをコピーして水分補給や導尿のタイミングを書きこんだものを持参し、腕時計で時刻を確認しながら過ごしました。バスに乗る前には、「ずっと飲みたいと思っていた」飲み物を自動販売機で買って、予定通りに水分補給をしたり、導尿をしたりすることができました。

２月には、半日行程で校外学習に行きました。その際にも同様に準備をして、水分補給や導尿を適切に行うことができました。

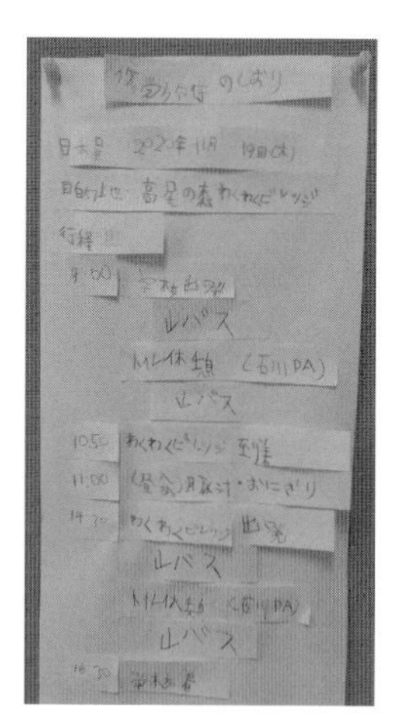

写真３　修学旅行のしおり

❺ 指導の結果と考察（まとめ）

（1）中心課題についての評価

①　「基準をもって情報を捉えたり、考えたりする」について

付箋メモの「やることリスト」の学習などを通して、現在を基準とした過去と未来や、

水分補給のタイミングなどを基準としたその前後について考えられるようになりました。

② 「情報や考えを関連付けて思考する」について

過去に学んだことを他の学習や生活の場面で思い出し、問題解決に生かそうとする思考が見られるようになりました。各教科の授業において、学習したことや生活経験を基に、予想を立てたり、自分の考えを発表したりできるようになりました。

（2）基礎課題についての評価

① 「周囲から情報を捉える視点をもつ」について

社会や理科の学習で、地理的な見方や空間的な見方を働かせながら学習したこともあり、自分を基準に位置や方向を捉えられるようになりました。また、「やることリスト」の学習を通して、やることの優先順位を、取り組む順序に生かす視点をもちました。ほかにも、日付が分からないときにはカレンダーを調べるなど、分からないときに調べる視点をもちました。ただ、例えば、方角や時間などの捉えや考えが間違っていたり、探し物があっても探し方が分からなかったりすることがあるなど、課題も見られます。

② 「自分の思いや願いをもって物事に働きかけようとする」について

執着するような「好き」はないものの、好きなこと、やりたいことを表現できるようになりました。例えば、道徳のワークシートで、「今一番やりたいこと」に進学先で友人をたくさん作りたいことを書いたり、「今一番欲しいもの」に携帯を挙げたりなど、「したい」や「ほしい」を書くことができるようになりました。

（3）発展課題「自信と根拠をもって自分の考えを話す」についての評価

各教科の授業では、自分の考えを発表するような場面があります。考えに自分なりの根拠をもてることが増えてきたので、自信をもって話したり、意見を言ったりできることが増えてきました。

（4）まとめと考察

これらの学習を通して対象生徒は、付箋メモを活用して情報を整理する手段を身につけました。遅刻しがちな生活を見直すために、水分補給と導尿の時刻を基準にして、施設での一日の生活を見える化し、問題点を探すことなどに活用できています。

これらは、水分補給や導尿などの健康管理の困難に端を発した指導でしたが、中心課題を整理し、各教科等と関連を図りながら指導を進めてきたことで、一つの手段の習得に留まらず、基準をもって情報を捉え、それらを関連付けて考える思考が大きく成長したと考えられます。結果として、水分補給や導尿は、決まった時刻に実施できるようになっています。

事例２ 心理的な安定・人間関係の形成

活動への参加や人前での発表が難しく、他者に対する不適切な言動が多い事例

～自分自身のいいところや頑張りに気づいて行動することを目指した指導～

神戸市立いぶき明生支援学校（前 神戸市立青陽須磨支援学校） 下村 茜

活動への参加や人前での発表が難しく、教師や友達に対する不適切な言動が多いＡさんの実態を踏まえ、自己肯定感の低さと人との適切な関わり方を課題とし、褒める機会をたくさん設定することを中心とした指導を行ったところ、活動に積極的に参加する場面が増え、教師や友達との関わり方にも改善が見られました。この結果から、環境を整え学習内容を調整するなどして褒める機会をもつことの有効性が示唆されました。

❶ 対象者の実態

Ａさんは小学部第６学年の男子で、自閉スペクトラム症です。新しい活動や、苦手意識のある活動（人前で自分の思いを言葉で伝えることや音読、字を書くことなど）に教師が誘いかけると、参加を渋る場面や、「○○したいけどできないんだ」「よくわからん」などと発言することがよくありました。ひどくなると、「体が固まって動けないんだ」と言って肩に力が入って動けなくなったり、時に全身の力が抜けたようになって座り込んで、頭やテーブルを叩いたりして、泣いていました。また、興味が強くあるもの以外のことを記憶している時間が非常に短く、同じクラスの担任や友達の名前などでも、思い出せない場合がありました。以上のことから、同じ失敗を繰り返していました。

休み時間には、友達や教師のそばへ近寄っては、わざとぶつかったり、不適切な言葉（ドジ、バカなど）を言ってしまったり、鼻をほじって投げたりすることが度々あり、友達とトラブルになることもありました。教師から注意を受けると、体が固まったり脱力したりしていました。しかし、すぐにまた同じような言動を繰り返していました。

絵本や動画、玩具など、興味のあるものが目に入るとすぐに気が散ってしまい、触らずにはいられないようでした。反面、集中していたり褒められたりすると、力を発揮できることが多く、言葉がけや説明のほとんどを理解していました。落ち着いているときは言葉でやりとりができます。また、褒められると、素直に「どや！（どうだ）」「俺、天才」「めちゃめちゃうれしい」など言葉で喜びを表現することもできました。

❷ 指導すべき課題

（1）学習上又は生活上の困難とその背景要因

活動への参加や人前での発表が難しく、教師や友達に対する不適切な言動が多い状態について、Aさんの担任を含め指導に関わる教師で話し合いを行い、応用行動分析のABC分析を参考に考えました。

「活動への参加や人前での発表が難しい」ことについては、自分で行いたくてもできないことへの悔しさから落ち込んで泣いてしまったり、どうしようもなくて脱力してしまったりすることも一つと捉えましたが、そうすることで、一時的にでも活動に参加することを免れる状況をつくっていると考えました。また、今までの失敗経験から、自分に自信がもてず不安であることや、記憶をしている時間が短く、すぐに忘れてしまうことも背景にあると捉えました。

「教師や友達に対する不適切な言動が多い」ことについては、注意を受けると「言ってしまうのはしょうがないだろう」と言ったり笑ったりすることから、相手から何らかの反応が返ってくることを面白く感じているのではないかと考えました。また、休み時間や一人でいるときにAさん自ら教師や友達のほうへ近づいて行うことから、暇なときや遊びたいときに行っていると考えました。さらに、友達を褒めることもあることから、友達に興味があるのですが、相手との適切な関わり方が分からず、不適切な言動をしてしまうと捉えました。

（2）指導すべき課題の整理

Aさんの課題を、大きく三つ考えました。

①　安心して活動できること

新しい活動では、まず教師や友達が手本を示し、Aさんは1番ではなく2番目以降に活動を設定することで友達の様子を十分見せたり、友達と一緒に活動したりするようにしました。また、苦手と思われる活動へは、スモールステップで少しずつできるように支援していくことで、安心して活動できるようにしました。例えば、Aさんは絵の具が手につくことが苦手で、絵の具が出てくる授業になると不安定になっていました。事前に今日は絵の具を使う活動をすることを伝え、さらにその絵の具は洗うとすぐに落ちるぬたくり絵の具であることと、汚れないように手袋やお手拭きシートを用意していることを、実物を見せながら伝えました。活動に興味を示したら、「この○○（Aさんの好きなキャラクター）に絵の具爆弾投げるのはどう？」と誘い、できたときには全員で褒めました。

②　成功体験を積み重ね、自分自身のいいところに気づくこと

褒められるとその時間の間の活動については、スムーズに行うことができることから、Aさんは褒められると心身がリラックスしやすくなると捉えました。一方で、注意を受け

ると、すぐに泣いたり、自分の頭を叩いたりすることから、繰り返し注意をすることは、有効ではないと捉えました。そのため、できたときは教師間で共有して、その場ですぐに褒めるようにしたり、友達に「△△さん、今のＡさんはどう？」と聞いて、友達からも褒めてもらう機会をつくったりしました。また、教師からＡさんへ積極的に話しかけ、友達と一緒にＡさんの興味があるもので一緒に遊ぼうと提案しました。不適切だった言動を行ったときは、「それは、いやです」と短く端的に伝え「○○と言ってね（してね）」と好ましい言動を具体的に伝えました。また、反応があると、うれしくなってしまいがちなので、過剰に反応しない（表情や声を大きく変えることをしない）ようにしてＡさんの様子を見ながら、一定時間Ａさんから離れました。

③　記憶力を補う手立て・支援

Ａさんは記憶をしている時間が短いため、忘れやすく、さらに自分ができないと認識した後に周りに手伝われると、落ち込みやすい傾向にありました。そのため、クラスの児童全員が使用することを前提とした視覚支援を用意することが有効であると考えました。また、Ａさんの興味のあるものやＡさんの意見を取り入れることをしながら、どのように活動をしていきたいかを教師と一緒に考え、Ａさんの発達段階から見て行いやすいであろうと考えられる活動をスモールステップで繰り返し行うようにしました。

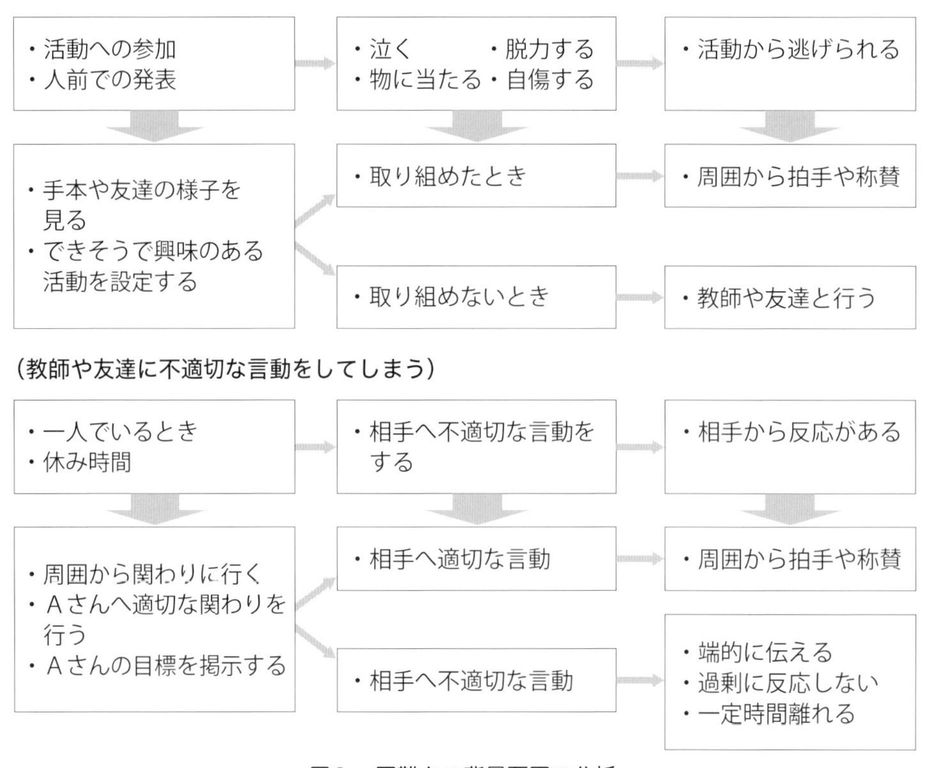

図１　困難さの背景要因の分析

3 個別の指導計画

（1）指導方針

どの授業でも、共通して行う手立て・配慮として、次のようなことを教師間で共通理解しました。それは、褒める機会をたくさん設定することです。

クラスの児童全員と、それぞれの係活動や掃除などの役割、個々の目標を設定しました。はじめは教師が付き添って、できそうな活動から行うよう促しました。日常生活において自発的に行動する姿が見られたときや頑張ったときなど、好ましい行動が見られたときには、教師間で共有してその場ですぐ褒めることにしました。

（2）個別の指導計画

①　指導目標

指導目標を、大きく二つとしました。

1）授業内での自分で決めた役割や活動を果たすことができる。

2）振り返りで何をしたのかが言えたり、どう思ったのかを発表したりすることができる。

②　指導内容・方法

1）自立活動の時間の指導

劇を通して、安心できる環境の中で様々なことにチャレンジし、成功体験を積み重ねることと、クラス内の関わりの中で自分自身のいいところや頑張りに気づくことについて、指導することとしました。

7月に三匹のこぶたを題材にした「おおかみなんかこわくない」の劇を行い、12月に『さつまのおいも』を題材にした「さつまのおいもとかまきり」を行いました。

2）各教科等における自立活動の指導

課題を一つずつ分けて提示するようにしました。

表1　個別の指導計画

指導目標	1）授業内での自分で決めた役割や活動を果たすことができる。 2）振り返りで何をしたのかが言えたり、どう思ったのかを発表したりすることができる。	
指導内容	自立活動の時間	各教科等
	1）劇では、自分のセリフを言うことができる。 2）劇後の振り返りでは、劇のビデオを見て何をしたのかが言えたり、どう思ったのか発表したりすることができる。	1）自分で決めた役割や活動を果たすことができる。 2）授業後の振り返りでは、何をしたのかが言えたり、どう思ったのか発表したりすることができる。

❹ 指導の経過

（1）自立活動の時間の指導

①　デジタル絵本の使用

最初の授業で、登場人物に扮した教師が劇を行いました。しかし、Aさんは劇中立ち歩き、劇の後に感想を聞くと「よくわからん」「興味ない」と言いました。この様子から、劇の参加への意欲が非常に低いと捉えました。そこで、劇の登場人物の顔に児童たちの顔を当てはめたものをパワーポイントに貼りつけて、テレビの画面上で動かすデジタル絵本にしました。すると、最初から最後までじっと見入り、見終えると、自ら「俺はおおかみ役がいい」「やっぱ、こぶたかな～」と教師へ伝えに来るほど、劇の参加へ意欲的になりました。自分が登場するデジタル絵本を見ることで、劇を疑似体験することができ、劇の流れや内容が分かったようでした。

②　好きな人や好きな物を盛り込んだ活動

一つ目は、観客を呼んだことです。Aさんは友達や教師が好きなので、小学部の友達と教師たちに見てもらう発表会を行う提案をしました。二つ目は、活動の中にAさんの好きな物や得意な物を入れることです。ブーブークッションやトランポリンなどを使った活動を行いました。三つ目は、シールとご褒美の設定です。Aさんが本校の玄関に飾られていたトロフィーを見て「俺もトロフィー欲しい」と発言をしたことがあったので、トロフィーを用意し、劇の練習の度にキラキラしたシールを貼り、発表会後、シールでいっぱいになったトロフィーとみんなで写真を撮ろうと提案しました。このように、好きなことを盛り込むことで、劇の練習や準備に積極的に取り組もうとする姿勢が見られました。

③　場面やセリフを紙上に表し対面に貼る

記憶をしている時間が短いため、覚えなければならないことへ不安になると考えられたので、舞台の向かい側にデジタル絵本の一部とAさんたちのセリフを貼りました。劇の前後や途中でも見て確認できたので、安心して活動できたようでした。

④　本人の気持ちを尊重したセリフ

劇の練習中、Aさんのセリフの番になると、体が固まり下を向いて黙りこんでいました。理由を尋ねると「（セリフを）強制されたくない、自分の意思で読みたいんだ」ということだったので、大好きなお笑い芸人のギャグとダジャレでセリフを考えてみようと担任が提案すると、一緒に考えたセリフを言うことができました。

⑤　その場ですぐに動画を見て振り返りをする

劇の練習や発表の様子をパソコンの動画機能を利用して撮影しておき、劇の後、毎回すぐに動画を見て振り返りをしました。自分や友達の様子にすぐに気づくことができたり、教師や友達からの称賛を受けやすかったりしました。

（2）各教科における自立活動の指導

授業のはじめに、ホワイトボードで「今日の活動」を確認し、その後も常時確認できるようにしました。また、興味をもって活動に取り組めるよう、図画工作や生活の授業などでは絵本や工作の某テレビ番組をパロディにした動画を制作したものを大型テレビに映して、手順を伝えました。振り返りでは、自分の気持ちを言葉で答えたり気持ちをイラスト化したシートを用意し指さしをしたりできるようにしました。

5 指導の結果と考察（まとめ）

（1）指導の結果

①　目標「授業内での自分で決めた役割や活動を果たすことができる」について

7月の劇では藁の家のこぶたの役、12月の劇ではさつまのおいものお芋の役になり、どちらも児童たちと教師で話し合って決めた、ダジャレを盛り込んだセリフを発表することができました。7月の劇では、劇後に他クラスの教師に褒められたとき、腰を抜かしてうれし涙を流す様子も見られました。

②　目標「振り返りで何をしたのかが言えたり、どう思ったのかを発表したりすることができる」について

振り返りで、言葉が出てこず体が固まってしまうことは、1年間を通して何度か見られましたが、動画を見て振り返った活動では、必ず自分の言葉で発表することができました。客観的に動画で自分の姿を見て、その場ですぐに振り返りをできたことは、記憶力が弱いAさんにとって、有効であったと考えられます。

12月の劇の振り返りでは、発表が苦手で、毎回最後にするAさんが、「次は俺！」と言って手を挙げ、3番目に発表することができました。そこでは、自分の演技を評価してもらった喜びだけでなく、クラスの友達のよいところを発表しました。自分に自信がもてたことで、周りの友達にも目が向くようになったと考えました。

（2）まとめ

教師や友達に対しての不適切な発言はほとんどなくなり、友達と仲よく虫取りをしたり、ゲームの話をしたりするようになりました。

9月のキャンプのスタンツや12月の学校祭の発表などの行事のたびに「よっしゃ、やるぞー」「まかせろ」という意欲的な発言をするようになりました。こちらは、劇を含めた活動で成功体験を得たことで自信になり、人前に立つことへの意欲が出てきたと考えました。

Aさんに関わる教師が、共通の方向性をもって指導を進めていったことで、自分に自信をもてる機会が増え、好ましい言動が増えたと考えます。

事例3 心理的な安定・人間関係の形成・環境の把握・コミュニケーション

気持ちや意思を言葉で伝えることが難しい事例

～コミュニケーション力の向上と行動の調整を目指した指導～

筑波大学附属久里浜特別支援学校　**工藤　久美**

本児は、予定の変更や自分の思いどおりに物事が進まないときに、分からないことや生じた気持ちを言葉で説明することが難しく、激しく泣いたり怒ったりするなどしていました。そこで、①自分の経験や伝えたいことを絵や言葉で伝えることと、②状況を理解し、落ち着いて行動することを課題とし、お話作り及びカレンダーの学習などを行ったところ、複数の言葉を組み合わせて自分の身に起きたことや、困ったことを言葉で伝える力などが向上し、激しく泣いたり、怒ったりする行動に改善が図られました。

1 対象者の実態

本児は、知的障害特別支援学校小学部２年生の知的障害を伴う自閉症の女子です。絵を描くことが好きで、好きなキャラクターの絵を進んで描きます。４月当初、本児は、活動内容や順番、時間が変更になることや 服がぬれたとき、文字を書き間違えたときなどに激しく怒って泣き、自分の気持ちや状況を伝えられない状態でした。コミュニケーションの面では、具体物や写真・絵を見て、物の名称や動作を表す言葉を理解し、言うことはできますが、大人に話しかけるときは、「うにゃがで、うにゃーだよ」のように不明確な言葉を使用し、言いたいことを伝えられない様子が見られました。また、教師が、「何？」「誰？」などの質問をしても答えることが難しい状況でした。

2 指導すべき課題

（1）学習上又は生活上の困難とその背景（年度当初４月）

予定の変更や本児にとって嫌なことが起きたときに激しく泣いて怒り、自分の気持ちや状況を伝えることが難しい、相手に話しかけるときに必要な言葉を用いて伝えることが難しい状態について、当時の担任３名で行った意見交換を振り返り、背景要因を探りました。

① 「予定の変更や本児にとって嫌なことが起きたときに激しく泣いて怒り、自分の気持ちや状況を伝えることが難しい」ことについて

予定の変更や本児にとって嫌なことが起きることは、その後の対処が分からず、大きな不安につながるのではないかと考えました。大人にとっては大したことではなくても、本児にとっては大きな出来事かもしれないため、大人が本児の不安を理解して関わることが大事なのではないかという意見が出されました。加えて、不安な気持ちをどのような言葉で表現したらよいのか分からないことや、気持ちと言葉を対応させることも十分にできていないのではないかと考えました。また、予定の変更を受け入れることが難しく、泣いたり怒ったりしてしまうのは、時間の流れを表す言葉と活動を対応させることができていないことや、「予定は場合によって変更すること」を理解できていないのではないかと考えました。４月の家庭訪問では、保護者より、電車で保護者と一緒に通学していた本児が、下校時、買物をして帰宅する場合や、きょうだい児を迎えに行ってから帰宅する場合など、曜日によって予定が変わるときに、駅で泣いてしまうことがあるということで、「時間と日々の行動がつながるようになってほしい」という希望も出されていました。

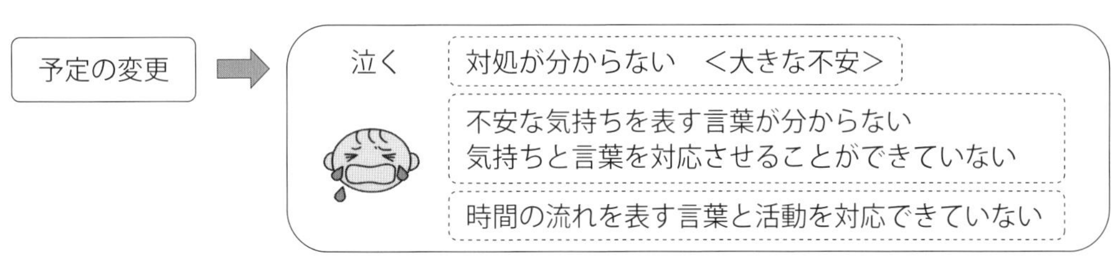

②　「相手に話しかけるときに言葉を用いて伝えることが難しい」ことについて

本児が教師に伝えたいことがあるのは明らかでした。本児は教師に近づくと、何か言葉を発するのですが、聞き取ることができないことがあります。そんなときは、どんな言葉を使ったらよいのか分からなかったり、必要な言葉が出てこなかったりするのではないかと考えました。担任の一人からは、「毎日遊んでいるおままごとでは、『うさぎさん、トマト、ぱっくん』など、お人形や野菜の名前を言っている」といった、休み時間に遊ぶ様子の情報がありました。また別の担任からは、「好きな絵本を持って来て、絵を指さしながら何か説明しているが、何を言っているかは分からない」という情報もありました。これらの情報から、本児は、具体物を操作しながら繰り返し聞いたり、言ったりした言葉は使うことができるようでした。しかし、伝えたいことはあるものの、会話に関連する具体物がない場合は、言葉で伝えることが難しいのではないかと考えました。

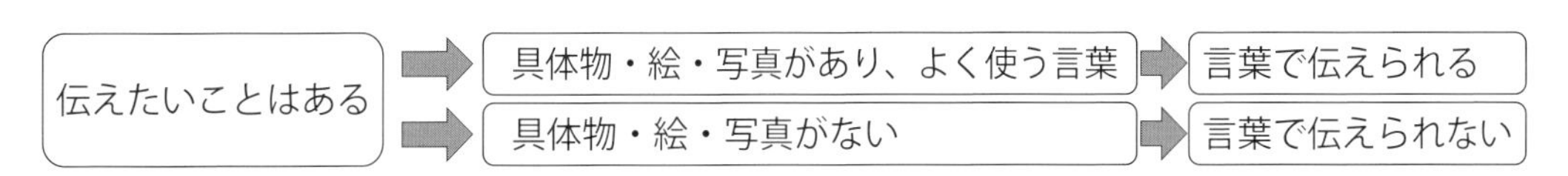

（2）指導すべき課題の整理

本児の課題としては、以下の①と②③の大きく二つを考えました。

①　描いた絵や経験した出来事を写した写真について話したり、質問に答えたりすること

本児は、予定の変更や自分の思いどおりに物事が進まないときに、言葉で説明することが難しく、激しく泣いたり怒ったりする行動が見られます。そのようなときに、自分の状態や気持ちを言葉で伝えられるようになれば、泣いたり怒ったりせずに、穏やかに生活することができるのではないかと考えました。そこで､本児が得意な絵を描くことを通して、言葉の理解と表出を広げ、言葉でやりとりする力を育てる必要があると考えました。

②　時間の流れを表す言葉と活動を対応させること

③　予定は変更する可能性があることを理解すること

本児が激しく泣いたり怒ったりすることの理由の一つに、予定の変更が挙げられます。これまでの指導で、平仮名と絵を示したカードと数字で一日の予定を示しており、その内容は理解して行動することができていました。しかし、明日の予定や昨日の出来事を時間の流れを表す言葉と対応させて理解することはできていなかったので、時間の流れを表す言葉と活動を対応させる力を育てる必要があると考えました。また、雨が降って外で遊べなくなることについて激しく泣く様子が見られました。そのようなときに、晴れた場合は外で遊べるけれども、雨が降った場合は教室でお絵かきをするなど、変更後の活動内容があることを理解する力を育てる必要があると考えました。

現在の状態

予定の変更　→＜現在＞泣く　→　不安な生活

＜未来＞自分の状況や気持ちを言葉で伝えられる　→　穏やかに生活

指導すべき課題

①　絵を描いてやりとりすることで言葉の理解と表出を育てること

②　時間の流れを表す言葉と活動を一致させること

③　変更した場合の予定を理解する力を育てること

（3）学習上又は生活上の困難の背景情報の追加（フォーマルなアセスメントより）

同年７月にフォーマルなアセスメントとして、PEP-3（自閉症・発達障害児教育診断検査［三訂版］）を実施しました。本検査は、ショプラーらにより開発された自閉症支援のためのアセスメントテストです。PEP-3は、個別検査による10領域の「領域別検査」と養育者への聞き取りに基づく「養育者レポート」により構成さます。そのうち、「領域別検査」は、１認知 / 前言語、２表出言語、３理解言語、４微細運動、５粗大運動、６視覚ー運動の模倣、７感情表出、８対人的相互性、９運動面の特徴、10言語面の特徴です（尾崎・三宅，2016）。検査結果のうち、本児の課題と直結する表出言語と理解言語の結果について、次の情報を得ました。

表出言語については、自分の名前を聞かれて答えること、性別を答えることができませんでした。絵を見て物の名称を答えることはできましたが、動作を表す言葉や状況について答えることはできませんでした。また、いくつかの短文を読むことはできましたが、文章を読み、文章の内容について質問に答えることはできませんでした。理解言語については、検査者の指示に合わせて積木を渡す、日用品の名前を言われて指さす、物の名前を言われて20のうち14の絵を正しく指さすことは合格でした。１～２段階の指示に従うことや誰、何、どこなどの質問に答えることは芽生え反応でした。これらの結果から、まず、自分の名前や性別を理解することに加え、「(人) が、○○している」など、人を意識して文を作る学習に取り組むとよいことが分かりました。次に、絵を見て物の名称を答えることはできましたが、動作を表す言葉や状況について答えられなかったことから、言葉を組み合わせて動作や状況を言葉で表す力を育てる必要があると考えました。さらに、短文を読むことはできていたので、短文を読んで内容を理解する力を育てる必要があることが分かりました。そこで、年度当初４月に計画した指導すべき課題①の内容について、９月以降の指導（国語）に追加しました。

PEP-3の結果から追加した指導（国語）

- 主語＋述語の短文を作ること
- 言葉を組み合わせて動作や状況を表すこと
- 短文を読んで内容を理解すること

❸ 個別の指導計画

(1) 指導方針

会話の工夫と本児が不安なときの教師の対応として、まず、本児と会話が続くように、学校生活で経験したことや、図工で作成した作品を教室に掲示し、会話のきっかけを作るようにしました。その上で、掲示物の絵や文字、作品を指さして話したり、質問したりするようにしました。次に、本児が泣いたり怒ったりしたときに、教師が必ず一対一で関わり、落ち着いた環境で理由を聞き取るようにしました。

(2) 個別の指導計画

目標と指導内容・方法を表１に示しました。自立活動の時間の指導では、毎日同じ時間帯に20分程度、一対一の学習場面で指導しました。指導内容は、描いた絵や経験した出来事を写した写真について話したり、質問に答えたりすること、時間の流れを表す言葉と

表１　個別の指導計画の概要

指導目標	1) 自分の経験や伝えたいことを、言葉や絵で伝えることができるようにする。 2) 活動内容や手順を理解して、落ち着いて行動することができるようにする。	
指導内容	自立活動の時間	各教科等
	●「お話を作ろう」：本児が描いた絵について教師からの質問に答える。本児が話したことを教師が文字に書き、それを本児が書く。 ●「絵・写真日記を書こう」：経験したことをテーマに絵を描いたり、写真について言葉を組み合わせて説明を書いたりする。絵日記について、教師の質問に答えたりする。 ●「カレンダーの学習」：月、日、曜日、過去や未来の活動内容、そのときの気持ちを絵カードや言葉で表す。	●毎日の予定を登校後に確認する。 ●困ったことが起きたとき、対処方法を一緒に考え、実行する。 ●国語では、動作や状況を表す言葉、作文や短文読解を指導する。

活動を対応させること、月日や曜日、天気の変化について指導することとしました。各教科等における自立活動の指導では、生活全般において指導することと国語の授業の中で指導することを関連付けて指導を行いました。

④ 指導の経過

（1）自立活動の時間の指導

①　「お話を作ろう」「絵・写真日記を書こう」

4～12月には、「お話を作ろう」の学習に取り組みました（写真1・2・3）。4月には、本児が描いた絵について、「何」「誰」「どうやって」の質問に答えられるようになってきました。また、1学期は、文字を書くことが少なかったのですが、2学期の終わり頃には、進んで本児が好きなおしゃれに関するお話を書くようになりました。9月～翌年3月まで取り組んだ「絵・写真日記を書こう」では、経験したことを写した写真を見て、気づいたことを話したり、書いたりする学習に取り組みました。また、その日の日記に出てきた単語や文を聞いて書き取りをしたり、質問に答えたりする学習に取り組みました。その結果、広場で遊んでいる途中で雨が降ってきたので、屋根の下にみんなで集まって雨宿りしたことについて、「広場で、雨がザーザーって降ったからね、ここの下に行ったよ。みんな集まれー」のように、複数の言葉を組み合わせて状況を説明しながら文を書いて説明できるようになりました。

写真1　4月「お話を作ろう」
教師の「何？」「誰？」の質問に答えられるようになり、家族の名前、服やかばんの色、ポケットの数などを答えられるようになりました。

写真2　5月「お話を作ろう」
本児が絵を描きながら自分でマスに文字を書くようになり、5ページ程度の順序立てたお話（学校へ行く→おはよう→ただいま→おやすみ）になってきました。

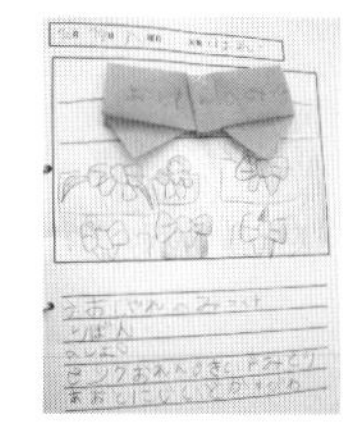

写真3　12月「お話を作ろう」
進んで文を作り、書いて説明するようになりました。『おしゃれのみっくす　りぼん　ぴんく　おれんじ　きいやみどり　あおとにじいろゆびわ』本児の世界が感じられる表現が見られるようになりました。

②　「カレンダーを使った学習」

時計やカレンダーの学習に取り組み始めると、今日、明日、昨日と活動が結び付くようになり、「明日、図書館行こうね。今日は行けなくて残念」と今日できなかったことを明日行うことに納得し、できなかったことに対して泣かずに受け入れることができるようになってきました（写真4）。

写真4　「カレンダーを使った学習」

（2）各教科等における自立活動の指導

日々の予定については、前日の一対一の学習で、翌日の活動内容を確認したり、本児が楽しみにしている活動を教師が把握したりすることで、翌日は、余裕をもって活動に取り組むことができるようになりました。また、4月当初は、手を洗って上着に水がついたり、家に忘れ物をしたりすると、一日中泣いていました。しかし、衣服に水がついたときは、「ドライヤーで乾かしたら大丈夫だよ」と提案し、一緒に乾かすことを続けることで、自らドライヤーを準備するようになりました。また、「忘れ物をしたときは、お母さんが帰りのバスで持ってきてくれるから大丈夫」と伝え、家に電話をかけて確認することを繰り返し、徐々に、言葉と実際が結びつき、泣かないようになってきました。そのほかにも、自分のけがの状況を「トランポリンで足ぶつけた。ぴょんぴょんぴょんして」のように保健室の看護師に説明できるようになりました（写真5）。

写真5　けがの状況を看護師に説明

❺ 指導の結果と考察（まとめ）

（1）指導の結果

① 目標「自分の経験や伝えたいことを、言葉や絵で伝えることができるようにする」ことについて

自分の考えや気持ちを、本児が得意な絵を描くことを通して、言葉で伝えられるようになりました。家庭では、学校で取り組んだお話や日記を家庭に持ち帰った後、家族にも見せて報告していたとのことでした。さらに、家庭で経験したことを絵日記にして担任に伝えてくれたことも多く、本児のコミュニケーションの意欲と広がりにつながりました。

② 目標「活動内容や手順を理解して、落ち着いて行動することができるようにする」ことについて

カレンダーの学習を通して、過去や現在、未来の出来事について振り返ったり、見通しをもったりすることに加え、自分の考えや気持ちを言葉で伝えられるようになったことで、行動の調整ができるようになりました。生活全般を通して、怒ったり泣いたりすることが少なくなり、「～だから大丈夫」「次は～するよ」という発言が出るようになりました。

（2）まとめ

本事例において、生活の中で観察されたことと、PEP-3の結果を基に担当者間で共通理解しながら課題を導き出し、生活場面と一対一の学習で指導を行ったことが、本児のコミュニケーションと行動の調整の成長につながったと推察します。また、本児の得意なことから学習を展開したことが、本児の主体的な取り組みにつながったと考えています。

【参考文献】

尾崎康子・三宅篤子（2016）発達障害児のアセスメント．ミネルヴァ書房

事例4 環境の把握・身体の動き

物を見て操作することが困難な事例

～行動の結果を見通し、目を使って物を操作することを目指した事例～

愛知県立みあい特別支援学校　岡田　拓也

物を見て操作することが困難な児童の実態を踏まえ、簡単な因果関係を理解することを課題とし、物を容器に入れるなど行動の結果が分かりやすい教具を活用して指導したところ、能動的に行動を起こし、目で見て確認して行動を方向づける姿が見られました。この結果から、目と手の協応動作の向上には、因果関係が分かりやすく、自分が起こした行動の結果を意識できる教材や働きかけが大切であると考えました。

1 対象者の実態

（1）引き継ぎや行動観察からの情報収集

小学部第5学年、自閉症の児童です（以下、Dさん）。指導を担当した4月当初は、次のような様子でした。着替えや食事など日常生活面は、教師の補助を受けて行っていました。毎日行う活動では、具体物を提示すると、楽器操作や荷物整理などが一人でできましたが、物をつかむときに目が逸れてなかなかつかめなかったり、つかんだものを目的の所でスムーズに離せなかったりすることが見られました。また、騒がしい場所への入室を拒んだり、他の子の泣き声に自分も泣いてしまったり、聴覚の過敏さがうかがえました。

手を叩く、指で唇をこするなど自己を刺激する行動も見られました。マラカスや弦のついた玩具など自分から振ったり引っかいたりして音を出すものはありますが、興味は限定的でした。一方、教師との「一本橋こちょこちょ」などに笑顔を見せ、相手をチラッと見たり、関わる直前に体を縮めたりして、関わりを予測し楽しむ素振りがありました。

（2）追加情報の収集と情報の整理

（1）で得た情報は断片的であり、全体的な発達はどうか、一つ一つの行動の意味は何か、行動間の関連性はあるかなどについて、感覚と運動のつながりの視点から深く知る必要があると考え、感覚と運動の高次化発達診断評価法（宇佐川，2007）を実施しました。

表1　感覚と運動の高次化発達診断評価法から

- 視覚や聴覚よりも、初期感覚と呼ばれる前庭感覚（揺れや回旋）、固有感覚（筋肉や関節）、触覚などの方が優位に使われる。
- 目の使い方は運動に追従し瞬間的である。
- 行為の終わりを意識することが難しい。
- 自己刺激的な行動が多い。
- 接触や音楽、声などに気持ちの変化や行動の予測がある。

結果、Dさんは表1のような特徴があると考えられました。

以上より、得た情報を整理しました（図1）。

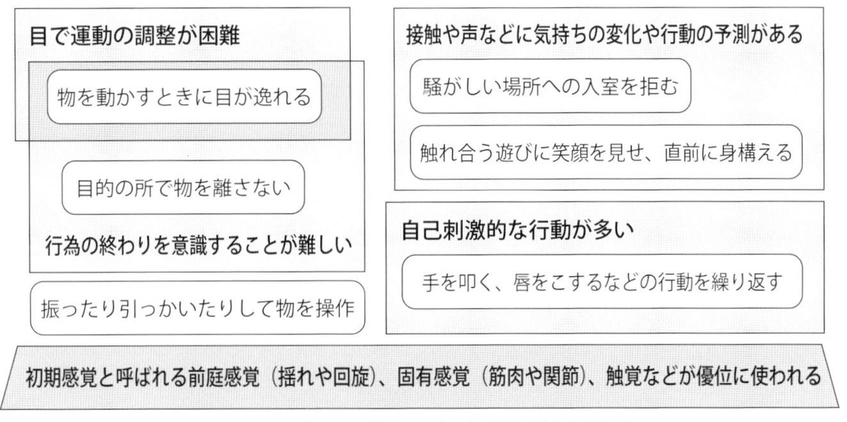

図1　収集した情報の意味や関連性を整理

全体的に初期感覚を使って周りのことを理解しようとすることが多く、視覚で捉えることはまだ難しいことがうかがえます。ただ、瞬間的に視覚を使うことはあり、目で見て運動を調整しようとする芽生えが見られます。また、物を目的の所でなかなか離せないなどの行動の背景には、行動の始まりは分かっているが終わりに気づいていないことが考えられます。

❷ 指導すべき課題

（1）指導すべき課題を抽出

整理した情報をもとに、Dさんの指導すべき課題を、大きく五つ考えました。

①　簡単な因果関係を理解する

物を入れると音が出る、箱を傾けると物が動くなど、自分の行動と行動の結果の関係に気づけるようになれば、目的に向かって行動を起こすことが増えると考えました。また、行動の始まりと終わりが分かることで、自己刺激的な行動から抜け出し、次の活動に切り替える姿も出てくるのではないかと考えました。さらに、物事には終わりがあることを知ることで、活動に対する安心感や見通しをもち、慣れない活動に取り組もうとする姿勢にも変化が生まれることを期待しました。

②　目を使って物を操作する力を高める

目的に向かって行動を起こせるようになってきたら、操作の正確性や予測性のある動きを身につけていくため、目で行動を調整する力を高めることが必要であると考えました。物を見分けて操作する課題を段階的に取り入れ、行動に追従している目の動きが、徐々に先行して行動を調整するようになってくるのではないかと考えました。将来的に、見て物を操作する力を高めていくことが、日常生活動作や、見通しをもった活動、コミュニケーションなどにも良い影響を与えると想定されます。

③　目の動きを起こしやすくする

物を捉えるには、姿勢を整えて目を動かすことが必要です。姿勢保持や眼球運動をサポートする働きは初期感覚の一つである前庭感覚が関係しています。そこで、前庭感覚に働きかける運動に取り組み、目の動きを起こしやすくし、物を見る動きを促進することが必要であると考えました。

④　手の操作性を高める

Ｄさんは、「触る」「握る」「離す」「叩く」「引っかく」などの動作ができます。発達的に「入れる」動作が可能になると、その後の手の操作や因果関係の理解が大きく変わると言われます（池畑，2020）。現在、入れようとする動きは見られますが、自発的な動きが少なく、目的の所へ入れる前に注意が逸れたり、動きを止めたりすることが多くあります。そこで、物を「入れる」ことをいろいろな場面に設定し、手の操作性を高めることが、行動の終わりの理解を促し、意図的な行動を増やしていくためにも有効ではないかと考えました。

⑤　自発的な動きを増やす

Ｄさんは、教師の働きかけを受けて活動したり、物を操作したりすることが多くあります。一方で、好きな感触のおもちゃに自分から手を伸ばして繰り返し動かす様子も見られます。そこで、優位に使われる初期感覚（前庭感覚、固有感覚、触覚）に刺激の入る物、Ｄさんの動作のレパートリーで操作できる物を遊具として用意し、教師と一緒に遊ぶ経験を積むことで、自分から物を操作しようとする動きをもっと引き出したいと考えました。そして、その意欲が手の操作性や物を見ようとする意識にもつながると考えました。

（2）課題同士の関連と中心的な課題の設定

以上に挙げた指導すべき課題について、関連性を整理しました。目を使って物を操作する力を高めるための土台として、簡単な因果関係の理解を促し、目の動きの向上、手の操作性の向上を図ることが必要であると考えました。

そこで、Ｄさんの中心的な課題を、具体的な姿として「手元を見て活動に取り組めることを増やす」としました。その道のりとして、四つの課題に並行して取り組みながら中心的な課題達成を目指すことにしました（図２）。

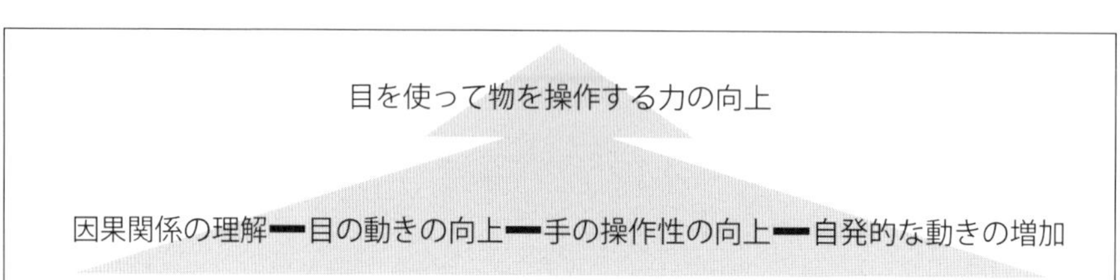

目を使って物を操作する力の向上

因果関係の理解━目の動きの向上━手の操作性の向上━自発的な動きの増加

図２　指導すべき課題同士の関連性

3 個別の指導計画

（1）指導方針

学校生活全体を通した主な指導方針として、以下の四つを挙げました。

①　好きな感覚、受け入れやすい感覚を生かした教材を用いる

好きな感触の物や重みのある物、身体のバランスを必要とする物など、特に触覚や固有感覚（筋肉や関節の感覚）、前庭感覚などに訴えかける教材を用いることで、活動に対する興味・関心や目の動きを引き出すようにしました。

②　働きかけはシンプルにする

活動は具体物等で一つずつ示しました。集中が必要な場面では、静かな場所や衝立等で周りの刺激を抑えた環境を作り、目の前の活動に向かいやすくしました。また、支援するときに話しかけながら触れるなど、複数の刺激を同時に提示しないよう心がけました。

③　支援の仕方を一定にする

着替えや食事など日々の活動に安心して取り組めるよう、どこで補助を入れるか、どう入れるかなど支援の仕方を一定にし、職員間で共通理解を図りました。

④　終わりを分かりやすく示す

活動の終わりを示す方法として、聴覚を使う手がかりを用いました。例えば、活動の切り替えを同じ音楽やタイマーの音で知らせました。また、マグネットを使ってピタッと物をつけるなど、触覚を使って行動の結果を分かりやすくしました。

（2）個別の指導計画

個別の指導計画は下記のとおりです。音などで行動の結果が分かりやすい教具を活用し、「行動の結果に気づいて入れる」「見て入れる」活動を自立活動の時間や体育などで設定しました。また、初期感覚に働きかける教具を音楽や日常生活の指導などで取り入れ、自発的な動きや、手の操作性の広がりを引き出せるようにしました。

指導目標	・手元を見て活動に取り組めることを増やす。（年間を通して）	
指導内容	自立活動の時間	各教科等
	①バランスボールで弾む課題 ②容器に物を入れる課題 ③物の機能性に応じて容器に入れ分ける課題	・バスケットボールを両手で持ち、ゴールに向かって入れる（体育）。 ・打楽器やマラカスを操作して鳴らす（音楽）。 ・興味のあるおもちゃを手で動かして遊ぶ（日常生活の指導）。

4 指導の経過

（1）自立活動の時間の指導

本校小学部では、毎日1時間目を「日常生活の指導・自立活動」とし、帯で自立活動の時間を0.5単位時間ずつ設けています。その中で、個別の課題学習としてDさんと一対一

で対面して指導する時間を設定し、日々取り組みました。

① バランスボールで弾む課題

前庭感覚に働きかけることで、脳の目覚めを促して活動への集中力を高めたり、目の動きを起こしやすくしたりできると考え、はじめに取り組みました。教師が両肩を押すようにして弾ませることを繰り返したところ、背中を伸ばして弾めるようになりました。

② 容器に物を入れる課題

ガラス瓶にビー玉を入れる課題を行いました。入れたときにカランという音がするため、ビー玉を入れたこと（行動の結果）に目が向き、行動の結果に気づき始めたら、教師が瓶の位置を時折ずらすことで、入れるために再び目を向けるのではと考えました。はじめは、教師から物を受け取るのに時間がかかり、瓶を見ずに手探りで入れることが多くありました。教師が瓶をずらすと注意が逸れ、入れるまでに時間を要しましたが、1か月ほど行うと、教師のずらす動きに合わせてビー玉を入れられるようになりました。

③ 容器に物を入れ分ける課題

続いて、瓶と棒の2種を使い、ビー玉とリングを入れ分ける課題に移りました（図3）。はじめは、ビー玉が棒に当たって入らないことに気づき、瓶の方を見て入れるなど入れ直す行動がよくありました。1か月半ほど行うと、最初から正しい方に入れられる頻度が増えました。次に、貯金箱にコインを入れることを加えて3種にしました。当初は、新たに加えたコインを瓶に当ててから貯金箱に入れ直すことがありましたが、2週間ほどで最初から正しい方に入れられるようになりました。

図3　2種の弁別

（2）各教科等の指導

体育の指導では、バスケットボールの単元でゴールに向かってボールを入れることをねらいました。バスケットボールは適度な重さがあり、持った実感を感じ取れます。また、フープにビニール袋をつけたゴールを作成し、ボールが入ったときにバサッと音がすることで入ったことを実感しやすくしました。さらに、ゴールはDさんの胸辺りの高さに設置し、持っている高さから離して落とせるようにしました。はじめは教師と一緒に行い、何度か繰り返すと、ボールを持ったまま近くのゴールまで行き、自分で離して入れられるようになりました。入れたボールを見て確かめる様子も見られました。

5 指導の結果と考察

（1）指導の結果

学校生活全体を通して、「手元を見て入れる課題」に重きを置いて取り組みました。入ったことを意識できるよう音を活用することで、入った後に目を向けたり笑顔になったりして行動の結果に気づくような素振りが見られるようになりました。自立活動の時間における指導では、後半から見分けて入れる課題も行いました（図4）。始めた頃は、違う容器に入れようとして入れ直すことが全試行中50%ほどありました。しかし、10月下旬から入れ直しなしで正答することが劇的に増えました。記録した動画でDさんの様子をよく観察すると、物を手に取った後、入れる前にチラッと容器を見る姿が確認できました。つまり、手を動かした後に目が追従するのではなく、目が先に動いて判断して手を動かす様子がうかがえました。さらに、この時期から、自ら物に手を伸ばして取ることが増え、活動に対する自発性や積極性が高まってきました。他の場面でも、欲しい物があると手を伸ばしたり、物のある場所へ自分から近づいたりする姿が増えてきました。11月に再び入れ直すことが増えているのは、この時期から新たに3種での入れ分けを開始したためです。しかし、12月になると3種での入れ分けも確実に行えるようになり、以降も持続しました。コインを入れる動きも、始めた頃は穴の向きに苦戦しながら入れていましたが、徐々に試行錯誤が減り、手の操作性の向上も感じられました。日常生活でも、相手が差し出した手に物を渡したり、相手を見て自分の手を合わせ、教師とハイタッチしたりする様子が見られ、手とともに目を使う場面が広がってきました。

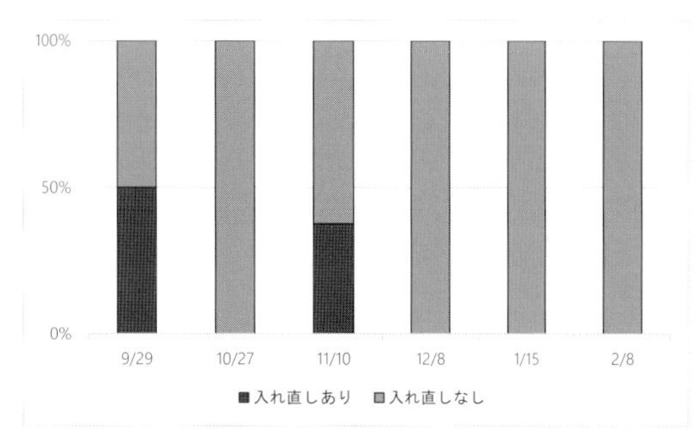

図4　容器に入れ分ける課題

（2）まとめ

目を使って物を操作することに課題のある児童に、「簡単な因果関係を理解すること」「見て入れること」を中心に指導を行い、目的に向かって物を見て操作する姿が見られるようになりました。自立活動の時間の指導で段階を踏んで課題を設定したこと、生活全体を通して手で操作する活動や児童にとって優位である初期感覚に働きかける活動を取り入れたことなどが、Dさんの成長につながった要因として考えられます。また、Dさんの様子を職員間で随時共有し、同じ視点で関われたことも良かったと感じます。今後も、Dさんの好きやよさを生かし、物や人との関わりを広げる指導を行っていきたいと思います。

【引用・参考文献】

池畑美恵子（2020）感覚と運動の高次化理論からみた発達支援の展開．学苑社
宇佐川浩（2007）障害児の発達臨床〈1〉感覚と運動の高次化からみた子ども理解．学苑社
木村順（2006）育ちにくい子にはわけがある．大月書店
下山直人監修，全国特別支援学校知的障害教育校長会編著（2018）知的障害特別支援学校の自立活動の指導．ジアース教育新社

事例5 心理的な安定・環境の把握・身体の動き

手を使って操作することが難しい事例

～体幹を安定させ、身体を調整的に使うことを目指した指導～

鳥取県立皆生養護学校　野口　明紀

Aさんは体幹を保持する力が不足しているために、姿勢が傾いて対象物をうまく見ることができなかったり、立位のときに必要以上に力を入れたりしていました。また、上肢を調整して物を操作することにも難しさがありました。背景要因を探る中で、「体幹を保持して身体を調整的に使うこと」を中心課題に定めました。課題達成のため体幹を保持し続ける学習や、身体部位をゆっくりと動かして操作する学習などを行いました。その結果、体幹が安定した状態でできる動作が増えたり、調整力を働かせて物を操作したりできるようになってきました。

1 対象者の実態

小学部５年生のＡさんは、乗り物や電車のキャラクターが好きな児童です。学習に粘り強く取り組むことができ、うまくいかないことでも教師の支援を受けて最後までやり抜く姿が見られました。

アニメに出てくる好きな電車の名称や色は言えるのですが、白黒になると似た絵柄の区別がつきにくい様子が見られました。また、三つの色積み木を見本どおりに並べることが難しい状況でした。

脳性まひ（痙性両まひ）があり、いすや床に自力で座ることはできますが、写真１のように身体が横や前に傾きがちで手や腕を思うように動かすことが難しい状況でした。手すり等につかまって立つことはできますが、しがみつくような様子で、少しでも身体が傾くと必要以上に力が入る様子が見られました。日常生活では、カバンから水筒や巾着を出す、かごの中に置くといった粗大な動きはできますが、スプーンで食べ物を集めたり食器の縁に沿わせてすくったりするなど、手をゆっくり調整しながら動かすことが難しい状況でした。

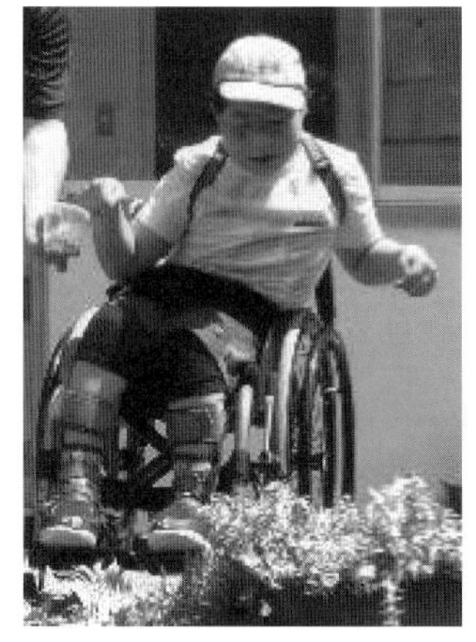

写真１　体が傾きやすく手でバランスを取っている様子

❷ 指導すべき課題

（１）発達的な課題を明らかにする

このようなＡさんの実態を自立活動の区分で整理すると、「環境の把握」と「身体の動き」に関する問題が多いことが分かりました。次に、困難さの背景を分析して、目に見えない発達的な課題を明らかにするために、感覚と運動の高次化チェックリストを使用しました。このチェックリストは障がいや発達のつまずきを領域別に捉えることができる「感覚と運動の高次化発達診断評価法」（宇佐川，2007）を参考に作成したものです。チェックリストの結果は表にまとめて発達上の課題を捉えやすくしています（表１）。

表１　高次化チェックリスト

		処理系					感覚入力系						表出系		
							視覚入力系			聴覚入力系					
		知恵	自己像	情緒	視覚運動協応	聴覚運動協応	基礎視知覚	細部視知覚	全体視知覚	基礎聴知覚	細部聴知覚	全体聴知覚	手先の運動	粗大運動協応	発語
第Ⅰ層	Ⅰ：感覚入力水準	通過	通過	通過									通過		
	Ⅱ：感覚運動水準	通過	通過	通過			通過	通過	通過	通過	通過	通過	通過		通過
	Ⅲ：知覚運動水準	通過	通過	通過	通過	通過	通過	通過	通過	通過	通過	通過	通過	-	通過
第Ⅱ層	Ⅳ：パターン知覚水準	通過	通過	通過	通過	通過	通過	通過	通過	通過	通過	通過	通過	-	通過
	Ⅴ：対応知覚水準	ア	通過	通過	イ	通過	-	ウ	-	通過	通過	通過	-	エ -	通過
第Ⅲ層	Ⅵ：象徴化水準	-	通過	-	-	-	-	-	-	-	-	-	-	-	-
第Ⅳ層	Ⅶ：概念化１水準	-	-	-	-	-	-	-	-	-	-	-	-	-	-
	Ⅷ：概念化２水準	-	-	-	-	-	-	-	-	-	-	-	-	-	-

チェックリストの結果を見ると、全体的には視覚や聴覚で捉えたことと運動がうまく結びつけられるようになる第Ⅱ層の発達段階にあります。しかし、その発達段階において、全体の水準から見たときに発達上の課題があることが分かりました（表２）。

表２　課題がある領域

ア	知恵	思考力や判断力に関係
イ	視覚運動協応	見て適切に操作する力に関係
ウ	視覚入力系	視覚から情報を得る、見分けたり違いが分かったりする力に関係
エ	手先の運動・粗大運動協応	手を使ったり身体を動かしたりする力に関係

（２）学習上の困難さを整理する

上記の課題を念頭に置きながら、学習上の困難さを整理していきました。写真２は絵の具を使っている場面です。机の高さを調節して体幹がまっすぐになりやすいように調整していますが、それでも身体が斜めになっていることが分かります。頭を動かして筆の先を見ることはできますが、色を塗ろうとすると、上肢に力が入りすぎて体幹が傾いてしまうため、思いどおりに操作して表現することに困難さが出ていると考えられます。

Ａさんの発達の段階では、具体物を操作して実感を伴って考えて表現していく学習が必要です。しかし、学習している様子を観察すると、具体物を操作して数えたり、教材を操作して試行錯誤したり、空間で物を積みながら位置関係を理解したりするなど、視覚と運動を同時に使っていくことが難しく、学習が思うように進まないようでした。物を操作すること自体が困難であれば、操作しながら考えていく学習は積み上がりにくくなります。チェックリストの結果と照らし合わせても、視覚と運動に関する領域の課題が、知恵に影響を及ぼしていると考えることができます。

写真２　絵の具を使っている場面

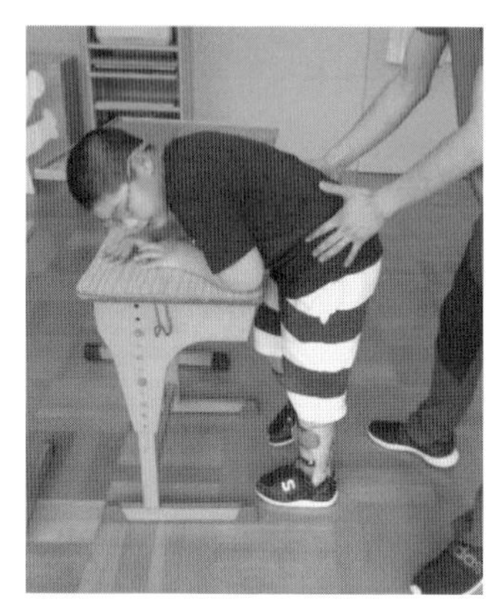

写真３　机を支えに立とうとしている場面

（３）生活上の困難さを整理する

Ａさんは成長期で身長が伸び始めたこともあり、介助について保護者や教師の負担が増してきていました。写真３のように、車いすから立って肘掛いすに座り直すときに、腕を伸ばして補助的に支えることができませんでした。そのため、立位が不安定になりやすく、介助者が常に注意して支え、介助者にも余計な力が入りやすくなっていました。チェックリストの結果と照らし合わせてみても、手を使って支えるような運動の協応が課題になっています。

将来的なことを考えると、トイレや入浴など、介助者の支援を必要とすることが予想されます。自分の身体を調整して保持したり動かしたりしながら、介助者に合わせて協力した動作ができると生活が豊かになると考えました。

（４）中心的な課題を絞り込む

課題を整理していくと、視覚と運動に関する内容が上がってきました。Ａさんが視覚を活用しながら操作するためには、体幹を保持して対象を見続けながら、上肢を調整して動かすことが必要です。学習や生活を豊かにしていくためには、体幹を中心に身体の支持力をつけていきながら身体部位を調整して使えるようにしていくとよいのではないかと考えました。

そこで、中心的な課題を「体幹を保持して身体を調整的に使うこと」とし、自立活動の時間を中心に学校生活全般を通して指導することにしました。

❸ 個別の指導計画

（1）自立活動の個別の指導計画

実態の整理と中心的な課題の設定に基づき、年間の指導目標と指導内容を次のようにしました。

【指導目標】

腕や足で体幹を支えることで、ゆっくりした動作で身体を調整的に使うことができる。

【関連付けて指導する項目と指導内容】

指導目標を達成するため、主として身体の動き、環境の把握、心理的な安定の項目を関連付けて以下の指導内容を設定しました。

① 体幹の保持力を高める学習内容

体幹の保持力を高めるためには、姿勢と運動動作の力だけでなく、視覚や聴覚などの保有する感覚を活用することが大切です。これらに加え、Ａさんにとっては、頑張ればできるという意欲の向上も期待して、自分の身体を支える取り組みを設定し、日常的に体幹を保持できるようになる活動を設定しました。

② ボディイメージを育成する学習内容

自分の身体を動かすためには、自分の感覚を通して身体のイメージが身につけていくことが大切です。そこで、自分の身体の左右や動かす部位を見たり触ったりすることで意識しながら動作できるようになる活動を設定しました。

③ 動きを調整する学習内容

自分の身体に対する意識を高めていくことで、身体の動きを調整して操作できるようになります。そこで、自分の身体をゆっくり動かして、腕や足を調整して操作できるようになる活動を設定しました。

（2）各教科等との関連

上記①②③は、自立活動の時間における指導だけでなく、各教科等の中でも関連を図って指導しました（表3）。

表3　各教科等との関連

学習内容	各教科等における指導場面
① 体幹の保持力を高める	トイレで立位を取る場面、給食の時間にいすに座る場面等
② ボディイメージを育成する	体育の準備運動やマット等を使って身体部位を意識できる場面
③ 動きを調整する	国語や図画工作で筆記用具を使う場面、算数で物を数える場面、音楽で打楽器を使用する場面等

これらの指導については、担任をはじめ関わる教師が意識して取り組めるように情報共有しました。

④ 指導の経過

（1）体幹の保持力を高める指導

Ａさんは手で手すりや机の端をつかみ、自分の身体に引きつけるようにして立ち上がったり立位を保持しようとしたりする様子が見られていました。このままでは身体を丸めるような動かし方が定着して不安定さが増す一方なので、手すりや机の端を腕で押すようにして支持してほしいと考えました。また、股関節や膝を曲げる方向に力が入っているために立位が不安定になっている様子も見られました。そこで、まずは膝立ちの姿勢で股関節を伸ばして膝で体を支えるようにし、同時に手で壁を押すように力を使って支える活動に取り組みました。

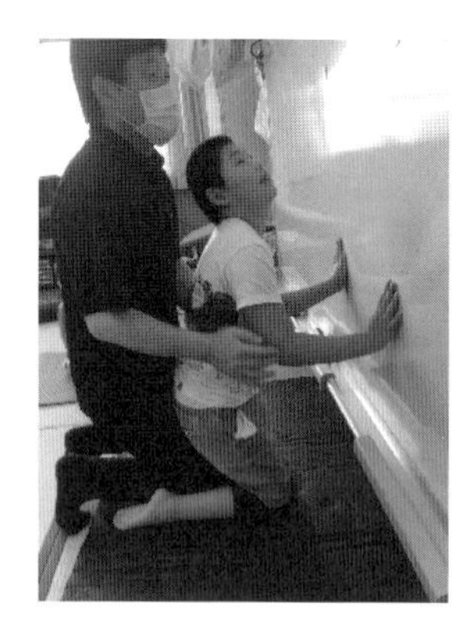

写真４　支援を受けて膝立ちをしている場面

写真４は指導を始めた頃のものです。股関節が曲がってお尻が出るような姿勢になっています。また、手で支えているように見えますが、肩甲骨が背骨側に動いて腕が背中側に引っ張られることが多くありました。そこで教師が腿を使ってＡさんの身体を支え、動きをサポートしながら少しずつ股関節を伸ばして膝に体重が乗るようにしていきました。目の前のホワイトボードには友達の写真等、Ａさんの興味があるものを貼っており、片手で身体を支えながらもう片方の手で写真等を取る活動をしていきました。

写真５　一人で膝立ちをして活動している場面

次第に一人でも膝立ちをしようとする姿が見られるようになったので、ホワイトボードに絵を描いたり写真等を貼ったりする時間をつくりました。写真５は、２か月ほど経ってホワイトボードに描いた絵を消しているところです。左手でホワイトボードを押すようにして身体を支えて、右手に持ったイレイサーで消しています。この頃には手で壁や机を押すようにして立位をとることができるようになっていました。まだ身体が曲がり気味ではありましたが、立位のまま机を拭いたり机をつたって横に移動したりできるようになりました。

（2）ボディイメージと身体の調整力を育てる指導

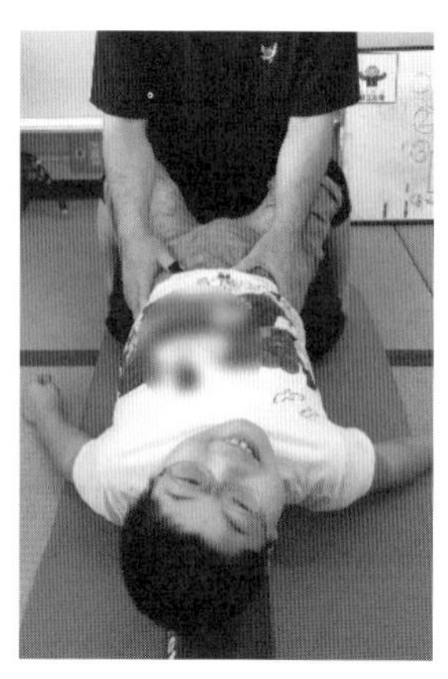

写真６　円柱上の器具に仰向けで寝てバランスを取っている場面

ボディイメージを高めるために目の前にいる教師と同じ身体部位を触る学習をしました。頭や腕といった分かりやすい部位から始めましたが、次第に目や耳、肘や手首など近接した部位を区別して触れるようにしました。また、写真６のように長さ１ｍの円柱状の器具の上に仰向けに寝て、身体の中心軸を意識しながら左右の腕や足を動かす活動をしました。最初は器具からすぐに滑り落ちていましたが、次第に落ちないように調整できるようになり、ゆっくりと左腕だけを上げる等の動作ができるようになりました。

❺ 指導の結果と考察（まとめ）

指導を通して、体幹を保持して身体を調整的に使えるようになってきました。写真７は指導前、写真８は指導後の給食時です。写真７では、左腕は取っ手を引っ張るようにしており、胸から上が前に倒れています。左肘も机につけており、動きの調整が困難でした。写真８では、左手で取っ手を押すようにしながら体幹の保持をしています。体幹が安定したことで、右手を適切にコントロールして使うことができており、食べ物をこぼさずにすくって食事をすることができようになりました。食器をよく見て右手の動きを調整して食べ物を集めることもできるようになりました。

写真７　指導前

写真８　指導後

手や足を使って身体を支持することも定着してきており、トイレから車いすに乗り換える際に自分の力で安定した姿勢を維持することもできるようになりました。教科の学習でも見本と同じ色の積み木を探して並べたり、イラストの細部の違いに気づいたりできるようになりました。体幹を保持して身体を調整的に使うという課題が改善されたことで、頭部の動きが安定し、視覚の活用が促されて、よく見て考えたり適切に操作したりする力が向上したと考えられます。

６年生になり卒業式でお別れの歌を歌っているとき、車いすに座っているＡさんが身体をまっすぐに伸ばし、手で足を軽くタップしてリズムをとっていました。余計な力も入らず、リズムもぴったりな様子に感慨もひとしおでした。

【参考文献】
宇佐川浩（2007）障害児の発達臨床〈1〉感覚と運動の高次化からみた子ども理解．学苑社

第3節　準ずる教育課程

事例1　身体の動き・心理的な安定

座位の保持が難しく、自分に自信がもてない事例

～身体の動きの学習を通して、自己肯定感を高める指導～

千葉県立袖ケ浦特別支援学校　阿部　晃久

本事例は、車いすの姿勢が崩れやすく、座位の保持が難しい生徒の指導経過です。実態把握図から、座位の安定を中心課題としつつ、座位の安定を通して、身体の気づきや自己肯定感を高める指導を行うこととしました。その結果、あぐら座位で一人で座ったり、箱いすでも少しの支援で座ったりすることができるようになりました。姿勢の変化にも気づきが高まり、意欲的に学習に取り組む様子が見られるようになりました。

❶ 対象者の実態

Aさんは高等部3年生の男子で、脳性まひと視覚障害を合わせ有する生徒です。普段は寄宿舎で自立を目指した生活をしています。高等部1年生のときに、電動車いすを作製し、自立活動で操作の練習を繰り返し行い、現在は校内を一人で移動することができるようになりました。細い道や、人が多い場所では慎重に運転することができます。

学習面では、準ずる教育課程に在籍し、英検準2級を取得するなど意欲的に学習に取り組んでいます。

身体面では、日常生活動作は概ね一人で行いますが、車いすの操作や書字などの手を動かす作業では姿勢が崩れやすくなることが目立ってきました。

❷ 指導すべき課題

（1）情報収集

Aさんの実態を、担任と自立活動の担当者、寄宿舎の担当者をはじめとして、Aさんの学校での様子や寄宿舎での生活について、知っている教職員で付箋紙に書き出しました（図1）。

付箋紙には、身体に関する項目が多く書かれていました。

箱いすで足が踏ん張れていない	学校生活全体で手の使い方に難しさがある	あぐら座のとき、左肩が上がっている	あぐら座で左のお尻が浮きやすい	スプーンやフォークが上手に使えない
ベンチ座位などで足底が床につきにくい	座位姿勢のとき、手首が屈曲しやすい	方向感覚がなかなか身につかない	語尾が聞きとりにくい	パンは食べにくそうにしている
箱いすに座ると左足が床につきにくい	車いすで姿勢で状態が反っている	特別教室の場所を覚えるのに時間がかかる	話すときに肩に力が入りやすい	あぐら座をとることができる
箱いすに座るとあごが上がりやすい	車いすでは、お尻が前にずれやすい	近くに人がいても声をかけずに動きだす	頭部が右に傾きやすい	やってほしいことを依頼することができる
立位のとき、足が床につきにくい	車いすのとき、背中が後ろに傾いている	あぐら座のとき、腰が反りやすい	食事が遅くなることが多い	身体の傾きに対する恐怖感が強い
立位のとき、あごが上がりやすい	車いすのステップにかかとだけのっている	車いすで身体を起こしたときに背中を反らしやすい	教室で他の友達が作業をしていても気づかずにいることがある	人と話すネタをたくさんもっている

図１　付箋紙に書かれた情報

（２）実態把握図の作成

次に、付箋紙に書かれた情報を、書かれた内容が同じような付箋紙をまとめ、Ａさんの課題の関連性について整理する「実態把握図」を作成しました（図２）。

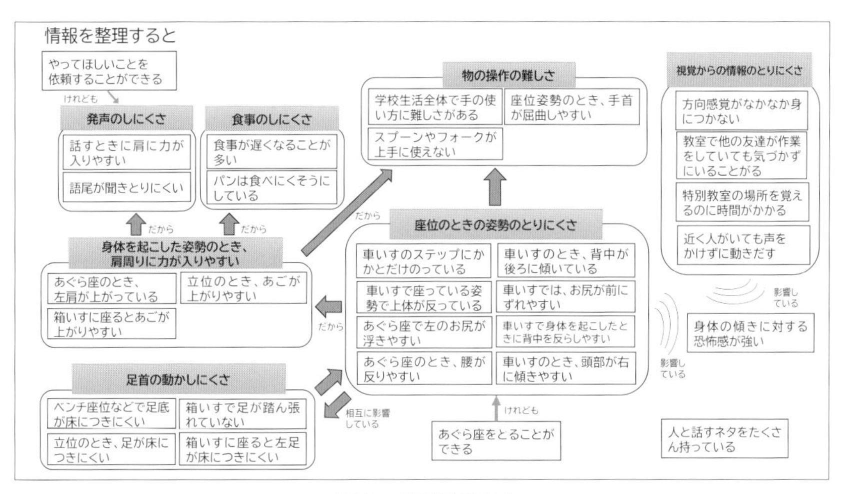

図２　実態把握図

実態把握図を見ていくと、「座位のときの姿勢のとりにくさ」に関する情報が多く集められました。例えば、「お尻が前に出てしまい腰が後傾してしまう」や「車いすを操作しているときに、右に姿勢が傾きやすい」などの情報が挙げられました。ほかにも、「肩周りに力が入りやすい」や「物の操作の難しさ」といったグループもでき、こうした背景には「座位姿勢のとりにくさ」が主な要因として考えられるのではないかと、集められた情報から仮説を立てることができました。また、Ａさんは自分自身の姿勢の崩れには気づくものの、自分で直したり、人に依頼したりすることが少ないことも課題として挙げられました。そこで、指導すべき課題を「座位姿勢のとりにくさ」としました。

（３）年間指導計画について

次に、指導すべき課題と年間指導計画との関連について整理しました（図３）。本校では、自立活動の指導において、児童生徒一人一人に年間指導計画を設定し、１年間で達成すべき指導目標を明確にしています。

実態把握図からＡさんの指導すべき課題は、「座位姿勢のとりにくさ」だと考えました。車いすでは、お尻が奥まで入っておらず、しっかりと座れていないことが課題だと考えました。また、Ａさんについて、自立活動の時間指導の担当者である筆者は、心理面にも課題があると考えていました。授業の中で、「僕ってすごくネガティブなんです」や「いろいろなことに自信をもつことができないです」などの言葉を発することが多く見られたからです。そこで、筆者は少しでもＡさんが身体の動きを通して、「できた！」「自分でもできる！」といった自信をもてるようになるために、二つの力をつけてほしいと考えました。一点目は、「身体や姿勢への意識を高めてほしい」ということです。Ａさんは、車いすで姿勢が崩れても自分で直したりする様子が見られませんでした。筆者はあぐら座位や箱いす座位の課題を通して、自分の姿勢への意識を高めてほしいと考えました。Ａさんと話す中で、「あぐら座位で、自分で座ってみたい」と、本人の願いもあったことから、あぐら座位や箱いす座位を通して、Ａさんと身体について一緒に考えていくことにしました。

二点目は、「身体の動きを通して自信をもってほしい」ということです。Ａさんとのやりとりの中で、身体への劣等感を感じている様子が見られました。「自分は○○はできないですよね」「○○は難しいですよね」など、ネガティブな発言が聞かれました。そこで、筆者は身体の動きを通して、「自分でもできる」「やってみよう！」とＡさんが感じることができるような指導をしたいと考えました。また、自信をもって、学校生活や卒業後の生活を送ることができるようにしたいと考えました。

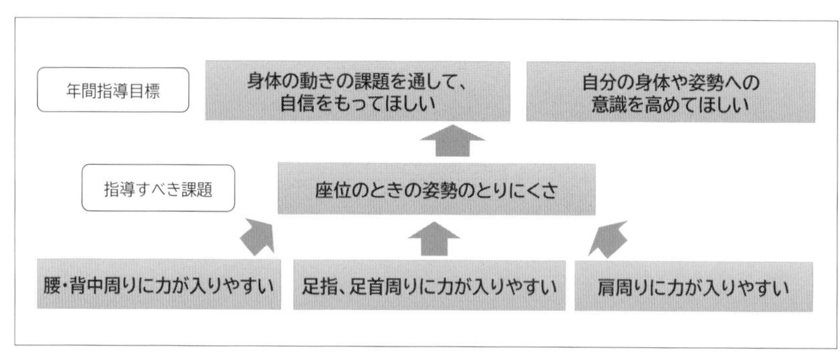

図３　指導すべき課題の整理

❸ 個別の指導計画

（１）ケース会について

本校では、１年に３回のケース会を行い、指導の方向性や配慮事項等について話し合いを行っています。Ａさんについては、担任と自立活動の担当者、寄宿舎の担当者の３名で、現状の課題の整理と今後の指導の方向性について話し合いました。

具体的な方向性として、Aさんが良い姿勢で車いすに座り生活を送ることができるようにしていこうと共通認識をしました。なるべく、自分で姿勢の崩れに気づき座り直したり、教師や寄宿舎職員に依頼したりできるとよいのですが、まずは姿勢が崩れたときに教師等が直し、姿勢への意識を高めることを目標にしました。また、寄宿舎ではAさんを対象とした研修を行い、講師として支援部の教師がAさんの身体について、配慮事項等を説明し、共通理解を図りました。

（2）個別の指導計画について

①　年間指導目標

年間指導目標について、以下の三つを設定しました。

1）教師の支援に合わせて、力を抜いたり入れたりすることができる。

2）あぐら座位や箱いす座位を通して、自分の身体への気づきを高めることができる。

3）身体の動きを通して、自信をつけることができる。

②　指導内容・方法

Aさんの自立活動の時間における指導の学習内容は以下のとおりです。

【指導目標】

・教師の支援に合わせて、足首や腰、肩周りの力を自分でコントロールすることできる。

・鏡の前であぐら座位や箱いすに座り、自分の姿勢や身体の動かし方に気づくことができる。

【評価規準】

・教師の支援に合わせて、自分で身体の力を抜くことができたか。

・あぐらや箱いすに座ることができたか。

・鏡で、自分の姿勢の変化に気づくことができたか。

	学習内容	評価規準（学習場面に即した評価規準）
導入	挨拶・健康チェック	
展開①	【足指、足首の力を抜く】 教師の支援に合わせて足指・足首、力を抜く。	・足指、足首の力を自分で抜くことができたか。
	【腰・背中周りを緩める】 教師の支援に合わせて、側臥位の姿勢で腰や背中をひねり、力を抜く。	・教師の支援に合わせて、腰や背中をひねり、力を抜くことができたか。
展開②	【あぐら座位をとる】 鏡の前で教師と一緒にあぐら座位をとる。	・お尻全体をつけて、座ることができたか。 ・顔を上げて、座ることができたか。 ・鏡で自分の姿勢を見て、直すことができたか。
	【箱いすに座る】 ・鏡の前で、教師と一緒に箱いすに座る。	・右手を箱いすにつき、自分で身体を支えて座ることができたか。 ・足を床につけて、身体を支えることができたか。 ・鏡で自分の姿勢を確認し、直すことができた。
まとめ	【本時を自己評価する】 ・本時の学習を振り返り、良かった点、改善点を教師に伝える。	・本時の学習内容を自己評価することができたか。 ・うまくできなかった場合、どこを修正したらよいか言葉で伝えることができたか。

❹ 指導の経過

（1）力のコントロールについて

指導当初は、身体に力が入り教師が触れてもなかなか力を抜くことができませんでした。しかし、繰り返し学習を行うことによって、肩の力や足指の力を抜く感覚を覚え、自分で力を抜くことができるようになってきました。また、外部専門家の助言を受け、深い呼吸をすると力が抜けることが分かると、自分から深い呼吸をして力を抜こうとする様子が見られるようになりました。

（2）座位姿勢の学習について

指導当初は、股関節周りや腰周りが硬く、慣れない姿勢で肩に力が入り、なかなかあぐら座位の姿勢をとることも難しかったです。しかし、継続して指導を行うことで、股関節周りが動かしやすくなり、スムーズにあぐら座位の姿勢がとれるようになりました。また、最初は脇の下から教師が身体を支えると、力が入ってしまい、座位姿勢を保持することが難しかったですが、お尻全体を床につける感覚をていねいに指導していくと、少しずつ肩の力が抜けてきて、教師の支援がなくても一人で座ることができるようになりました。

（3）箱いす座位について

指導当初は、足を床につけると身体全体に力が入ってしまうことが多く見られ、箱いすに座ることが困難でした。そこで、教師が脇の下から身体を支え、足を床につけることを課題にして取り組みました。鏡でＡさんと床に足がついているか、確認しながら授業を進めました。Ａさんと確認しながら、少しずつ身体を支える部分を少なくしていきました。すると、教師がＡさんの右肩を支えるだけで、座ることができるようになりました。また、鏡で自分の姿勢の崩れにも気づき、足のつき方を変える様子も見られるようになりました。

（4）身体の気づきについて

Ａさんは、指導当初は教師の「今日はどうだった？」という問いに対して、「うまく座れました」「今日はダメでした」と答えるくらいでした。しかし、指導を進めていく中で、「今日は最初にしっかりと力が抜けたから座れたと思います」「次はもう少し、緩める時間を長くしたいです」など、具体的に伝えられるようになりました。また、「今度は○○をやってみたいです」「次は、あぐら座位を長くやりたいです」など、目標をもち、意欲的に学習に取り組むようになりました。

❺ 指導の結果と考察（まとめ）

（1）指導の結果

①　身体への気づきの高まり

Ａさんは、あぐら座位、箱いす座位ともに、指導当初は姿勢をとることが困難でしたが、少しずつ自分で座ることができるようになりました。その中で、Ａさん自身から、「もっとこうしてほしい」「こうすれば座りやすく」という言葉が出ており、座位の学習を通して自分の身体への気づきを高めることができたのではないかと考えます。また、学校生活でも、自分の姿勢への気づきが高まり、車いすでは自分で座り直したり、座り直しなどを依頼したりすることが増えてきました。高等部３年生ということもあり、自分の身体の変化を感じ、人に伝える力が高まったことは、卒業後の生活にも生きていくのではないかと考えます。また、Ａさんの指導を進めていく中で、姿勢の崩れの要因の一つに視覚障害による見えにくさが影響していることが分かりました。Ａさん自身が、目で物を見るためには、少し姿勢を崩した方が見えやすかったようです。そこで、車いすでの姿勢については、本人と相談し、どのような座り方がよいのかを話し合いながら授業を進めてきたことにより、身体への意識を高めることができたと考えます。

②　自己肯定感の高まり

Ａさんと授業を行っていく中で、少しずつ前向きな発言が増えてきました。指導当初は、比較的、教師が提示した課題を行うだけの授業が多かったです。しかし、あぐら座位がとれるようになり、箱いす座位でも少しの支援で座れるようになってから、「今度は座る時間を増やしてほしいです」「今度は寄宿舎でも座ってみたいです」など、意欲的な発言が多く聞かれるようになりました。また、寄宿舎でお風呂に入る際、今までは寝た姿勢でお風呂に入っていましたが、あぐら座位でシャンプーをするなど、様々な場面でＡさんの変化を見ることができました。Ａさんは身体の動きの成功体験を通して、「できた」「できそうだ」と感じることが増えたのではないかと考えます。

（2）まとめ

Ａさんの指導においては、付箋紙を活用して課題を整理して実態把握や指導内容を設定したこと、また、学習評価を繰り返していくことで、ていねいな指導を行うことができたのではないかと考えます。また、担任や寄宿舎の担当者とも連携を図ることで、自立活動の指導内容が他の多くの場面でも生かされました。特に寄宿舎での生活では、寄宿舎の指導員が自立活動の実践を活用しながら、Ａさんの主体性や自立を促してきました。Ａさん自身も、卒業後に向け、自分でできることに積極的に取り組んだり、できないことは依頼したりできるようになりました。自立活動の取り組みが、Ａさんの自信となったと考えます。Ａさんは、授業を通して、身体の変化を感じるとともに、心の変化も感じることができたことでしょう。

事例2 環境の把握・身体の動き

落ち着いて学習に取り組むことが難しい事例

～児童が自身の身体の状態に気づき、見通しをもって活動することを目指した指導～

筑波大学附属桐が丘特別支援学校　有井　香織

落ち着いて学習に取り組むことに難しさのある児童の実態を踏まえ、物事に対して基準をもって捉えることを課題としました。自立活動の時間における指導で、自己の状態に気づき、基準をもって体を動かすことを中心とした指導を行ったところ、自分の体に意識を向け、自ら働きかけようとする姿や次の目標に向かって主体的に学ぼうとする姿が見られるようになりました。

1 対象者の実態

小学部第３学年の女子です。主障害は、脳性まひです。車いすで自走ができ、不安定ではありますが、独りで歩くこともできます。本児は、小学部第３学年の目標・内容で学習しています。しかし、学習に対する取り組み方は、周りの児童が教師の話を聞こうと並んでいる中、並んで座ることが難しく時間がかかったり、時には教室の外に出て行ったりすることもあるなど、落ち着いて取り組むことが難しい様子が見られました。また、授業で自分の考えを積極的に発言したり､テストで一文を抜き出す箇所が合っていたりするため、教科の目標は達成できていると教師側は評価していました。ただ、書くときにはこれまでに習った漢字を使わず、すべて平仮名で書く様子も見られました。

2 指導すべき課題

（1）学習上又は生活上の困難とその背景

本児の学習上の困難さは、次の点です。

- ・落ち着いて座って、学習に取り組むことが難しい
- ・習った漢字も平仮名で書くことが多い

こうした様子について、担任を含め指導に関わる教師でケース会を行いました。ケース会の中では、図１のような図を作成しながら、なぜ本児がこのような姿を見せるのかという背景要因を探りました。

「落ち着いて座って、学習に取り組むことが難しい」ことについては、授業の場で歩き回ることはよくない、ということを分かっていないのではないかと考えました。さらに、それは、体が落ち着いていないからなのではないか、と本児の学習上の困難さについて考

えていきました。つまり、体が落ち着いていなく常に動いているような状態にあるので、本児にとってはそれが普通の状態であり、授業の場で歩き回っているような感覚もなく、そのことが、落ち着いて座って学習に取り組むことが難しいという姿として表れていると想像しました。

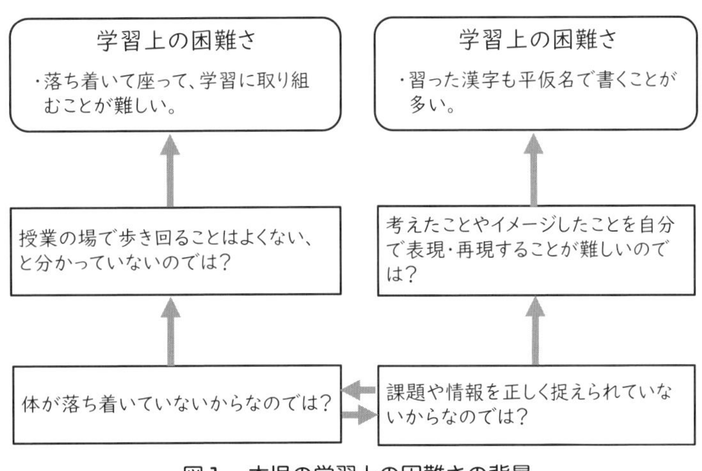

図1　本児の学習上の困難さの背景

また、ケース会では、想定外のことがあったり、慣れない人との関わりがあったりすると、不安定になり、気持ちの切り替えが難しい様子がある、という情報もありました。気持ちが不安定になり、切り替えがしにくいところも、本児が落ち着いて学習に取り組むことへの難しさにつながるのではないか、と本児が見せる困難さの背景を捉えていきました。

さらにケース会の中では、こうした本児の学習上の困難さから、課題や情報を正しく捉えられていないのでは、という見方もありました。そのことで、落ち着かなくなってしまう、また体が落ち着かないことで、課題や情報を捉えにくくなっているのではないだろうか、と本児が見せる行動の背景をさらに深く捉えていきました。

「習った漢字も平仮名で書くことが多い」ことと関係して、算数でも図形を描くことが難しい、という情報がありました。そうした本児の様子がなぜ見られるのかについては、考えたことやイメージしたことを自分で表現したり、再現したりすることが難しいのではないか、と捉えました。自分の考えやイメージはもてている本児ですが、自分の中にある考えやイメージを漢字や図形などに結びつけて表現したり、再現したりすることの難しさがあることにより、結びつけやすい平仮名で書いているのではないか、と考えていきました。

このような学習上の困難さから、本児は、もしかすると自信がもてないのかもしれない、と推測しました。課題や情報を正しく捉えられていないとすれば、課題に対し自分ができたかどうかも分からないでしょう。学習に取り組んだ評価を自分ですることができなく、主体的に学習に取り組みにくくなっているのではないか。学習への取り組みにくさの現われの一つが、習った漢字も平仮名で書いてしまう、という行動なのではないか。そうした自信のなさが、物事と向き合っていきにくくしているのではないか。

ケース会を経て、そんな本児の全体像が見えてきました。ケース会を終えた段階での学習上の困難さの背景を整理したものが、図2です。

（2）指導すべき課題の整理

図2より、本児の指導すべき課題としては、大きく三つ考えました。

① 物事に対して、基準をもって捉えること

授業の場で歩き回ることはよくない、と分かっていない本児の様子から、授業と授業ではない場、という見方が本児にはないのではないかと考えました。また、体が落ち着かず、常に動いているような状態も、よい姿勢という状態が本児には認識されていないのではないかと考えました。これらのことは、本児が物事に対する自分なりの見方や基準をもっていないことを表していると思いました。

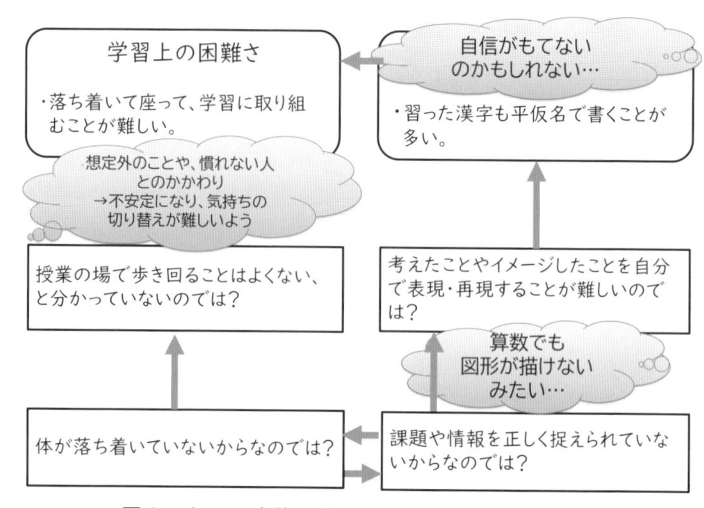

図2 ケース会後の本児の学習上の困難さの背景

② 情報を正しく捉えること

課題や情報を正しく捉えられていないのでは、ということから、情報を正しく捉えていくことも課題になると考えました。

③ イメージしたことを表現すること

考えたことやイメージしたことを自分で表現したり、再現したりすることの難しさから、自分がイメージしたことを表現していくことが課題になると考えました。

この三つを課題として捉え、図3のような関係であると考えました。そして、この三つの中でも、一番大切だと考えたのが、「物事に対して、基準をもって捉えること」という課題です。これは、教科学習では、見方・考え方に当たるところですが、本児の場合、他の課題の基盤になるものと考え、教科の授業の中でも教師が意識して指導することにしました。

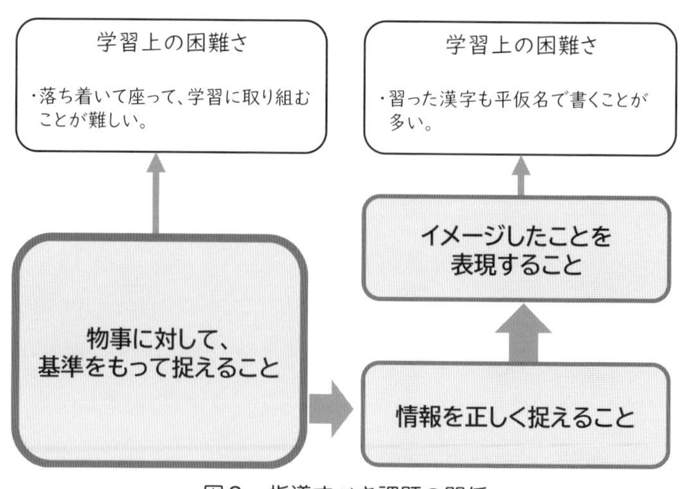

図3 指導すべき課題の関係

❸ 個別の指導計画

(1) 指導目標

こうした本児の実態から、指導目標を以下のように設定しました。

・自分自身のことを理解し、落ち着いて、自信をもって学習に取り組む。

(2) 指導内容・指導方法

①　共通して行う手立て・配慮

目指していきたい本児の姿、また指導すべき課題から、どの授業でも共通して行う手立て・配慮として、次のようなことを教師間で共通理解しました。

1）学習姿勢を整えること

本児が学習姿勢を整えられるような声かけをどの授業でもするようにしました。本児が考える「よい姿勢」を基準とし、どの授業でも「よい姿勢」から始め、途中で姿勢が崩れることがあっても、基準である「よい姿勢」に本児が戻れるよう、教師は活動の切り替えのときなどに声かけをするようにしました。

2）教師の関わり方

課題や情報を捉えにくい本児には、課題の提示をシンプルにするようにしました。例えば、授業の中で取り組む活動を一つずつ伝えたりワークシートに記載したりすることです。このようにすることで、本児が、その時点で取り組むことを理解して活動できるようになると考えました。また、活動のゴールがある程度分かるように、事前に伝えるようにもしました。そうすることで、自分がどの段階にいるのかを本人が理解して活動に取り組むことができるのではないかと考えました。

それから、物事に対して基準をもって捉えられるよう、まず部分に着目し、その後部分と部分の関係を捉えていくことができるような指導を心がけました。例えば、国語科で学ぶ漢字であれば、パーツごとに着目するようにすることで、全体だけではなく部分という見方で捉えていくことができるようになると思いました。

さらに、自分ができたかどうかも分からなく、その評価を自分ですることができない本児には、できたことを教師が具体的な言葉にしてフィードバックするようにしました。

②　自立活動の時間における指導

本児の課題の中でも、最も重要と考えられ、他の課題との関連が強いと思われる「物事に対して、基準をもって捉えること」について、まずは自分の体の動きの学習を通して指導することとしました。

③　各教科等における自立活動の指導

活動の切り替え時などに学習の姿勢を確認したり、まず部分に着目し、その後、部分と部分との関係を捉えていくことができるような指導をしたりしました。

表１　本児の個別の指導計画

指導目標	・自分自身のことを理解し、落ち着いて、自信をもって学習に取り組む。	
指導内容	自立活動の時間における指導	各教科等における自立活動の指導
	・座位姿勢や立位姿勢でポイントとなる基準を教師が明確に示すことで、本児が自己の状態に気づき、基準をもって体を動かす。 ・状況の見通しをもって活動に取り組む。	・活動の切り替え時などに学習の姿勢を確認する。 ・物事を捉えるときに、まず部分に着目し、その後部分と部分の関係を捉えていくことができるような指導をする。

❹ 指導の経過

（１）自立活動の時間における指導

自立活動の時間には、「自分で基準をもって体を動かす」ことをねらいとして、いくつかの活動を行いました。その一つが、足の裏をしっかりつけて座るという活動です。

授業者が足の裏に触れるのを本児が感じたあと、それぞれの指が床についているのを感じて座ります。そして、その状態で数秒間保ちます。本児は、授業者が足の裏や指に触れると、もぞもぞと足や上半身を動かす様子が見られます。ときどき力が抜けて、授業者の手のひらや床が、本児の足や指となじむ瞬間がありました。そのようなときには、「しっかりついていて、いいね！」と本児に声をかけました。こうした学習を続けていくと、本児からは、「座ったり立ったりするときに、手足がうようよしないようにしたい」という、発言が聞かれるようになりました。体の動きを通したやりとりから、自分への気づきが感じられました。

（２）各教科等における自立活動の指導や手立て・配慮

授業の始めや、活動が変わるときに、学習する姿勢を確認することを続けてきました。教師は、「足の裏とお尻をしっかりつけようね」と自立活動の時間における指導と関連させた声かけをしたり、「机とお腹の間に、拳一つ分空けようね」と本児が自分の体を意識できるような確認の仕方をしたりするようにしました。すると、少しずつ本児が「先生、この姿勢はどう？」と足の裏とお尻をしっかりとつけた、よい姿勢を教師に見せるようになったり、「拳一つ分空けるんだ」と自分の体と机の間に拳を作って、自分で姿勢を整えたりするようになってきました。

また、本児には一斉指示で出した課題について、個別に確認することもしました。自分が取り組むべき課題が分かることで、集中して学習に取り組む姿が見られるようになってきました。

5 指導の結果と考察（まとめ）

（1）指導の結果

①　自立活動の時間における指導

座る・立つなどの大きな動きを通して、足の裏、おしり、膝などのポイントとなる部位に関して「足の裏がついていないといけないんだよね。でも、足が浮いちゃうんだよね」という本児の発言があり、それらの部位の感覚がはっきりしてきたと捉えました。また、授業者が触れることで、そこに意識を向けたり働きかけたりしようとする姿が見られました。働きかけるために、どの部位をどうやって動かすのかについての言及や態度が見られるようになってきました。これまで「基準がなかった」のが、基準に照らして、苦手なことに着目し、「わたし、立ちあがったあと、止まれなくなるんです」など、自分の体と向き合おうとする様子が見られてきました。

②　各教科等における指導

小学部全体で行っている道徳の授業では、年度の始め、なかなか落ち着いて学習に取り組むことが難しかった本児が、自分でいすを移動し、友達が並んでいる列の中に入り、学習に取り組むようになりました。

また、書いた字を自ら、自立活動の授業を担当している教師に見せる姿も見られるようになりました。図４は、本児が書いて見せた漢字です。「指」のてへんは正確ではありませんが、だいぶ正確に漢字が書けるようになってきました。自信をもって漢字を書き、担任ではない教師に書いた字を見せるようになった姿は、本児の大きな変化だと感じています。

図４　本児が書いた漢字

（2）まとめ

基準をもって自己や物事を捉えることが大きな課題である本児に、自立活動の時間の指導で、体の動きの学習を取り上げ、自分の体に気づく、意識することから始めました。

本児の場合、自分の中に体の基準をもつことによって、その基準で自己や物事を捉えられるようになりました。そして、よい基準を自分で再現できるようになると、心と体を落ち着けて、物事に取り組む姿が見られるようになりました。自立活動の指導と、各教科等の学習場面や生活場面をつなげて指導していくことが、本児の成長につながったのだと思います。

本児の指導を通して、児童生徒の学習上又は生活上の困難を捉え、その背景と指導すべき課題を考えていくことの大切さ、また、それぞれの児童生徒に関わる教師が、児童生徒の目指していきたい姿という共通の方向性をもって関わり、指導をしていくことの大切さを改めて感じることができました。

事例3 環境の把握・身体の動き

身体の緊張が強く、学習動作や生活動作を行うことが難しい事例

～支援機器を用いた代替手段の獲得を目指した指導～

ロッテルダム日本人学校（前 筑波大学附属桐が丘特別支援学校） 古山 貴仁

学習動作や生活動作が難しい対象児童に、①自分の身体の状態について知り、生活しやすい環境を整えていくことと、②書字の代わりとなる支援機器による文字入力を行い、各教科等の場面で活用することを指導しました。特に支援機器の活用については、パソコンを使って文字入力をしたり、タブレット端末を使って作文やメールを書いたりすることができるようになり、「自分でできた」という成功体験を積むことができました。

❶ 対象者の実態

小学部第５学年の男子で、脳性まひの児童です。身体の緊張が強く、自分の意思とは関係なく強い力が入り続けてしまうことがあります。そのため、楽な姿勢で座ることができなかったり、思うように手や足を動かすことが難しかったりします。特に右腕の緊張が強く、腕が後ろに引っ張られていることがあります。車いすに座っているときには、ベルト等で支えていますが、姿勢が崩れやすく左に傾いたり、お尻が前にずれてきてしまったりすることがあります。力が入り続けている状態なので、疲れやすく、学習になかなか集中できないこともあります。

このような身体の状況があることから、学習動作や生活動作にも困難さが現れています。左手は、肘を固定して支えがあれば、自分の思ったように少し動かすことができるので、指で字をなぞったり、パンなどをつかんで食べたりすることができます。しかし、自分の力だけでできることは少なく、書字や食事等の場面において介助が必要です。

一方、声を出すときには緊張が強くなることが少なく、とても明瞭に話すことができます。介助の依頼や、学習時の代筆等では、上手に話して説明しています。また、自分の身体の状態への意識はとても高いです。身体に力が入っている、ゆるんで楽な状態である等、はっきり感じることができます。緊張が強く入って腕が伸びているときには、腕を曲げてベルトで止めることで緊張を落ち着けようとしていたり、座り直すように依頼をしたりするなど、自分なりに対応しようとする姿も見られます。

❷ 指導すべき課題

（1）学習上又は生活上の困難とその背景要因

図1は、対象児童の担任と指導に関わる教師で行ったケース会で作成した、実態把握図の一部を抜粋したものです。身体の緊張が強いことと、それに伴ってどのような困難さが現れているのかを整理しました。対象児童の困難さの多くは、身体の緊張が強いことから現れています。前述の通り、自分の意思に関係なく力が入ってしまうので、様々な場面での介助が必要になります。学習面においては、学習で使う用具の準備や、筆記用具を使って文字を書くこと、教科書をめくることなどです。生活面においては、食事動作、排泄、教室間の移動、車いすへの移乗の介助を行っています。

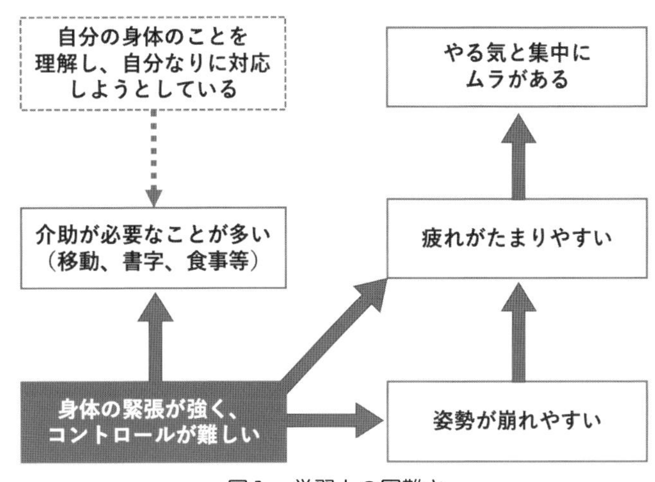

図1　学習上の困難さ

介助が必要なことに加えて、無意識に力が入り続けてしまっていることから、疲れがたまりやすいという状況もあります。授業中に疲れを訴えたり、疲れていて活動に参加できなかったりすることがあります。

また、身体の緊張が強くなることによる、姿勢の崩れも疲れと関連していると考えられます。強い力が入ることにより、身体がぴんと伸びてしまい、車いすに座っていてもお尻が前にずり落ちてしまったり、身体が傾いてしまったりして、姿勢が崩れることがあります。崩れた姿勢のままでいることで、楽に座ることができず、疲れがたまる要因にもなっているのではないかと考えました。さらに、疲れがたまっていることにより、学習内容への影響も見られます。最初は意気込んで活動に参加していても、疲れがたまってくるとやる気が下がってしまったり、集中が短時間で切れてしまったりすることがあります。疲れや身体のつらさは、集中や思考と関連しやすく、学習に取り組む姿勢にも影響を及ぼしてしまいます。

このような困難さはありますが、自分の身体のことを理解し、自分なりに対応しようとする姿も多く見られるようになってきました。疲れたときにはリクライニングのできる座位保持いすに乗り換えを依頼したり、クッションを入れて身体を預ける場所をつくることを依頼したりする姿が見られました。また、自分でできる動きの中で様々なことに挑戦する姿もありました。

（2）指導すべき課題の整理

対象児童の課題として、大きく以下の二つを考えました（図2）。

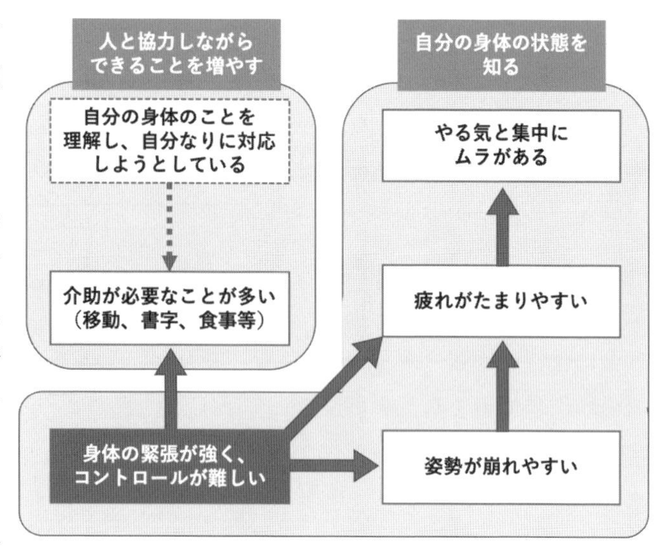

図2　対象児童の指導すべき課題の整理

①　自分の身体の状態を知ること

対象児童の学習上・生活上の困難の大きな背景要因となっている、身体の緊張が強いことについて取り組む必要があると考えました。実際に身体に触れて緊張をゆるめる学習や、教師と一緒に身体を動かすなど、様々なアプローチの仕方はありますが、本実践では、楽な姿勢をとったり、休息をとったりするなど、自分で環境を整えていくことに焦点を当てました。対象児童は、身体に緊張が入っていたり、ゆるんでいて楽になっていたりするなど、身体の状態を敏感に感じとることは得意です。そこで、どのような環境を整えると、身体が楽な状態になるのか知ることが重要であると考えました。そして、落ち着いて学習に向かえる環境を、自分で整えられるようにしていくことを目指しました。

②　人と協力しながら、できることを増やしていくこと

対象児童は、自分なりに工夫してできることを増やそうという意欲が高く、新しいことにも挑戦する姿が見られます。「自分でできそうだからやってみたい」「～ができた」という発言が増えてきて、自分でできたことへの満足感を強く感じているようです。しかし、自分でできる動作はどうしても限られてしまうため、やりたいことはあっても、それを実現する手段をもっていない状況でした。そこで、学習動作・生活動作を補う代替手段を身につけることを目指して、パソコンやタブレット端末等のICT機器を活用することを考えました。対象児童が得意な発声を活用して端末の操作を行ったり、意図的に動かすことができる左手を使って機器を操作したりすることで、学習動作・生活動作の中でできることを増やしていくことを目指しました。

また、使える代替手段が増えることで、周囲の人に協力してもらう必要性も明確になり、自分で行うことと、人に依頼することを分けて考えられるようになってほしいと考えました。例えば、タブレット端末等の機器を用意することや、姿勢を整えてもらうこと等を依頼して、その後の操作は自分で行うといったように、すべてのことを依頼するのではなく、自分の学習環境・生活環境を整えるために必要なことを依頼できる姿を目指しました。

❸ 個別の指導計画

(1) 指導方針

対象児童に関わる教師間で、以下のことがらの共通理解を図りました。まず、身体の緊張が強くなり、ぴんと伸びてしまうときには、力が抜きやすくなるように腰を曲げる補助を行い、身体が伸びにくい姿勢をとることや、本人が楽だと感じる姿勢へと整えるようにしました。また、疲れがたまったときには、適宜車いすから降りる時間をつくることも共有しました。本人のやる気については、少し頑張ればできそうな課題に取り組み、自分の力でできた、という自信をもてるようにしていきました。そして、代替手段を使って、できることを増やしていくために、自立活動の時間の指導で取り組んだことを、各教科の授業の中でも活用する方策を検討していくことも共有しました。

(2) 個別の指導計画

① 指導目標

指導目標として、以下の二つを設定しました。

・自分の身体の状況に合わせて、学習環境や生活環境を整えることができるようにする。

・パソコンやタブレット端末等を用いて、書字の代替手段や、学習方法の獲得を目指し、人に自分の考えや思いを伝えることができるようにする。

② 指導内容・方法

1）自立活動の時間の指導

対象児童の課題の中でも、最も困難さとして表れている身体の緊張が強いことについて、まずは教師が補助をしながら身体を動かす学習を通して、身体感覚を高めていくこと、身体各部の状態に意識を向けていくことを目指しました。そして、座位保持いすやクッション等を用いて、自分がどのような姿勢、どのような補助があると楽な状態で学習ができるのか、確認していく時間を設けました。

パソコンやタブレット端末の練習では、書字の代替手段として、キーボードやタブレット端末の音声入力の練習を行いました。いくつかの方法を試しながら、対象児童が操作しやすくて疲れにくく、普段の学習の中でも取り入れられる手段の獲得を目指しました。

2）各教科等における自立活動の指導

学習をするときに楽な姿勢を、各教科等の学習の際にも取り入れるようにしました。学習の前には教師と一緒に確認しながら、学習しやすい姿勢づくりを行ったり、疲れたときには教師に依頼し、床におりてクッション等を用いた状態で学習を行ったりもしました。

パソコンやタブレット端末の使用については、各教科等の学習の中で、練習した文字入力の方法を活用する場面を設けるようにしました。

❹ 指導の経過

学習動作・生活動作を補う代替手段に関する取り組み経過、特にパソコンやタブレット端末等の活用を中心に述べます。

（1）自立活動の時間の指導

週に１時間、パソコンやタブレット端末等のICT機器を操作する学習に取り組みました。まず、パソコンやタブレット端末の操作を行うときには、座位保持いす・カットアウトテーブル（写真１、２）を使用し、操作のしやすい姿勢を整えてから実施しました。

①　パソコンを用いた文字入力支援

対象児童は身体の緊張が強いため、キーボード入力のときに他のキーを同時に押してしまうことがあります。また、通常のキーボードでは操作する範囲が広く、本人が力をコントロールして動かせる範囲で使うことが難しいため、手の動きが少なくて済むように、文字入力はテンキーのキーボードを活用しました。フリーソフトの「テンキー入力(https://www.vector.co.jp/soft/winnt/util/se514782.html)」を使い、一つのキーだけであ行、か行などの文字を入力できるようにしました（トグル入力：同じキーを複数回押してあ、い、う…と文字が変わる携帯電話の入力方式）。また、パソコンのアクセシビリティ機能を併用してキーの反応速度を遅くしたり、他のキーを同時に押すことを防ぐために自作のキーガードを作ったりして、本人の動きに合わせて使えるようにしました（写真１）。

写真１　テンキーで文字入力をする様子

②　タブレット端末を用いた文字入力支援

対象児童は、声を出すことの難しさは少ないため、タブレット端末（iPad）を声で操作する機能を用いて、文書作成ソフトやメールソフトに文字を入力する練習を行いました。また、音声でタブレット端末の操作を支援する機能（Apple 社のSiri）を用いて、「Hey, Siri. ○○を開いて」等と、自分の使いたいアプリケーションを起動させたり、メールを送信したりする練習も行いました（写真２）。

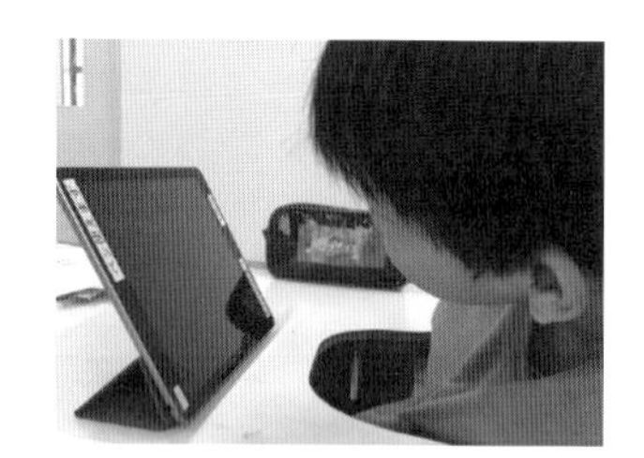
写真２　声でのタブレット端末の操作

（2）各教科等における自立活動の指導

自立活動の時間の指導で学習したことを、各教科等の授業の中でも活用していきました。国語の時間には、毎日音声入力で日記を書く時間を設けるようにしました。最初は文字を入力するだけでしたが、間違えた文字を消したり、改行をしたりする等の操作を、音声で行うこともできるようになりました。また、理科や社会等での調べ学習では、検索したい言葉を言って結果を表示させたり、調べたことをまとめるときに、音声入力で文章やプレゼンテーションを作ったりすること等も行いました。

❺ 指導の結果と考察（まとめ）

（1）指導の結果

①　目標「パソコンやタブレット端末等を用いて、文字入力の代替手段や、学習方法の獲得を目指し、人に自分の考えや思いを伝えることができるようにする」ことについて

パソコンとテンキーを使った文字入力では、自分で文字入力が行えたことで、対象児童の意欲や自己効力感を高めることができたと考えられます。文字入力の学習に、より積極的に取り組むようになり、友達に手紙を書いたり、国語の時間に宿泊学習の作文を自分で書きたいと言ったりする様子が見られました。しかし、操作に伴う本人の姿勢の崩れや疲労への注意という課題も見えてきました。自分で文字入力ができるようになったことで、最後までやり遂げたいという気持ちが高まっていますが、入力後にとても疲れている様子も見られました。適宜休憩をとったり、より入力しやすい姿勢等を考えたりすることに配慮しながら学習をすすめていくことが重要であると考えました。

音声入力による操作は、身体への負担も少なく、対象児童も自信をもって取り組んでいる様子が見られました。間違えて変換されてしまうこともありますが、入力し終わってから文章を再度見直して、修正することも少しずつできるようになりました。また、他の教師に協力してもらい、メールのやりとりを行うこともできました。今後も学習の中や、メール・メッセージアプリの入力等、様々な場面での活用に広がることが考えられます。

②　指導後の音声入力の広がりについて

書字の代替手段として音声を用いることで、学習がしやすい環境設定ができましたが、その後、AIスピーカーを用いて、自分で生活環境を整えていくことにも取り組みました。AIスピーカー（Amazon社のAlexaの機能）と家電製品をネットワークで接続し、「Alexa、電気をつけて」というように、今まで自分でできなかった電気のスイッチや、サーキュレーターの操作等ができるようになりました（写真3）。また、学校で取り組んだことを家庭でも導入していただき、自分でテレビをつけたり、エアコンを操作したりしているという話をうかがうことができました。

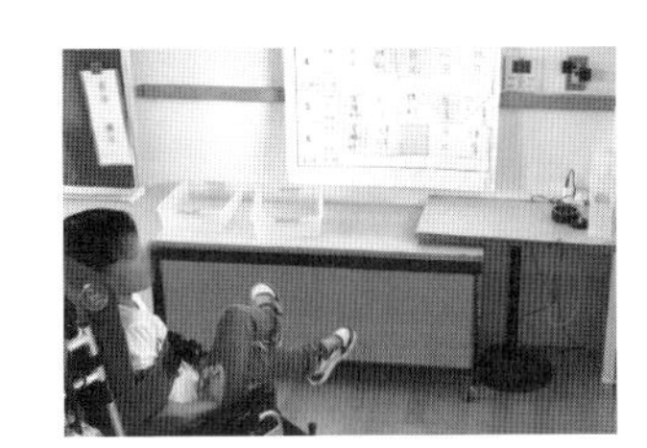

写真3　AIスピーカーで教室の電気を消す

（2）まとめ

これらの学習を通して、対象児童は、自分で学習を進めていくことにつながる、書字の代替手段を身につけることができました。また、今まではできなかった生活動作が、音声入力によって自分でできるようになり、自立した生活へつながる第一歩になったと考えます。対象児童が「自分でできた！」という成功体験を積むことで、さらに自信をもって生活できるようになることを願っています。

事例４ 身体の動き・環境の把握

筋緊張の強さから身体の動きに困難さが見られる事例

～学校卒業後の生活を想定した「今」取り組むべき自立活動～

愛知県立ひいらぎ特別支援学校　鈴木　誠司

中学部の生徒が、学校を卒業した後の生活や希望する職場を想定しながら、「今」取り組むべき課題は何かを追求しました。自立活動の目標や内容を教師と一緒に考えることで、生徒自身が学習の意味を理解して、どの課題にも積極的に取り組むことができました。その結果、筋緊張の強さからくる身体の動きの困難さに対して、生徒自身で対処する方法や力を身につけ、困難さを軽減することができ、進路選択の幅を広げることができました。

1 対象者の実態

生徒は、中学部２年生男子（以下、Ａさん）で、中学校に準ずる教育課程で学習しています。主障害はミトコンドリア呼吸鎖異常症（指定難病で、エネルギー代謝障害による病気の症状が基本です）で、移動には電動車いすを使用しています。

Ａさんは、総合的な学習の時間で働くことについて学び、そのために必要な力は何かを具体的に考えてきました。学校卒業後の進路希望先として、自宅近くの就労継続支援Ａ型事業所を目指しています。希望する事業所は､ユニバーサルデザインの施設ではないため、階段の昇り降りができることで進路選択の可能性が広がることが考えられます。

しかし、２学年当初は、筋緊張の強さや自分の意思で動きをコントロールすることが難しい不随意運動があり、体を動かすことに困難さがありました。言葉を発するときや体を動かすときには、腕を後ろに引いたり、お尻を座面から浮かし背を反らせたりする状態になりました。このようなことから、意識して長く息を吐くことが難しく、呼吸は浅い状態でした。

日常生活に関して、更衣は車いすに乗ったまま行いますが、更衣の経験が少ないため、時間がかかったりできなかったりしました。排泄は、教師の支援を受けて電動車いすから降り、手すりにつかまって一度つかまり立ちしてから洋式便座に座ります。しかし、不随意運動や筋緊張の強さから、安定して便座に座って排泄できないときがありました。

立つことに関して、股関節や膝を伸ばすことが難しく、体をまっすぐにして姿勢を保つことが難しいため、一人では立つことができませんでした。つかまり立ちは、少しの時間であればできますが、腹を前に出すように緊張が入るため安定して行うことができませんでした。加えて、足裏全面を床につけて踏みしめる経験が少なく、つかまり立ちをするときにつま先で立つ状態になったり、足首をひねったまま立ってしまったりすることが多くなっていました。

❷ 指導すべき課題

（1）生徒の将来像について本人及び保護者からの聞き取り

年度当初に、身につけたい体の動きや維持したい力について本人、保護者と話し合い、意思や願いを把握しました。本人の願いとして、学校卒業後は「働きたい」「一人でできることを増やしたい」という思いがあり、保護者は「体の状態をできるだけ維持してほしい」「歩くことや立つこと、排泄することなどの力を維持してほしい」とのことでした。本人、保護者の意思や願いを基にして指導すべき課題を検討しました。

（2）学校卒業後の生活を想定した具体的に「何ができるか」を目標とした課題設定

Ａさんの学校卒業後の生活を想像し、必要な力は何かを考えました。「つかまり立ち」と「体の力を抜く」ことができることで、Ａさんが将来にわたって生きやすくなると考えました。Ａさんの視点で考えると、「つかまり立ち」ができることは排泄時や車いすからの移乗時に一時的に立つことができるということになります。また、体力や体の動きをコントロールする力の維持や向上、自分ができることで周りの人の助けになる実感も得られます。支援者の視点で考えると、Ａさんが一時的に立位を保持できることで、支援の負担が大きく減少します。電動車いすから抱き抱えて便座や他の車いすに移乗することと比較すると、雲泥の差となります。「体の力を抜く」ことに関して、Ａさんの視点で考えると、体の力を抜くことができることにより、日常生活全般が過ごしやすくなります。学習するとき、食事をするとき、遊ぶときなどすべてに関わるため、大変有効な力になると考えられます。支援者の視点で考えると、排泄時に便座に座るとき、更衣をするとき、学習をするとき、会話をするときなど、Ａさんが意識して体の力を抜くことができることで、日常生活全般で支援を行いやすくなります。

これらの理由から、学校卒業後の生活で具体的に何ができるようになりたいかをＡさんと一緒に考え、目標及び指導内容を設定しました。その結果、Ａさんは取り組む学習の意味を理解して、自分の生活や支えてくれる人たちのために学習に取り組むことができました。

（3）身体の動きの困難さが引き起こす日常生活上の課題

身体的困難が引き起こす日常生活上の課題として、大きく３点が挙げられます。

①　筋緊張の強さや不随意運動

排泄時に便座に座ること、更衣全般、つかまり立ちをするときに、腹を前に出すように緊張が入ってしまい、安定した立位等を保持することが難しい状態です。

②　股関節や膝の関節の硬さ

排泄時に立位を保つこと、便座に座って足を広げること、膝を伸ばして立つこと、車いすから移乗することが簡単ではありません。

③　足裏全体を床につけること

排泄時や電動車いすから別の場所へ移乗するときに立位保持が安定しないこと、足裏全体で床を踏みしめようとしても足首をひねって立ってしまうことがあります。

（4）指導すべき課題の整理

Ａさんの指導すべき課題として、大きく３点考えました。

①　深く呼吸をして体の力を抜くこと

筋緊張の強さから、呼吸が浅くなったり体の動きのコントロールが難しくなったりするため、意識して深い呼吸を行い、体の力を抜くことが必要であると考えました。

②　股を広げることや膝を伸ばすこと

膝や股関節が硬く、排泄を行いにくいことや立位を保ちにくい状況であるため、膝と股関節を中心に全身の緩めを行い、膝を伸ばすこと、股関節を広げることが必要であると考えました。

③　足裏全体を床につけること

つま先のみで立ったり、足首をひねったまま立ったり、腹部を前方に突き出して立ったりすることから、足裏全体を床につけること、腹部を前方に突き出さずに両足を肩幅に開き、頭、肩、腰を一直線に保つことが必要であると考えました。

この三つを大きな課題として捉えました。そして、これらの課題を解決していくことが、学校卒業後の生活の中で特に必要になるであろう「体のコントロール」「排泄」「更衣」「車いすからの移乗」「階段昇降」ができる力の獲得につながると想定しました。

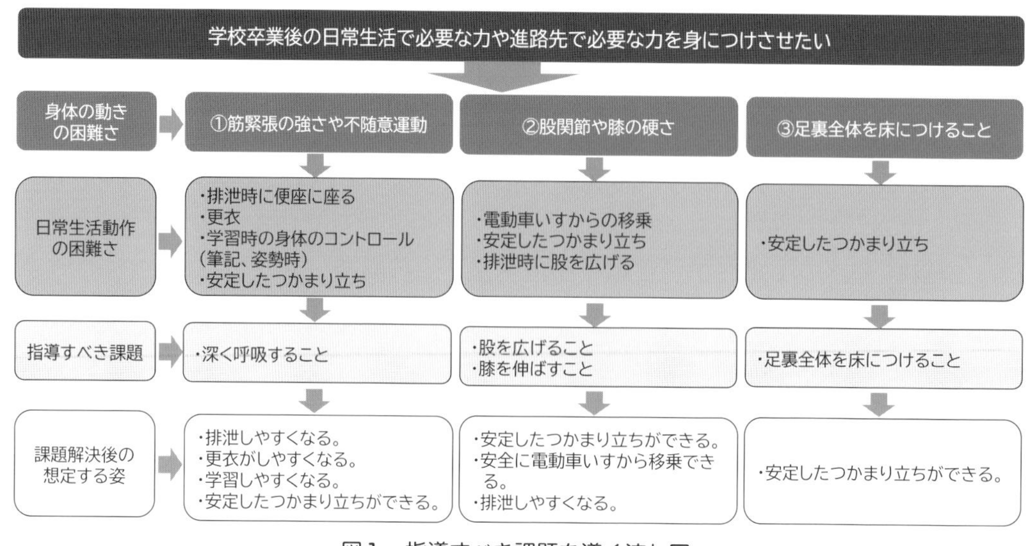

図１　指導すべき課題を導く流れ図

❸ 個別の指導計画

(1) 指導方針

自立活動の時間における指導をはじめ、学校生活全般で「指導すべき課題」を意識した関わりを行いました。理由として、Aさんが学校で過ごす時間は8時50分から15時10分であり、この6時間20分を有効活用したいと考えたからです。まず、一日の大半を占める教科学習のときは、車いすから降りてマットの上で授業を受けることにしました（写真1）。理由は、車いすから降りることで身体の筋緊張が軽減されるからです。その他の時間では、8時50分から1時限目の授業の9時5分まで約15分間あります。休み時間や6時限後から下校までの時間を合わせると約40分あり、給食後の時間も含めると、1日約1時間を授業時間外から得ることができます。この時間を1週間で計算すると約5時間となり、1年間35週で考えると約175時間を捻出することができます。この時間を活用し、朝の15分は更衣、その他の時間で排泄指導、排泄時のつかまり立ち、股関節を広げる取り組み、電動車いすから移乗するときの一時的な立位保持、体の力を抜くための息を吐く取り組み、電動車いすに乗ったままで上半身を前屈する活動などに取り組みました。この時間がAさんの学校卒業後の生活にも反映されると考えました。

写真1　マットに降りた学習

(2) 個別の指導計画

指導目標を大きく三つ設定し、指導内容を自立活動の時間における指導と学校生活全般に分け、表1に個別の指導計画として示します。

表1　個別の指導計画

指導目標		1）深く呼吸を行い、体の力を抜くことができる。 2）膝や股関節の可動域を広げることができる。 3）安定したつかまり立ちをすることができる。
指導内容	自立活動の時間における指導	・吹くと回るこまや縦5cm×横10cmの紙を中心で折り曲げたものを前方に置き、息を吹いて回したり倒したりする活動 ・足裏のタッピング ・膝や股関節、体全体を緩める活動 ・四つ這いでの移動 ・膝立ち ・つかまり立ち ・教師の支援を受けての階段昇降
	学校生活全般における自立活動の時間	・登校後、授業が始まる前に更衣を行う。 ・教科学習のときには、マットに降りてリラックスして授業を受ける。 ・排泄時に、手すりを持ってつかまり立ちをする。 ・排泄時に、便座に座るときに股関節を意識して広げる。 ・電動車いすからマットに降りるときに、立位保持してから降りる。 ・電動車いすから移乗するときに、一度立位保持してから移乗する。 ・授業と授業の間などの時間に、腰から上半身を前屈する。

4 指導の経過

（1）自立活動の時間における指導

① 深く呼吸を行い、体の力を抜くことができる

吹くと回るこま（写真２）や縦５cm×横10cmの紙を中央で折り曲げたものを前方に置き、息を吹いて回したり倒したりする活動をしました。一息、二息と息を吐くことができるようになり、最初はこまが回らなかったり紙が倒れなかったりしましたが、徐々に行えるようになりました。意識して息を吐くことで、体の力を抜く感覚が養え、生活のいろいろな場面で応用できるようになりました。

写真２　吹くと回るこま

② 膝や股関節の可動域を広げることができる

マットの上に仰向けやうつ伏せになり、膝を伸ばしたり股関節を広げたりする活動をしました。最初は、仰向けになると両膝を曲げたまま右や左へ倒れていましたが、膝や股関節、全身を緩めた後では、自分で意識して膝を伸ばそうとする姿が見られるようになりました。四つ這いや膝立ち（写真３）、つかまり立ちのときにも、膝を伸ばしたり股を肩幅に広げたりすることを意識して行うようになりました。

写真３　自ら肩幅に足を広げた膝立ち

③ 安定したつかまり立ちをすることができる

足裏のタッピング（足の裏を軽く叩いて刺激すること）、四つ這い、膝立ちを行ってから、ロッカーの上に手を置いてつかまり立ちを行いました。つかまり立ちを行っているときに、緊張が入って足首をひねってしまうことがありますが、足裏を意識して、足首を正しい位置に戻して立てるようになってきました（写真４）。

写真４　つかまり立ち

（2）学校生活全般における指導

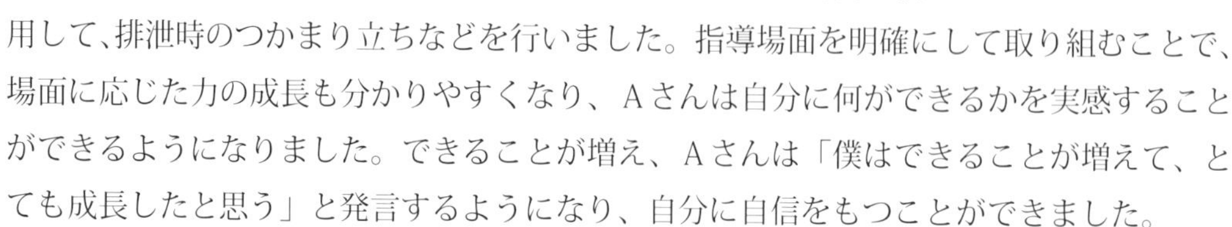

教科学習のときにマットに降りて学習することや、休み時間を活用して、排泄時のつかまり立ちなどを行いました。指導場面を明確にして取り組むことで、場面に応じた力の成長も分かりやすくなり、Ａさんは自分に何ができるかを実感することができるようになりました。できることが増え、Ａさんは「僕はできることが増えて、とても成長したと思う」と発言するようになり、自分に自信をもつことができました。

5 指導の結果と考察

（1）指導の結果

① 「深く呼吸を行い、体の力を抜くことができる」について

意識して息を吐くことができるようになり、緊張が強いときに自ら体の力を抜いて体を

休めたり、排泄を楽に行えるようになったりしました。

② 「膝や股関節の可動域を広げる」について

マットの上に仰向けやうつ伏せになると、自ら膝を伸ばして姿勢を保つことができるようになりました（写真５）。また、股関節を広げられる角度も広がり、膝立ちやつかまり立ちをするときに、股関節を肩幅に広げられるようになりました。

③ 「安定したつかまり立ちをすることができる」について

つかまり立ちの取り組みでは、約１分程度安定した姿勢を保持できるようになったため、電動車いすからの移乗が楽に行えるようになりました。トイレ内での電動車いすから便座へ移乗するときや車いすへ移乗するときに、手すりや教師につかまってつかまり立ち（写真６）をすることで、支援者の負担を大きく軽減できるようになりました。階段昇降の取り組みでは、教師が支援することで 12 段の階段昇降ができるようになりました（写真７）。Ａさんが希望している就労継続支援Ａ型事業所は、エレベーターがないビルの２階に位置しています。階段を上ることが可能になることで、進路の選択肢の幅が広がりました。

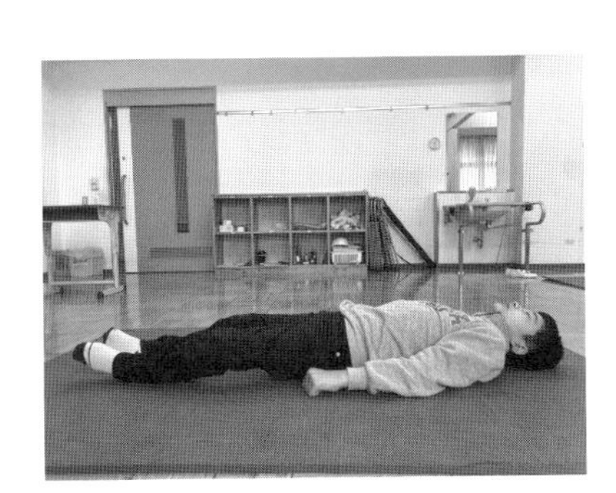

写真５　膝を伸ばした仰向け

写真６　トイレで手すりを持ったつかまり立ち

写真７　支援ありの階段昇降

（２）まとめ

学校卒業後の日常生活や進路先で必要になる力を想定し、「今」指導すべき課題を明確にして取り組んだ結果、Ａさんが学習の目的と意味を理解して自立活動に取り組むことができました。その結果、どの活動も積極的に行うことができ、学校卒業後の生活の困難さを減らしたり生活の幅を広げたりする力を獲得することができました。また、具体的に「できる」ことを体感することで、自分の努力による結果を実感できたため、Ａさんの自信にもつながりました。準ずる教育課程で学習する生徒にとって、なぜこの活動を行うのかを理解して取り組むことの重要さを改めて実感しました。

事例5 コミュニケーション・人間関係の形成

円滑なコミュニケーションが困難な事例

～卒業後の進路（大学・会社・地域）で活きるインプロを活用した表現方法の拡充～

筑波大学附属桐が丘特別支援学校　大川原　恒

言語によるコミュニケーションが可能な肢体不自由児の中には、回答に時間がかかる、相手に伝わりにくい表現をするなどの理由で、円滑なコミュニケーション能力の獲得が課題に挙げられる場合があります。これらの課題に対して、演劇の世界で活用されてきた“インプロ”を導入し、各授業場面で実践しました。インプロは内容も豊富であり、ゲーム感覚で楽しく授業を展開できます。インプロで基本となる表現力を培い、そこから演劇活動、創作活動へ発展させ、さらに日常のコミュニケーション能力の向上を目指す学習に取り組みました。

❶ 対象者の実態

肢体不自由児には、状況説明が苦手で、質問に対する回答に時間がかかったり、質問に対し的を射ない回答をしたりする等の特徴が見られる子供がいます。他者との意思の疎通がスムーズに行えないことが教師間で課題として共通理解されながら、学校生活の様々な場面で指導を受けているケースがあります。

これらの課題の背景として、①知識や経験の不足により年齢相応の受け答えが難しいこと、②他者の視点や気持ちの理解が難しいこと、③自己の行為を客観的に見ることが難しいこと（メタ認知能力）等に原因があると予測されます。本稿では高等部に在籍する生徒Aの事例及び、生徒Aが所属する学習集団の取り組みについて報告します。

❷ 指導すべき課題

ケースとなる生徒Aには、具体的に以下のような課題があります。

① 主語や5W1Hの大事な部分が欠けている。話の前提となる事柄について、自分が理解していることを他者も同様に理解していると思っている

> 例）登校時に提出する予定だったプリントが見当たらず、業間時間に一人で探して見つけたときの会話
> 《生徒A》「先生、ありました」《教　師》「何が？」
> 《生徒A》「家に忘れてきたと思ったプリントがありました」
> 《教　師》「そもそも、先生はその状況を知らないし…」

② 話題のテーマや要点が共有されにくく、会話がかみ合わない

例）前日の晩ご飯についての会話
《生徒Ｂ》「私は昨日の夜、麻婆豆腐を食べた。Ａさんは昨日の晩ご飯は何を食べたの？」
《生徒Ａ》「ごはんと…、味噌汁と…、野菜と…、（しばらくたって）餃子…」
《生徒Ｂ》（もどかしそうに）「おかずを先に言ってよ…」

③ 物事に白黒をつけたがり、グレーゾーンがない。周囲が指摘するとさらに強化する

例）「だいたい」「程度」「約」などの曖昧な言葉・文字を受け入れにくい。
《教　師》「（プリントに）意見を三つ程度書いてください」
《生徒Ａ》「先生、四つ思いついたのですけど…」
《教　師》「三つ程度なので、四つでもよいですよ」
《生徒Ａ》「でも…（沈黙）、頑張って三つにします！」

このような子供の多くは表現力が乏しく、他の言い方を求めると止まってしまいます。自立活動の「コミュニケーション」「人間関係の形成」に関連する指導が必要になります。

3 個別の指導計画

（1）指導方針

生徒Ａは所属する学習集団の中でも特にコミュニケーションが課題として挙げられている生徒です。これまでも教師、生徒同士で意図が伝わらずに誤解が生じる場面がありました。一般社会は、広く多数決の原理、平均の原理で運用されています。多くの人が考えていることや、数値化したときの平均値を著しく逸脱したものは、「一般」「通常」ではなく「特別」「異常」なものとして捉えられます。特異なケースに周囲がこれまでの概念を曲げて寄り添うことは現実的には難しいでしょう。よって生徒Ａのコミュニケーションの特性を「その子の特徴」「愛らしさ」として受け止めてもらうことは、一般社会ではまだまだ難しそうです。また、生徒Ａは高等部１年生の現在、障害者枠を利用した一般就労を目指しています。保護者からも就労に必要なコミュニケーション力の定着が求められています。そこで自立活動の時間の指導においては、社会に適応できるコミュニケーション力の確立を目指し、相手に通じる表現を目指すことにしました。そのためには、伝わらなかった場合は別の表現をするようにする。つまり、表現のバリエーションを増やせることを基軸とし、取り組むことにしました。

（2）個別の指導計画

① 生徒Ａの指導目標（高等部１年生、準ずる教育課程）

１）身の回りのことを整理整頓し、清潔に保つことができる。

２）他者とのやりとりにおいて、場や状況に応じた言動を心がけ、適切に判断して行動し、よりよい人間関係を築くことができる。（以下、目標２）について述べる。）

② 指導内容・方法

インプロ（Improvisation：即興）とは、既成概念にとらわれないで、その場の状況・

相手に素早く柔軟に反応し、今の瞬間をいきいきと生きながら、仲間と共通のストーリーを作っていく能力のことです。この活動を通じ、以下の能力が身につくとされています。

クリエイティブなアイディアや、自分自身の経験からくる意見を、堂々と表現することで、自主性や存在感が増します。仲間と協力することにより、協調の大事さを学びます。お互いの個性を尊重し、仲間を魅力的に見せることで、自分も魅力的になれます。既成概念に縛られない考えをもつことで、柔軟に対応するための応用力が身につきます。発想力・瞬発力が高まり、自分の枠を越えた発想・意見が出せるようになります。失敗してもくよくよしない、前向きな気持ちをもてるようになります（絹川，2002）。

インプロの課題は既に体系化されており、内容も豊富です。課題に対する正解はなく、「相手に伝わったか」が評価・判断になるため、未経験の人でも導入しやすいと思います。「2 指導すべき課題」で挙げた生徒の社会性・コミュニケーション力をアップする方法としてフィットするのではないかと考え、自立活動や授業に導入し実践しました。

自立活動の時間の指導では、授業担当者とインプロの各課題に取り組み、各教科等における自立活動の指導では学校設定科目「職業生活と進路」や学級活動、文化祭活動において、演劇活動に取り組みました。

表１　指導目標２）に関する個別の指導計画

<table>
<tr><td>指導目標</td><td colspan="2">他者とのやりとりにおいて、場や状況に応じた言動を心がけ、適切に判断して行動し、よりよい人間関係を築くことができる。</td></tr>
<tr><td rowspan="2">指導内容</td><td>自立活動の時間</td><td>各教科等</td></tr>
<tr><td>インプロの基礎課題、発展課題</td><td>演劇活動</td></tr>
</table>

４ 指導の経過

（1）１学期：表現活動の基礎づくり

まずはインプロの基礎づくりです。ゲーム形式ですので、経験のない教師や生徒にとっても導入しやすく楽しく進められます。１学期に取り組んだ活動内容の一例です。

イッツ・チューズデー：「今日は火曜日だ！」の後に一言ストーリーを加えて演じよう。
マジックボックス：箱を開けると何かが出てくる。リアクションから当ててみよう！
シェアード・ストーリー：一人一文章で次の人へバトンパスし、物語を創ろう。

初期段階では、自分の演技（例：箱の中からリンゴを取り出して食べる動作）が相手に伝わらないことを自覚できない生徒が多く、表現方法を変えるよう促しても他の発想が思いつかず、同じ表現ばかりを繰り返し、やがて策が尽き止まってしまうという場面が多く見られました。しかし中期段階になると、同じ課題で自分が受け手になることで、伝えるときに何が足りないのかを自覚することができるようになってきました。さらに似たような考え方、感じ方、目線の友達同士で、「こうすれば分かりやすいよ」と協力し合いながら修正を重ねるようになってきました。後期段階では、次第に相手の視点に自分がどう映っているかを意識するようになり、他者に伝わっていないことを自己理解できるようになってきました。１学期中に多くの実践を経て、多くの生徒に変化が表れてきたのです。また生徒同士のアドバイスも細かく、表現豊かな内容に変化してきました。例えば、ある生徒がバイオリンを弾く仕草をしましたが伝わりにくく、周囲の生徒は困惑顔です。どのように改善すればよいか意見を募ると、「弓を持って動かす手は利き手だよ」「利き手は弓を、もう片方の手はバイオリンを持つんじゃないの？」「無表情すぎるよ、もっと笑顔で」「体を左右に揺らしながら弾いた方がよいよ」などの意見が出ました。そして改善後の演技を見て、一同は「お～、分かりやすい」と歓喜の声を上げました。このように他者と意識を共有することができてきたことにより、その課題に対する表現方法も伝わりやすく、より面白い内容に発展しました。この流れを構造化してみましょう。

① その場面を修飾する5W1Hを的確に表現する（バイオリン、弓、演奏者、音楽会、ステージ）
② 演者に程度を委ねるファジー（曖昧）な部分がある（笑顔、楽しさの程度）そもそもインプロの回答に明確な基準はありません。ファジーな部分の表現は演者の個性です。
③ その場にいる人と場面や背景・テーマを共有する（バイオリンを弾いている人）。

どうですか、「２　指導すべき課題」で記した生徒の課題にマッチしていると思いませんか？　このように１学期はインプロの基本課題や少し発展した課題を用いて、生徒一人一人の表現方法の拡充に取り組みました。

（２）２学期：演劇への取り組み

１学期で他者へ伝わる表現をするというイメージが少しずつ膨らみ始めてきました。そこで２学期は文化祭で落語劇と英語劇に取り組みました。物語に登場する人物になりきって役を演じることは、まさにインプロの発展課題です。喜怒哀楽などの感情を視聴者に伝えるには、どのような表情やしぐさをすればよいのか考えながら演じることに取り組みました。生徒Ａは英語劇のナレーターと妖精の二役を演じました。シーンに合わせた感情や表現で読み上げた英文を録音し、その音声を映像に合わせました。

ここで一つ反省点があります。当たり前ですが、自分で演じた映像を見ないと自分の演技を評価することはできません。教師の編集作業が撮影に追いついていなかったので、生徒たちは自分自身の芝居を映像がつながった状態で振り返ることができませんでした。判断材料が乏しいため、自分たちで改善点を考えることが難しくなり、教師が演出に口を出す場面が増えてしまいました。

（３）３学期：演劇作品の創出

３学期は、脚本からすべて生徒のオリジナルであるショートムービーの制作に取り組みました。はじめにムービーのジャンルを決め、ラブロマンスとホラーに絞られた後、多数決でラブロマンスに決定しました。女子生徒２名がオリジナルの脚本を書き上げました。

配役は生徒の希望が程よく分散したため、すぐに決定しました。主役は生徒２名。脇役の生徒３名は、背景画の作成をしたり、効果音やBGMを著作権フリーのサイトから探したりしました。また、この頃（令和３年１月）、東京都のコロナ感染者が爆発的に広がり始めた影響で、本校高等部は２月下旬まで登校自粛となり、ムービーの準備・撮影もオンライン上で行うことになりました（図１）。

２学期の演劇の反省を踏まえ、撮影したらすぐに編集して一本の映像につなげ、生徒たちにフィードバックしました。すると、どうでしょう。１学期当初の生徒たちの様子とは大きく異なり、各生徒から詳細な改善点について意見が出るようになりました。出された意見を集約し、シーンを撮影し直したり、細かなカット割りを追加したりしました。序盤のキャッチボールのシーンは、動きが緩慢で躍動感に欠けたシーンでしたが、修正後は送球・捕球のテンポが上がり､実際にキャッチボールをしているかのような表現に近づくことができました。また､主役を希望した生徒Aは､病弱なヒロインを演じるにあたって､虚な表情で､かつ､か細い声でセリフを読んだり､「車いすで移動する」「松葉杖で移動する」などの演出を自ら提案したりするようになりました｡明確な判断材料を示すことで､生徒たちは自ら考え､考案することができたのです（図２）。

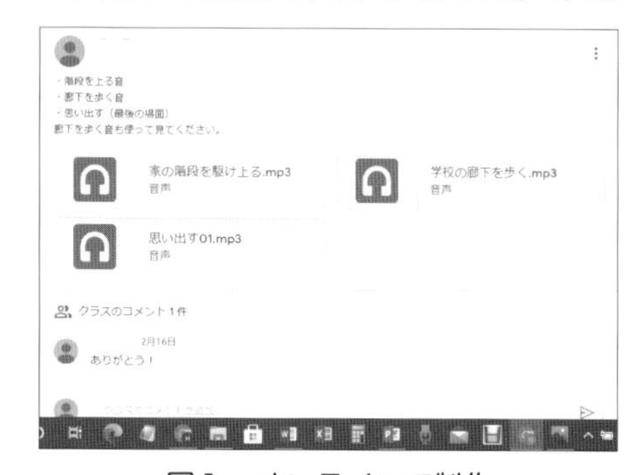

図１　オンラインで制作

図２　ムービーの一場面

表現活動を通じて、生徒一人一人が相手に伝わったという成就感、達成感、自己肯定感に触れることにより、新たな分野への意欲や自信が引き出されてきたと感じています。

生徒たちの感想
「他のクラスの生徒に観てもらいたい」「みんな、どのような感想を言うかな？」
「親や先生には恥ずかしいから観てほしくない」「映像作品展に応募したい」
「次はホラー作品を作りたい」

❺ 指導の結果と考察

（１）コミュニケーション力を向上するための基礎練習と体系的な指導方法とは？

どこの学校でもケース会等でコミュニケーションが課題となる生徒がいるでしょう。介助を依頼するときもぶっきらぼうだったり、自分の都合で介助者を待たせていたりするなど、課題として挙がるシーン（場面）があります。「これでは、介助する側も気持ちよく介助できない。将来のためにこの子にとって必要な力だ」となり、「コミュニケーション能力の向上」という漠然とした目標が挙がることでしょう。ただ単純に挨拶をするシーン（場面）を練習する展開のない授業では、生徒も教師も集中力が長続きません。では「誰にでも笑顔で挨拶ができる」ための基礎練習とは何でしょうか。

100m走の短距離選手は毎日100mの平坦なコースを走るというシーン（場面）のみを練習しているのでしょうか。坂道をダッシュしたり、ウエイトトレーニングをしたり、体幹を鍛えるなど、100mを速く走るために必要だと思われる様々な基礎練習に取り組んでいます。それら一つ一つを積み重ねた総合的な結果として、記録の更新が図られます。同様にコミュニケーション力を伸ばす基礎練習として、演劇の世界で活用されてきたインプロの活動が活きてくるのではないでしょうか。インプロは既に内容も体系化されているため、基本課題から発展課題まで授業に導入することができます。インプロの課題にはそもそも正解がありません。生徒も間違える恐れがないため積極的に回答することができます。さらに各教師が学校や生徒の実態に合わせて、適宜、課題を調整しながら実践をすることができます。

インプロ未経験の教師でも評価がしやすいので、複数で取り組んでみてください。伝わりやすいアクション・回答には感嘆の声が上がります。一方、伝わりにくいものは一同無言で困った顔になります。そこから、じわじわと分かり始める人が出てきます。分かった人と分からない人が瞬時に二分される、という状況はほぼありません。ですので、周囲の人の反応で表現が適切であったどうかを容易に評価することができます。

（2）まとめ

生徒たちは実践を通じて、発想の瞬発力を高め、より伝わりやすい表現方法を自ら考え、改善していくことができ始めてきました。自立活動の時間において個別の課題として取り組んだ生徒Aは、日常会話ではまだ課題が残ります。時折、周囲に意図が通じずお互いに困惑している場面が見られます。そのようなときは、インプロで取り組んだことを話します。すると生徒Aは、他の表現を模索し始めます。インプロの経験があったからこそ、「伝わった」「伝わっていない」という状態を体験的に認識できたのだと思います。今後も継続的に指導することで、更なる変化が期待できると感じています。

私はこの一年の実践を通じて、円滑なコミュニケーションを図るには、豊富な表現力と的確なメタ認知能力（自己の客観視）が必要であると考えるようになりました。また、この両者の力の育成に、インプロは有効なメソッドであると感じています。今後もインプロを表現活動の基本とし、職業訓練におけるロールプレイの活動や日々の生活におけるコミュニケーションスキルに発展させ、社会に出てからも人々と円滑に会話ができるコミュニケーション能力を伸ばしていきたいと考えています。

【参考文献】

絹川友梨（2002）インプロゲーム－身体表現の即興ワークショップ．晩成書房

巻末資料

1 特別支援学校小学部・中学部学習指導要領（平成 29 年４月告示）自立活動関連抜粋

2 小学校学習指導要領（平成 29 年３月告示）自立活動関連抜粋

3 自立活動の内容の変遷

1　特別支援学校小学部・中学部学習指導要領（平成29年4月告示）自立活動関連抜粋

【第1章　総則】

第2節　小学部及び中学部における教育の基本と教育課程の役割／2

⑷　学校における自立活動の指導は，障害による学習上又は生活上の困難を改善・克服し，自立し社会参加する資質を養うため，自立活動の時間はもとより，学校の教育活動全体を通じて適切に行うものとする。特に，自立活動の時間における指導は，各教科，道徳科，外国語活動，総合的な学習の時間及び特別活動と密接な関連を保ち，個々の児童又は生徒の障害の状態や特性及び心身の発達の段階等を的確に把握して，適切な指導計画の下に行うよう配慮すること。

第3節　教育課程の編成／3　教育課程の編成における共通的事項／⑵　授業時数等の取扱い

オ　小学部又は中学部の各学年の自立活動の時間に充てる授業時数は，児童又は生徒の障害の状態や特性及び心身の発達の段階等に応じて，適切に定めるものとする。

【第7章　自立活動】

第1　目標

個々の児童又は生徒が自立を目指し，障害による学習上又は生活上の困難を主体的に改善・克服するために必要な知識，技能，態度及び習慣を養い，もって心身の調和的発達の基盤を培う。

第2　内　容

1　健康の保持

⑴　生活のリズムや生活習慣の形成に関すること。
⑵　病気の状態の理解と生活管理に関すること。
⑶　身体各部の状態の理解と養護に関すること。
⑷　障害の特性の理解と生活環境の調整に関すること。
⑸　健康状態の維持・改善に関すること。

2　心理的な安定

⑴　情緒の安定に関すること。
⑵　状況の理解と変化への対応に関すること。
⑶　障害による学習上又は生活上の困難を改善・克服する意欲に関すること。

3　人間関係の形成

⑴　他者とのかかわりの基礎に関すること。
⑵　他者の意図や感情の理解に関すること。
⑶　自己の理解と行動の調整に関すること。
⑷　集団への参加の基礎に関すること。

4　環境の把握

⑴　保有する感覚の活用に関すること。

⑵　感覚や認知の特性についての理解と対応に関すること。
⑶　感覚の補助及び代行手段の活用に関すること。
⑷　感覚を総合的に活用した周囲の状況についての把握と状況に応じた行動に関すること。
⑸　認知や行動の手掛かりとなる概念の形成に関すること。

5　身体の動き
⑴　姿勢と運動・動作の基本的技能に関すること。
⑵　姿勢保持と運動・動作の補助的手段の活用に関すること。
⑶　日常生活に必要な基本動作に関すること。
⑷　身体の移動能力に関すること。
⑸　作業に必要な動作と円滑な遂行に関すること。

6　コミュニケーション
⑴　コミュニケーションの基礎的能力に関すること。
⑵　言語の受容と表出に関すること。
⑶　言語の形成と活用に関すること。
⑷　コミュニケーション手段の選択と活用に関すること。
⑸　状況に応じたコミュニケーションに関すること。

第３　個別の指導計画の作成と内容の取扱い

1　自立活動の指導に当たっては，個々の児童又は生徒の障害の状態や特性及び心身の発達の段階等の的確な把握に基づき，指導すべき課題を明確にすることによって，指導目標及び指導内容を設定し，個別の指導計画を作成するものとする。その際，第２に示す内容の中からそれぞれに必要とする項目を選定し，それらを相互に関連付け，具体的に指導内容を設定するものとする。

2　個別の指導計画の作成に当たっては，次の事項に配慮するものとする。

⑴　個々の児童又は生徒について，障害の状態，発達や経験の程度，興味・関心，生活や学習環境などの実態を的確に把握すること。

⑵　児童又は生徒の実態把握に基づいて得られた指導すべき課題相互の関連を検討すること。その際，これまでの学習状況や将来の可能性を見通しながら，長期的及び短期的な観点から指導目標を設定し，それらを達成するために必要な指導内容を段階的に取り上げること。

⑶　具体的な指導内容を設定する際には，以下の点を考慮すること。

ア　児童又は生徒が，興味をもって主体的に取り組み，成就感を味わうとともに自己を肯定的に捉えることができるような指導内容を取り上げること。

イ　児童又は生徒が，障害による学習上又は生活上の困難を改善・克服しようとする意欲を高めることができるような指導内容を重点的に取り上げること。

ウ　個々の児童又は生徒が，発達の遅れている側面を補うために，発達の進んでいる側面を更に伸ばすような指導内容を取り上げること。

エ　個々の児童又は生徒が，活動しやすいように自ら環境を整えたり，必要に応じて周囲の人に支援を求めたりすることができるような指導内容を計画的に取り上げること。

オ　個々の児童又は生徒に対し，自己選択・自己決定する機会を設けることによって，思考・判断・表現する力を高めることができるような指導内容を取り上げること。

カ　個々の児童又は生徒が，自立活動における学習の意味を将来の自立や社会参加に必要な資質・

能力との関係において理解し，取り組めるような指導内容を取り上げること。

⑷　児童又は生徒の学習状況や結果を適切に評価し，個別の指導計画や具体的な指導の改善に生かすよう努めること。

⑸　各教科，道徳科，外国語活動，総合的な学習の時間及び特別活動の指導と密接な関連を保つようにし，計画的，組織的に指導が行われるようにするものとする。

3　個々の児童又は生徒の実態に応じた具体的な指導方法を創意工夫し，意欲的な活動を促すようにするものとする。

4　重複障害者のうち自立活動を主として指導を行うものについては，全人的な発達を促すために必要な基本的な指導内容を，個々の児童又は生徒の実態に応じて設定し，系統的な指導が展開できるようにするものとする。その際，個々の児童又は生徒の人間として調和のとれた育成を目指すように努めるものとする。

5　自立活動の指導は，専門的な知識や技能を有する教師を中心として，全教師の協力の下に効果的に行われるようにするものとする。

6　児童又は生徒の障害の状態等により，必要に応じて，専門の医師及びその他の専門家の指導・助言を求めるなどして，適切な指導ができるようにするものとする。

7　自立活動の指導の成果が進学先等でも生かされるように，個別の教育支援計画等を活用して関係機関等との連携を図るものとする。

2　小学校学習指導要領（平成 29 年３月告示）自立活動関連抜粋

【第１章　総則】

第４　児童の発達支援　２　特別な配慮を必要とする児童への指導

(1)　障害のある児童などへの指導

ア　障害のある児童などについては，特別支援学校等の助言又は援助を活用しつつ，個々の児童の障害の状態等に応じた指導内容や指導方法の工夫を組織的かつ計画的に行うものとする。

イ　特別支援学級において実施する特別の教育課程については，次のとおり編成するものとする。

(ア)　障害による学習上又は生活上の困難を克服し自立を図るため，特別支援学校小学部・中学部学習指導要領第７章に示す自立活動を取り入れること。

(イ)　児童の障害の程度や学級の実態等を考慮の上，各教科の目標や内容を下学年の教科の目標や内容に替えたり，各教科を，知的障害者である児童に対する教育を行う特別支援学校の各教科に替えたりするなどして，実態に応じた教育課程を編成すること。

ウ　障害のある児童に対して，通級による指導を行い，特別の教育課程を編成する場合には，特別支援学校小学部・中学部学習指導要領第７章に示す自立活動の内容を参考とし，具体的な目標や内容を定め，指導を行うものとする。その際，効果的な指導が行われるよう，各教科等と通級による指導との関連を図るなど，教師間の連携に努めるものとする。

エ　障害のある児童などについては，家庭，地域及び医療や福祉，保健，労働等の業務を行う関係機関との連携を図り，長期的な視点で児童への教育的支援を行うために，個別の教育支援計画を作成し活用することに努めるとともに，各教科等の指導に当たって，個々の児童の実態を的確に把握し，個別の指導計画を作成し活用することに努めるものとする。特に，特別支援学級に在籍する児童や通級による指導を受ける児童については，個々の児童の実態を的確に把握し，個別の教育支援計画や個別の指導計画を作成し，効果的に活用するものとする。

3　自立活動の内容の変遷

昭和 45 年度	平成元年度	平成 10 年度
心身の適応 1　健康状態の回復および改善 2　心身の障害や環境に基づく心理的不適応の改善 3　障害を克服する意欲の向上	**身体の健康** 1　生活のリズムや生活習慣の形成 2　疾病の状態の理解と生活管理 3　損傷の理解と養護	**健康の保持** 1　生活のリズムや生活習慣の形成 2　病気の状態の理解と生活管理 3　損傷の状態の理解と養護 4　健康状態の維持・改善
	心理的適応 1　対人関係の形成 2　心身の障害や環境に基づく心理的不適応の改善 3　障害を克服する意欲の向上	**心理的な安定** 1　情緒の安定 2　対人関係の形成の基礎 3　状況の変化への適切な対応 4　障害に基づく種々の困難を改善・克服する意欲の向上
感覚機能の向上 1　感覚機能の改善および向上 2　感覚の補助的手段の活用 3　認知能力の向上	**環境の認知** 1　感覚の活用 2　感覚の補助及び代行手段の活用 3　認知の枠組となる概念の形成	**環境の把握** 1　保有する感覚の活用 2　感覚の補助及び代行手段の活用 3　感覚を総合的に活用した周囲の状況の把握 4　認知や行動の手掛かりとなる概念の形成
運動機能の向上 1　肢体の基本動作の習得および改善 2　生活の基本動作の習得および改善 3　作業の基本動作の習得および改善	**運動・動作** 1　姿勢と運動・動作の基本の習得及び改善 2　姿勢保持と運動・動作の補助的手段の活用 3　日常生活の基本動作の習得及び改善 4　移動能力の向上 5　作業の巧緻性及び遂行能力の向上	**身体の動き** 1　姿勢と運動・動作の基本的技能 2　姿勢保持と運動・動作の補助的手段の活用 3　日常生活に必要な基本動作 4　身体の移動能力 5　作業の円滑な遂行
意思の伝達 1　言語の受容技能の習得および改善 2　言語の形成能力の向上 3　言語の表出技能の習得および改善	**意思の伝達** 1　意思の相互伝達の基礎的能力の習得 2　言語の受容・表出能力の向上 3　言語の形成能力の向上 4　意思の相互伝達の補助的手段の活用	**コミュニケーション** 1　コミュニケーションの基礎的能力 2　言語の受容と表出 3　言語の形成と活用 4　コミュニケーション手段の選択と活用 5　状況に応じたコミュニケーション

※この表は、学習指導要領に示された養護・訓練及び自立活動の内容を一覧にしたもの。元の文には、例えば「健康状態の回復

（年度は告示年度）

平成 20 年度	平成 29 年度
健康の保持 1　生活のリズムや生活習慣の形成 2　病気の状態の理解と生活管理 3　身体各部の状態の理解と養護 4　健康状態の維持・改善	**健康の保持** 1　生活のリズムや生活習慣の形成 2　病気の状態の理解と生活管理 3　身体各部の状態の理解と養護 4　障害の特性の理解と生活環境の調整 5　健康状態の維持・改善
心理的な安定 1　情緒の安定 2　状況の理解と変化への対応 3　障害による学習上又は生活上の困難を改善・克服する意欲の向上	**心理的な安定** 1　情緒の安定 2　状況の理解と変化への対応 3　障害による学習上又は生活上の困難を改善・克服する意欲の向上
人間関係の形成 1　他者とのかかわりの基礎 2　他者の意図や感情の理解 3　自己理解と行動の調整 4　集団への参加の基礎	**人間関係の形成** 1　他者とのかかわりの基礎 2　他者の意図や感情の理解 3　自己の理解と行動の調整 4　集団への参加の基礎
環境の把握 1　保有する感覚の活用 2　感覚や認知の特性への対応 3　感覚の補助及び代行手段の活用 4　感覚を総合的に活用した周囲の状況の把握 5　認知や行動の手掛かりとなる概念の形成	**環境の把握** 1　保有する感覚の活用 2　感覚や認知の特性についての理解と対応 3　感覚の補助及び代行手段の活用 4　感覚を総合的に活用した周囲の状況についての把握と状況に応じた行動 5　認知や行動の手掛かりとなる概念の形成
身体の動き 1　姿勢と運動・動作の基本的技能 2　姿勢保持と運動・動作の補助的手段の活用 3　日常生活に必要な基本動作 4　身体の移動能力 5　作業に必要な動作と円滑な遂行	**身体の動き** 1　姿勢と運動・動作の基本的技能 2　姿勢保持と運動・動作の補助的手段の活用 3　日常生活に必要な基本動作 4　身体の移動能力 5　作業に必要な動作と円滑な遂行
コミュニケーション 1　コミュニケーションの基礎的能力 2　言語の受容と表出 3　言語の形成と活用 4　コミュニケーション手段の選択と活用 5　状況に応じたコミュニケーション	**コミュニケーション** 1　コミュニケーションの基礎的能力 2　言語の受容と表出 3　言語の形成と活用 4　コミュニケーション手段の選択と活用 5　状況に応じたコミュニケーション

および改善に関すること。」と示されているが「…に関すること。」は略した。

よく分かる！『自立活動ハンドブック』第１巻～第３巻 実践事例タイトル一覧

本シリーズ第１巻～第３巻「第３章実践事例編」に掲載される 46 事例のタイトル一覧です。

各事例を教育課程（「自立活動を主とする教育課程」「知的障害・知的障害代替の教育課程」「準ずる教育課程」）で分類するとともに、自立活動６区分との関連が一目で分かるようにしました。

読みたい事例を探すときの参考にしてください。

●自立活動を主とする教育課程

巻数	タイトル	自立活動の６区分					
		健康の保持	心理的な安定	人間関係の形成	環境の把握	身体の動き	コミュニケーション
1	痰を自力で出せない・唾液でむせる、呼吸する力が弱い事例	●	●				●
	摂食・表現・姿勢・手の動きに困難さのある事例【前編】	●				●	●
	自分の思いどおりに体を動かすことが難しい事例				●	●	
	「見る」ことに困難さがあり音に対する過敏さを伴う事例				●	●	
	身体の動きに制約があり、気持ちを表現することが困難な事例			●	●	●	●
2	人や物との関係性の理解に困難が見られる事例				●	●	●
	他害や自傷行為により、学習に取り組むことが難しい事例		●		●	●	●
	摂食・表現・姿勢・手の動きに困難さのある事例【後編】			●	●	●	●
	注意の持続が困難で、周囲の物や人からの働きかけに気づきにくい事例			●	●	●	
	日常的に身体を激しく揺らす行動が多く見られる事例		●		●	●	
3	人間関係の形成に難しさがある事例	●	●	●			
	言語でのコミュニケーションが難しい事例				●		●
	自分の身体を支えたり、身体の動きを調節したりすることが難しい事例		●			●	●
	注意を向け、持続することが困難な事例			●	●	●	
	思っていたことと違うことが起こるとパニックになる児童の事例		●	●	●	●	

●知的障害・知的障害代替の教育課程

巻数	タイトル	自立活動の６区分					
		健康の保持	心理的な安定	人間関係の形成	環境の把握	身体の動き	コミュニケーション
1	決まった時刻に水分補給や導尿をすることが難しい事例	●	●	●			●
	活動への参加や人前での発表が難しく、他者に対する不適切な言動が多い事例		●	●			
	気持ちや意思を言葉で伝えることが難しい事例		●	●	●		●
	物を見て操作することが困難な事例				●	●	
	手を使って操作することが難しい事例		●		●	●	
2	人工呼吸器を使用し、身体の動き等の制約が大きい事例				●	●	●
	不快や不安が、自傷・他傷行為として表れやすい事例		●		●	●	
	会話の中で自分の気持ちを言葉にして、相手に伝えることが難しい事例		●	●			●
	行動の抑制が苦手で集団参加が難しい事例		●	●			●
	心を落ち着けて、安心して日々の生活を送ることが難しい事例		●	●	●		●
3	嫌なことややりたくないことを表現することが難しい事例		●	●	●		●
	身体を動かされることに不安を感じ、力が入ってしまう事例			●	●	●	●
	様々な状況を受け止めたり、他者の考えに合わせたりすることが難しい事例		●	●	●		
	見ることが苦手で活動に自信をもって参加することが難しい事例		●		●		
	指さし以外の伝達手段がない事例			●	●	●	●

●準ずる教育課程

巻数	タイトル	自立活動の6区分					
		健康の保持	心理的な安定	人間関係の形成	環境の把握	身体の動き	コミュニケーション
1	座位の保持が難しく、自分に自信がもてない事例		●			●	
	落ち着いて学習に取り組むことが難しい事例				●	●	
	身体の緊張が強く、学習動作や生活動作を行うことが難しい事例				●	●	
	筋緊張の強さから身体の動きに困難さが見られる事例				●	●	
	円滑なコミュニケーションが困難な事例			●			●
2	体の痛みや疲れが学校生活に支障をきたす事例	●				●	
	体調不良のため、登校することが難しい生徒の事例	●	●	●			
	漢字の読み書きと文章作成に難しさがある高校生の事例	●			●		●
	他者とのコミュニケーションに難しさのある事例			●			●
	自分の気持ちを伝えたり行動に移したりすることが難しい事例	●	●			●	
3	心身の調子を整えることを習慣化することが難しい事例	●	●			●	
	自分で考えて行動することが苦手な高等部生徒の事例	●			●	●	
	状況理解と柔軟な対処行動が困難な事例	●	●		●		
	姿勢を意識して学習することが難しい事例				●	●	
	生活リズムが不規則で遅刻や欠席の多い事例	●	●				
	起立性調節障害があり、コミュニケーションの苦手さから不安を訴える事例	●	●				●

監　修

下山　直人　筑波大学人間系教授・筑波大学附属桐が丘特別支援学校校長

編　集

筑波大学附属桐が丘特別支援学校・自立活動研究会

執　筆

刊行に当たって

下山　直人　前掲

第１章　理論編

下山　直人　前掲

第２章　学校事例編

佐々木高一　筑波大学附属桐が丘特別支援学校
塚田　直也　筑波大学附属久里浜特別支援学校

第３章　実践事例編

蛭田　史子　筑波大学附属桐が丘特別支援学校
藤本　圭司　広島県立西条特別支援学校
髙橋　友香　愛知県立ひいらぎ特別支援学校
古川　章子　北海道手稲養護学校
深田　竜一　奈良県立奈良養護学校
小山　信博　筑波大学附属桐が丘特別支援学校
下村　　茜　神戸市立いぶき明生支援学校（前 神戸市立青陽須磨支援学校）
工藤　久美　筑波大学附属久里浜特別支援学校
岡田　拓也　愛知県立みあい特別支援学校
野口　明紀　鳥取県立皆生養護学校
阿部　晃久　千葉県立袖ケ浦特別支援学校
有井　香織　筑波大学附属桐が丘特別支援学校
古山　貴仁　ロッテルダム日本人学校（前 筑波大学附属桐が丘特別支援学校）
鈴木　誠司　愛知県立ひいらぎ特別支援学校
大川原　恒　筑波大学附属桐が丘特別支援学校

（掲載順、所属等は原稿執筆時）

監修者プロフィール

下山　直人（しもやま　なおと）

＜現　職＞

筑波大学人間系教授
筑波大学附属桐が丘特別支援学校校長

＜経　歴＞

青森県立の特別支援学校（知的障害、肢体不自由）教諭、国立久里浜養護学校（重度重複障害）教諭、青森県教育庁勤務を経て、平成17年から8年間、文部科学省において特別支援教育調査官を務める。この間、学習指導要領の改訂や医療的ケアの制度化等にかかわる。平成25年から、現職となり附属久里浜特別支援学校（知的障害・自閉症）を兼務。令和元年より現職。

＜主な著書＞

・監修『知的障害特別支援学校の自立活動の指導』（全国特別支援学校知的障害教育校長会編著）ジアース教育新社、平成30年11月。
・監修『障害の重い子どもの指導Q＆A～自立活動を主とする教育課程～』（全国特別支援学校肢体不自由教育校長会編著）ジアース教育新社、平成23年11月。
・共著『新訂　肢体不自由児の教育』放送大学教育振興会、令和2年3月。
・編著『インクルーシブ教育システムにおける特別支援学校の未来～子供・保護者・地域～』全国心身障害児福祉財団、平成25年3月。

よく分かる！
自立活動ハンドブック1
指導すべき課題を導く

2021年10月28日　初版第1刷発行

■監　修　下山　直人
■編　著　筑波大学附属桐が丘特別支援学校・自立活動研究会
■発行者　加藤　勝博
■発行所　株式会社 ジアース教育新社
〒101-0054　東京都千代田区神田錦町1-23　宗保第2ビル
TEL：03-5282-7183　FAX：03-5282-7892
E-mail：info@kyoikushinsha.co.jp
URL：https://www.kyoikushinsha.co.jp/

■カバー・本文デザイン　小笠原　准子（アトム☆スタジオ）
■イラスト　土屋図形 株式会社
■印刷・製本　株式会社 日本制作センター
○定価はカバーに表示してあります。

Printed in Japan
ISBN978-4-86371-601-8